우리 아이를 위한
특별한 옷 만들기

일본보그사 지음 ― 이은옥 옮김

BM 황금부엉이

Contents

포멀 스타일

세리머니 스타일

미니 퍼프소매와 민소매 노블 드레스	5
리본 프릴 드레스 & 숄	6
연미복	8
스트라이프 큐트 원피스	10
세일러 칼라 다이아무늬 미니 원피스	11

Lesson 1
민소매 노블 드레스 12

스쿨룩 슈트 세트	23
튤 스커트	24
헌팅캡 & 니커보커스	25
글렌체크 베스트 & 반바지 & 넥타이	26
턱 원피스 & 볼레로	26
셩상복 원피스 & 팬츠	29

Lesson 2
남자아이 스쿨룩 재킷 30

Event
이벤트 스타일

할로윈 세트	38
크리스마스 세트	39
앨리스풍 칼라 원피스 & 에이프런	40
헤어 리본 & 도트 스커트	41
스노플레이크 드레스 & 헤어슈슈	42
공주님 무도회 드레스 & 롱 파니에	43
미니 도트 칼라 원피스	44
로리타 스타일 스커트	45
파니에	45

Sewing

드레스 만들 때 알아두면 좋은 기본 지식	46
모델 키와 착용 사이즈	52
how to use	53
how to make	54

01 미니 퍼프소매와 민소매 노블 드레스

오프화이트 자카드에 골드 새틴 원단 벨트가 멋진
미니 퍼프소매와 민소매 드레스는 스커트에
오건디를 겹쳐서 부드러운 분위기로 만들었어요.

how to make

사이즈 100~140cm

미니 퍼프소매 p.54

민소매 p.54　　**Lesson 1**　p.12

디자인 • Flico 오카다 케이코(p.4~7)

뒤는 오픈 단추.
커다란 리본이 달려 있는 뒷모습도 정말 귀여워요.

같은 패턴을 변형하면 소매 등
디테일을 바꿀 수 있습니다.
오른쪽 드레스는 옷을 만들고 남은
천으로 만든 코사지가 포인트!

 리본 프릴 드레스 & 숄

몸판의 절개선에 끼워 꿰맨 어깨 프릴,
허리와 어깨에 리본을 장식한 멋진 드레스.
허리에는 턱(tuck: 주름)을 넣어서
어른스러운 실루엣이 되었어요.

how to make

사이즈 100~140cm

드레스 p.59
숄 p.69

숄은 정사각형 오건디의 끝만 간단히
처리하고 큰 싸개단추를 액세서리로
고정시켰어요.

자매의 커플 드레스

이 드레스는 부드러운 색의
자카드로 만들었습니다.
리본은 원단에 맞추어 색을 골라주세요.

04 05 연미복

연주회에도 어울리는 연미복.
칼라와 싸개단추에는 새틴 원단을 사용했습니다.
어렵게 보이지만 안감이 없어서
순서대로 따라 하면 예쁘게 만들 수 있어요.

how to make
연미복 p.72
나비 넥타이 p.82

디자인 • Mammy jewel Box 야마기시 카오리
제작 • raynoar

뒷모습 연미(燕尾)라는 이름처럼 제비 꼬리같이 뒤쪽 가운데에서 좌우로 나뉘어요.

옷깃 깃은 끝이 뾰족한 피크트 라펠(peaked lapel) 이므로, 송곳을 사용해 깃의 끝을 정성스럽게 뒤집습니다.

 06 스트라이프 큐트 원피스

싱그러운 파란색과 하얀색의
스트라이프 새틴 원단으로 만든 원피스.
스커트는 주름을 잔뜩 넣어서
풍성한 느낌을 주었어요.
리본이나 끈은 응용해서 만들어도 괜찮습니다.

how to make p.86

디자인 • Atelier Angelica 스미토모 아키
(p.10~11)

 ## 세일러 칼라 다이아무늬 미니 원피스

p.10 원피스와 같은 패턴을 사용해 변형했습니다. 몸판은 무지 원단으로, 스커트는 바둑판무늬 새틴 원단을 사선으로 재단해 다이아무늬로 만들고, 탈부착이 가능한 세일러 칼라를 더해서 소녀 같은 분위기로 마무리했어요.

how to make p.86

뒷모습은 세일러 칼라와
허리의 리본이 포인트.
스냅단추를 달아서
탈부착이 가능한 뒤트임.

Lesson 1 민소매 노블 드레스 p.5

봉제 순서

1. 몸판을 만든다.
p.20 코사지를 만든다.
3. 오버스커트와 몸판을 박는다.
4. 스커트와 몸판을 박는다.
5. 리본과 벨트를 만든다.
6. 몸판에 리본과 벨트를 단다.
2. 스커트와 오버스커트를 만든다.

7. 단춧구멍을 만들고, 단추를 단다.
5. 리본과 벨트를 만든다.
8. 스냅단추를 단다.

● 재료와 재단 배치도는 p.54~56을 참조하세요.
● 뒤 몸판의 트임에 접착심지를 붙여두세요.
● 알기 쉽도록 빨간색 실을 사용했습니다.

1. 몸판을 만든다.

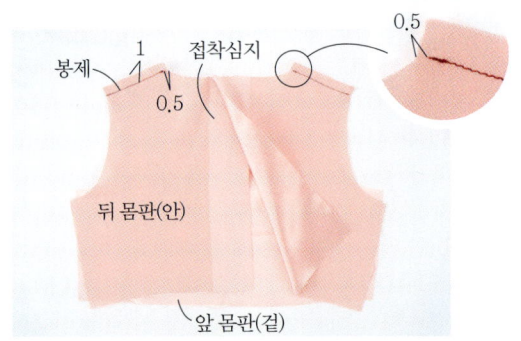

① 앞 몸판과 뒤 몸판을 겉끼리 맞대어 어깨를 박습니다. 목둘레 쪽 0.5cm는 봉제하지 않고 남겨둡니다. 시접은 가릅니다. 몸판 안감도 같은 방법으로 박습니다.

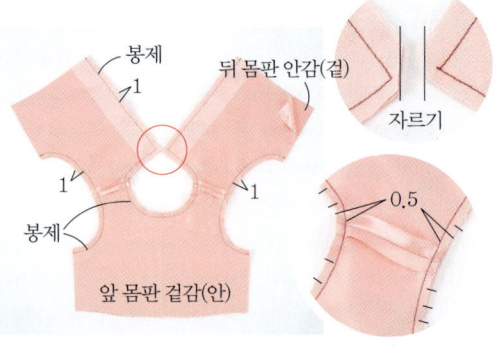

② 몸판 겉감과 몸판 안감을 겉끼리 맞대어 진동둘레와 뒷단~목둘레~뒷단을 박습니다. 목둘레와 진동둘레의 시접은 0.5cm로 자르고, 곡선에 가윗밥을 넣어줍니다. 목둘레의 모서리 시접은 잘라줍니다.

③ 뒤 몸판을 어깨 사이로 통과시켜 몸판을 겉으로 뒤집습니다.

④ 다림질로 옷의 모양을 잡아줍니다.

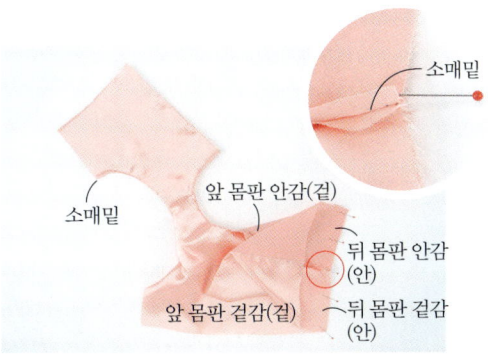

⑤ 겉·안감 몸판의 옆선을 각각 맞추어 시침핀으로 고정합니다. 소매밑의 시접은 갈라둡니다.

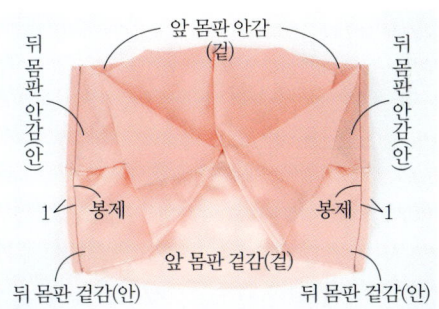

⑥ 양 옆선을 박습니다. 시접은 가릅니다.

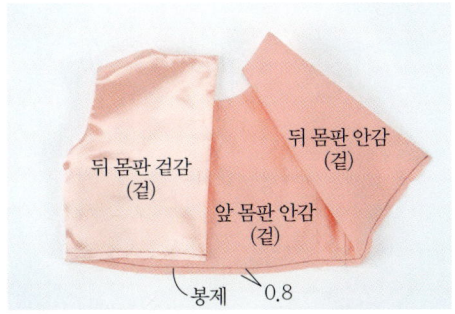

⑦ 겉·안감 몸판의 허리 부분을 맞추어 박습니다.

2. 스커트와 오버스커트를 만든다.

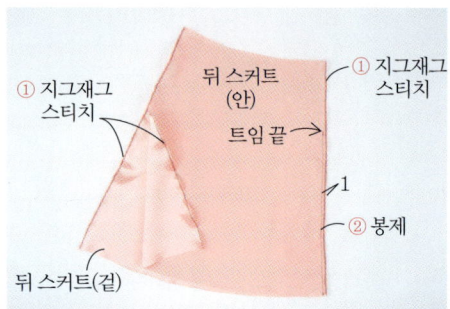

① 뒤 스커트의 뒤 중심, 옆선의 시접에 지그재그 스티치를 합니다. 겉끼리 맞대어 밑단부터 트임 끝까지 박습니다. 시접은 가릅니다.

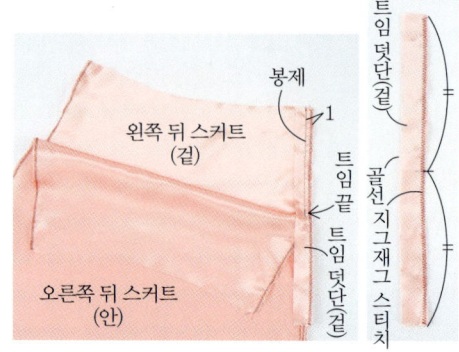

② 트임 덧단을 세로로 반 접어서 2장을 함께 지그재그 스티치를 하고 중심에 자국을 남깁니다. 왼쪽 뒤 스커트의 뒤 중심에 트임 덧단을 겹쳐 놓고 뒤 중심 허리부터 트임 끝까지 박습니다.

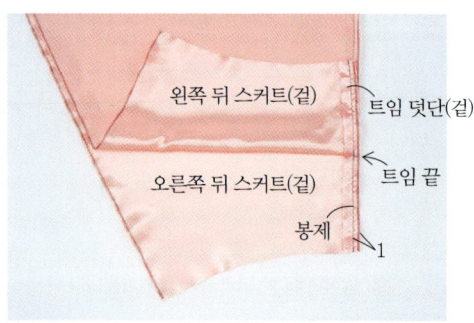

③ 되돌아박기를 하고 일단 실을 자릅니다. 오른쪽 뒤 스커트의 뒤 중심과 트임 덧단을 맞추어 트임 끝에서 허리까지 박습니다.

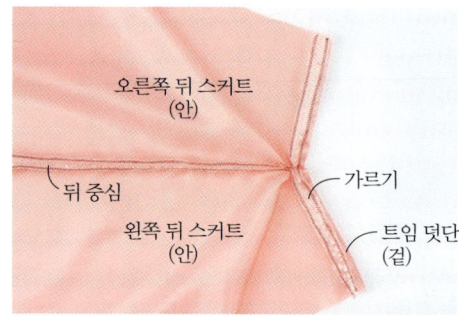

④ 시접을 가릅니다.

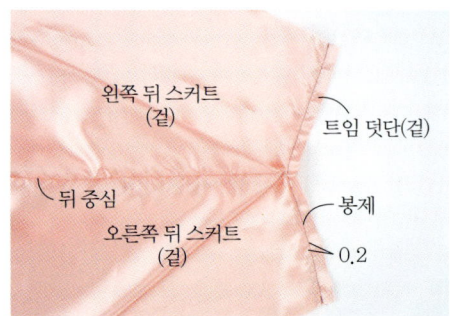

⑤ 겉쪽에서 트임 덧단에 스티치를 해 시접을 눌러줍니다.

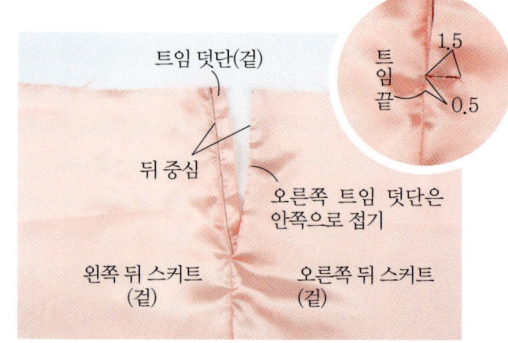

⑥ 오른쪽 뒤 스커트의 트임 덧단은 봉제선을 따라 안쪽으로 접고, 트임 끝부분의 트임 덧단을 꺾어 접어 뒤 중심을 맞춥니다. 트임 끝에서 0.5cm 윗부분을 되돌아박기로 눌러줍니다.

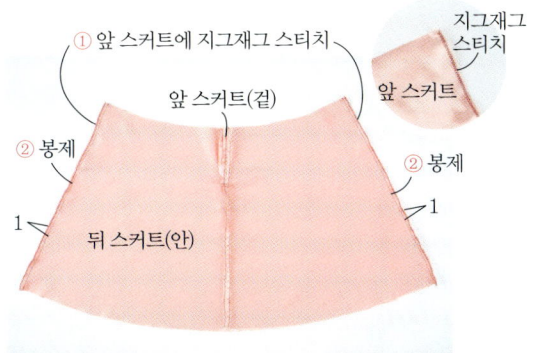
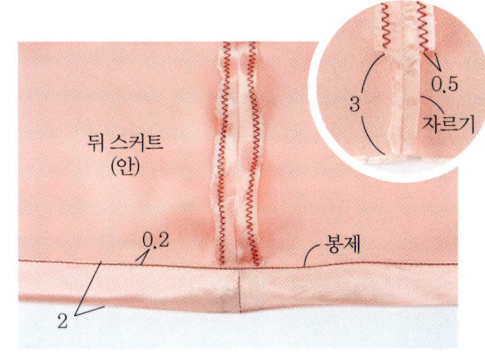

⑦ 앞 스커트 양 옆선에 지그재그 스티치를 합니다. 뒤 스커트와 앞 스커트를 겉끼리 맞대어 양 옆선을 박고, 시접은 가릅니다.

⑧ 밑단 시접을 깔끔하게 정리하기 위해서 감춰질 부분을 자릅니다. 밑단 시접을 1cm, 2cm로 두 번 접어 박습니다. 곡선 부분의 봉제가 어렵다면 시침질을 하고 박습니다.

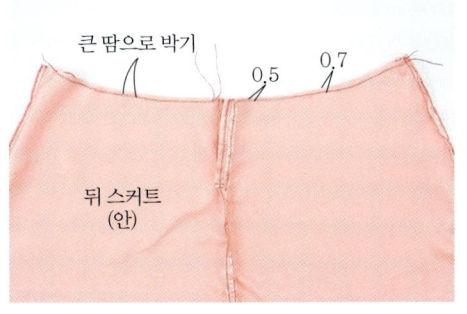
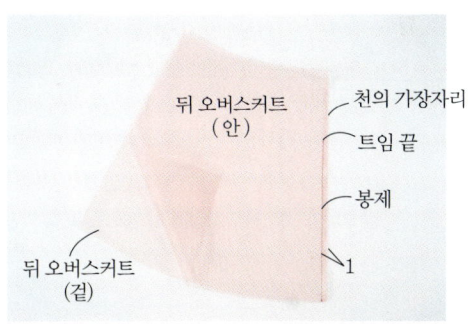

⑨ 허리 시접에 큰 땀으로 두 줄 박습니다.

⑩ 뒤 오버스커트를 겉끼리 맞대어 뒤 중심을 밑단에서 트임 끝까지 박습니다.

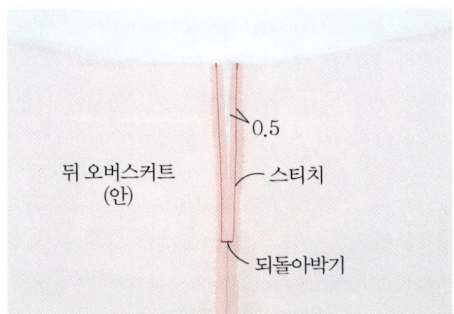
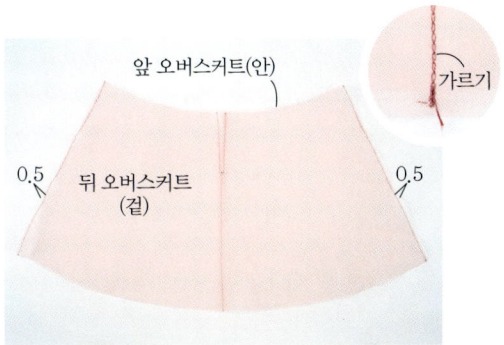

⑪ 시접을 가르고, 뒤트임 둘레에 스티치를 넣습니다.

⑫ 오버스커트 옆선을 통솔박기합니다. 먼저 앞 오버스커트와 뒤 오버스커트를 안끼리 맞대어 양 옆선을 박습니다. 시접은 가릅니다.

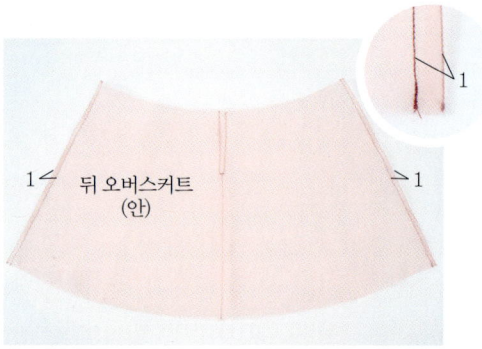
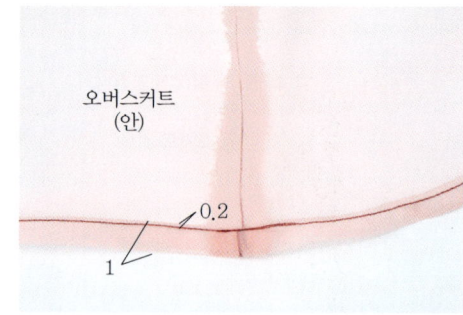

⑬ 그다음 앞 오버스커트와 뒤 오버스커트를 겉끼리 맞대어 양 옆선을 박습니다. 통솔박기를 했으므로 원단 끝이 봉제선 안쪽으로 들어갑니다. 시접은 뒤쪽으로 눕힙니다.

⑭ 오버스커트 밑단 시접을 1cm, 1cm로 두 번 접어 박습니다. 시침질을 하고 박으면 깔끔하게 박을 수 있습니다.

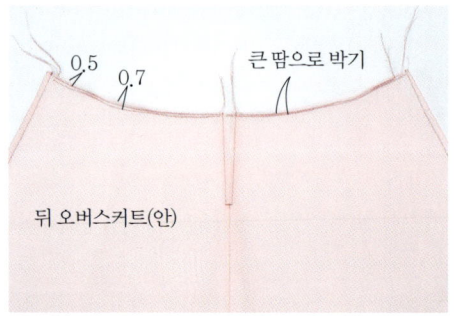

⑮ 오버스커트 허리 시접에 큰 땀으로 두 줄 박습니다.

3. 오버스커트와 몸판을 박는다.

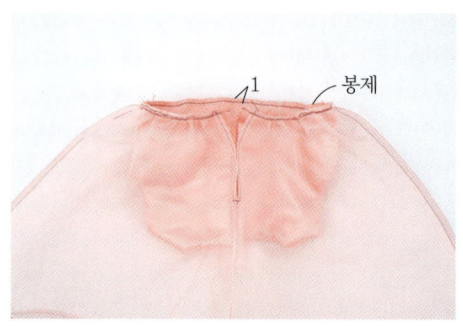

① 몸판과 오버스커트를 겉끼리 맞대어 맞춤점을 시침핀으로 고정시킵니다. 뒷단은 일러스트 참조. 오버스커트에 큰 땀으로 박은 윗실 2가닥을 함께 당겨서 주름을 잡습니다.

② 몸판과 오버스커트를 박습니다.

4. 스커트와 몸판을 박는다.

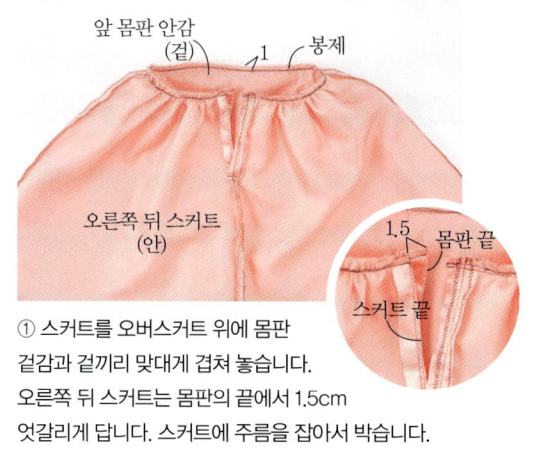

① 스커트를 오버스커트 위에 몸판 겉감과 겉끼리 맞대게 겹쳐 놓습니다. 오른쪽 뒤 스커트는 몸판의 끝에서 1.5cm 엇갈리게 답니다. 스커트에 주름을 잡아서 박습니다.

② 시접 4장을 함께 지그재그 스티치를 하고, 몸판 쪽으로 눕힙니다. 뒷단은 겉에서 시접을 눌러줄 스티치를 합니다.

5. 리본과 벨트를 만든다.

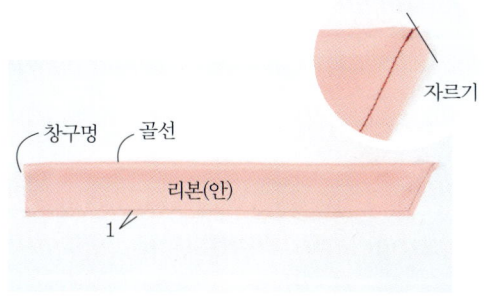
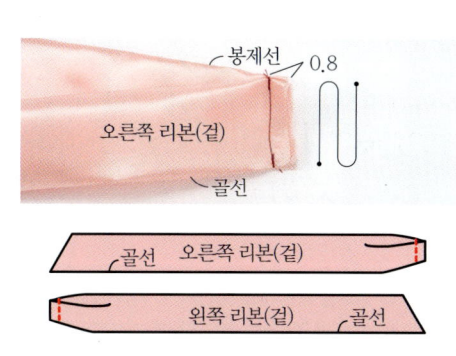

① 리본을 겉끼리 맞대게 반으로 접고, 창구멍을 남기고 박습니다. 모서리 시접은 자릅니다.

② 겉으로 뒤집어 모양을 잡아주고, 몸판에 다는 쪽을 두 번 꺾어 접어서 박습니다. 좌우대칭이 되게 2개 만듭니다.

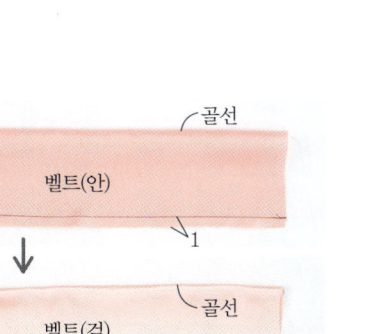
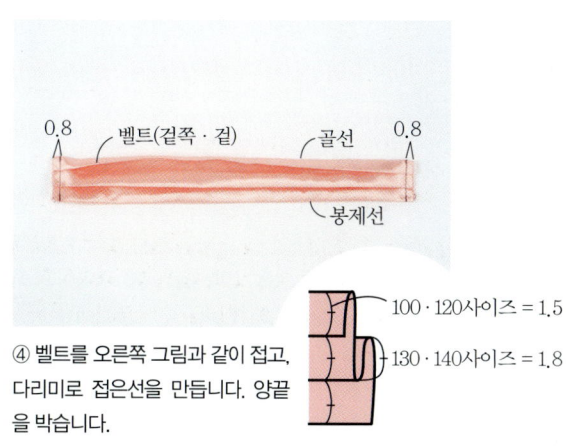

③ 벨트를 겉끼리 맞대게 반으로 접어 박고, 겉으로 뒤집습니다.

④ 벨트를 오른쪽 그림과 같이 접고, 다리미로 접은선을 만듭니다. 양끝을 박습니다.

6. 몸판에 리본과 벨트를 단다.

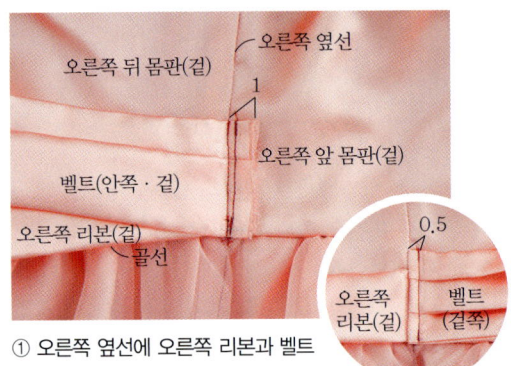

① 오른쪽 옆선에 오른쪽 리본과 벨트의 아랫단을 절개선에 맞추어 겹쳐 놓고, 박아 고정시킵니다. 벨트만 앞 몸판 쪽으로 뒤집어서 스티치해 눌러줍니다.

② 왼쪽 옆선에 왼쪽 리본의 끝을 겹쳐서 그 위에 벨트의 반대쪽 끝을 뒤 몸판 쪽으로 돌려서 겹쳐 놓고 박아서 고정시킵니다.

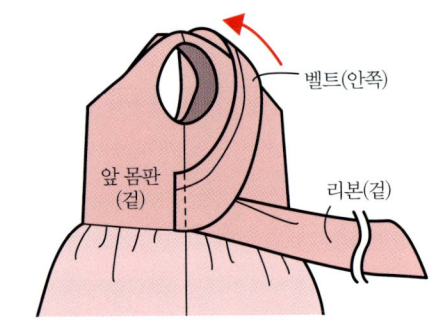

③ 벨트를 몸판 위로 통과시켜서 겉쪽으로 뒤집어 6-①과 같은 방법으로 스티치해 눌러줍니다.

④ 벨트의 아랫단은 눈에 띄지 않도록 조금 안으로 들어간 곳에 공그르기합니다.

7. 단춧구멍을 만들고, 단추를 단다.

① 오른쪽 뒤 몸판 단춧구멍 위치에 단춧구멍 스티치를 합니다.

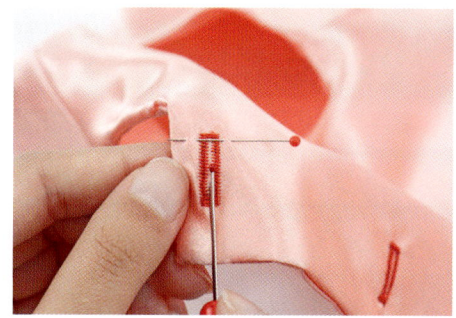

② 스토퍼를 대신해 시침핀을 꽂아두고, 칼로 단춧구멍을 뚫어줍니다. 스티치한 부분이 잘리지 않게 주의합니다.

③ 새틴 원단에 오건디를 겹쳐 싸개단추를 만듭니다. 왼쪽 뒤 몸판 단추 다는 위치에 단추를 답니다.

8. 스냅단추를 단다.

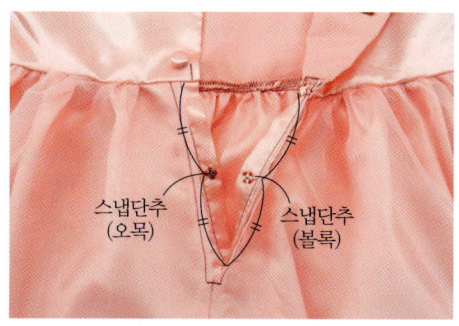

트임 덧단의 허리에서 봉제 끝부분까지의 가운데 위치에 스냅단추를 답니다.

완성

코사지 만드는 방법

재료

꽃잎 소
오건디 25×10cm

꽃잎 대
오건디 30×15cm

리본 새틴 35×5cm

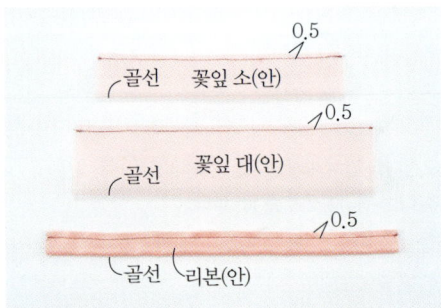

① 각각의 조각을 겉끼리 맞대게 반으로 접어서 박습니다.

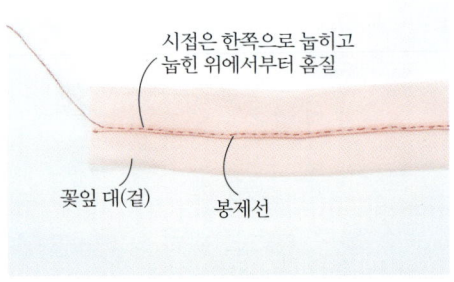

② 꽃잎 대·소를 각각 겉으로 뒤집고, 봉제선을 가운데로 옮겨 놓습니다. 시접 부분은 홈질로 4장을 함께 박습니다.

③ 꽃잎의 가운데 실을 당겨서 주름을 잡고, 원통이 되게 끝을 박아 고정시킵니다. 대·소를 각각 만듭니다.

④ 도넛 모양으로 펼친 꽃잎 대 위에 꽃잎 소 옆면이 위로 보이게 겹칩니다.

⑤ 중심을 꿰매 고정시킵니다.

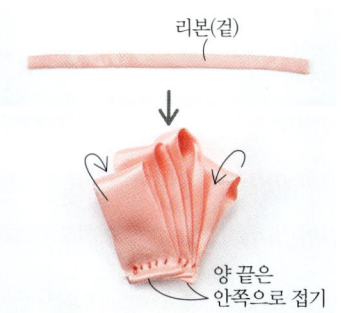

⑥ 리본을 겉으로 뒤집어 다양하게 네 줄이 되게 겹쳐 접습니다. 양 끝은 끝이 보이지 않도록 안쪽으로 접고, 꿰매서 고정시킵니다.

⑦ 꽃잎 대 뒤에 리본을 꿰매 고정시키고, 그 위에 브로치핀을 꿰매 고정시킵니다.

완성

Ceremony

22

07 08 09 10 스쿨룩 슈트 세트

여자아이는 허리라인이 들어간 실루엣의 귀여운 재킷과
유행을 타지 않는 체크무늬 플리츠스커트.
남자아이는 체크무늬 재킷에 폭이 좁은 무지 슬랙스 세트.

how to make

사이즈 100~140cm

여자아이… 재킷 p.96 스커트 p.104 리본 p.101

남자아이… 재킷 p.96 슬랙스 p.108   **Lesson 2**   p.30

디자인 • Flico 오카다 케이코(p.22~23)

테일러 칼라 끝에 단 리본끈이 포인트.
생각보다 쉬우니 순서를 잘 따라서 만들어보세요.

편하고 슬림한, 폭이 좁은 팬츠는 평상복으로도 좋아요.
스커트는 주름 부분에 확실히 다림질을 해
접은선을 만들어주세요.

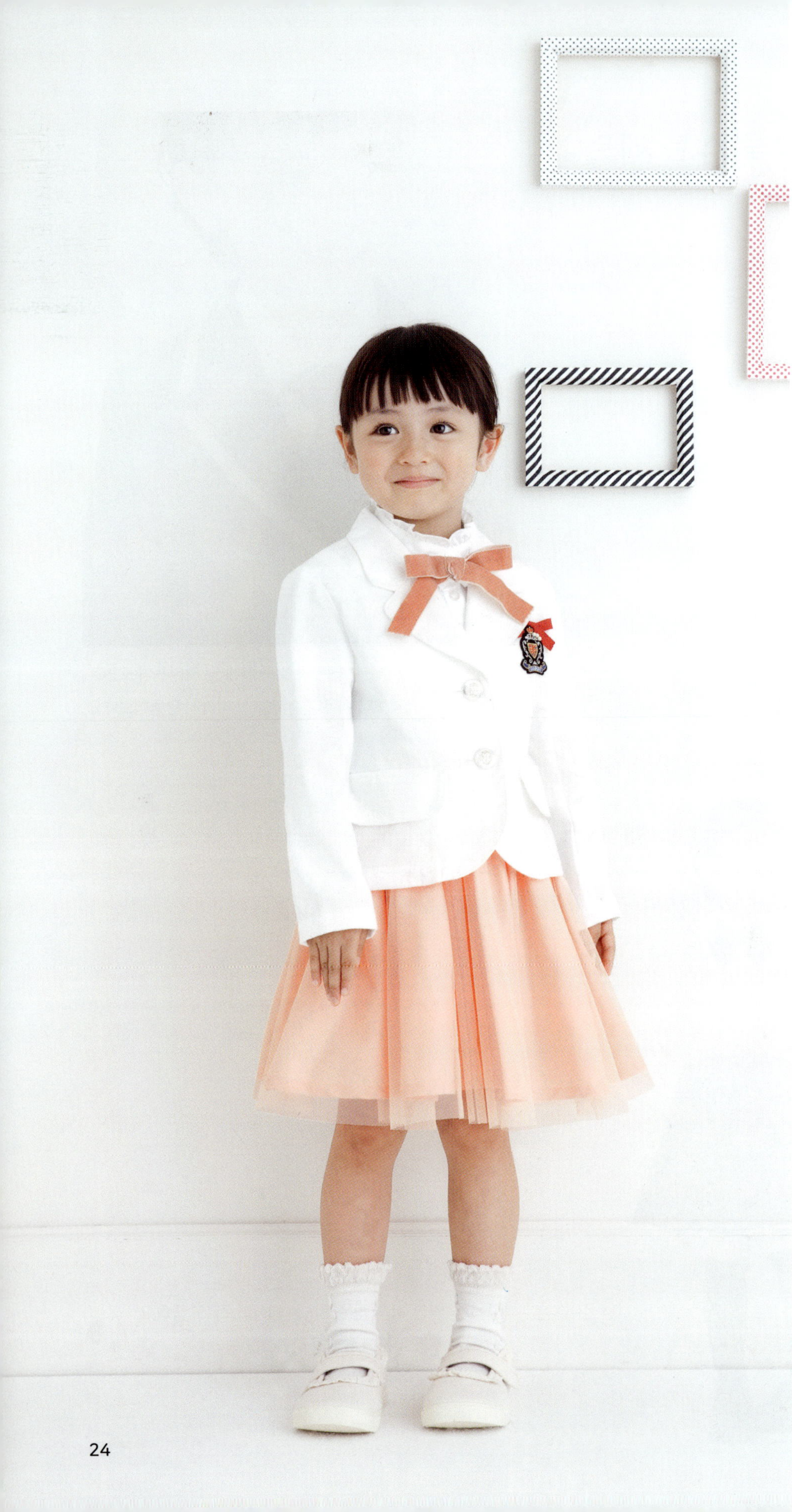

 **튈 스커트**

재킷에 튈 스커트를 매치해서 입는 유행 스타일. p.22 재킷과 함께 입으면 유치원, 학교 입학식에도 좋습니다.

how to make p.181

디자인 • enanna 아사이 마키코

니커보커스 & 헌팅캡

클래식한 분위기로 인기 있는
니커보커스 & 헌팅캡 스타일.
p.26 베스트와 매치하면
세미 포멀(semi-formal) 장소에도 OK.

how to make
니커보커스 p.114

헌팅캡 p.120

디자인 • FU-KO basics. 미노바 마유미

니커보커스의 허리에 턱을 넣어서
엉덩이 주변이 깔끔해 보입니다.
뒷주머니에는 플랩을 달았습니다.

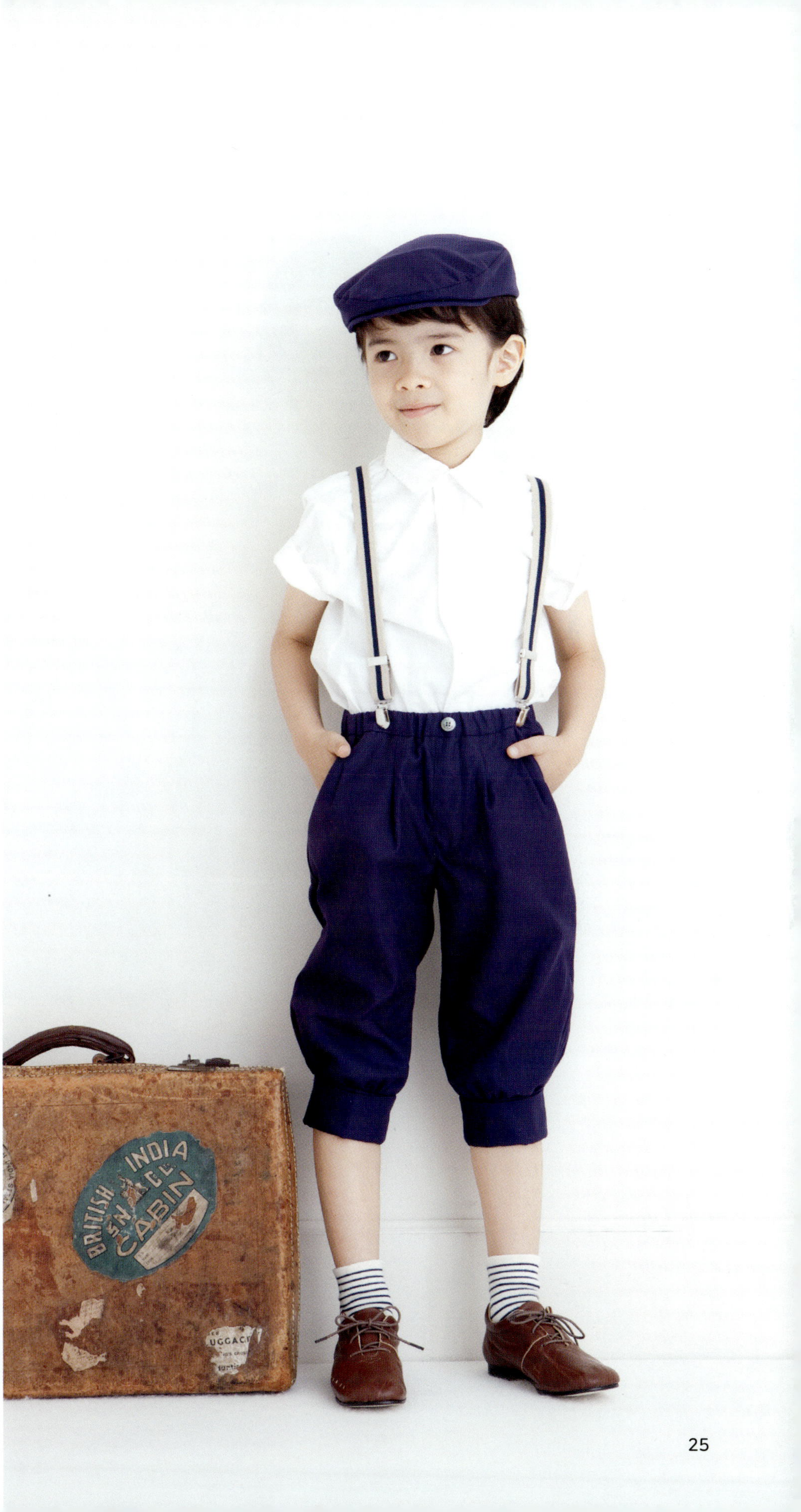

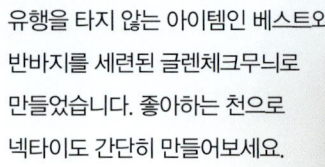 **글렌체크 베스트 & 반바지 & 넥타이**

유행을 타지 않는 아이템인 베스트와
반바지를 세련된 글렌체크무늬로
만들었습니다. 좋아하는 천으로
넥타이도 간단히 만들어보세요.

how to make
베스트 p.141
반바지 p.146
넥타이 p.152

디자인·
Candy Floss
마츠노 요코

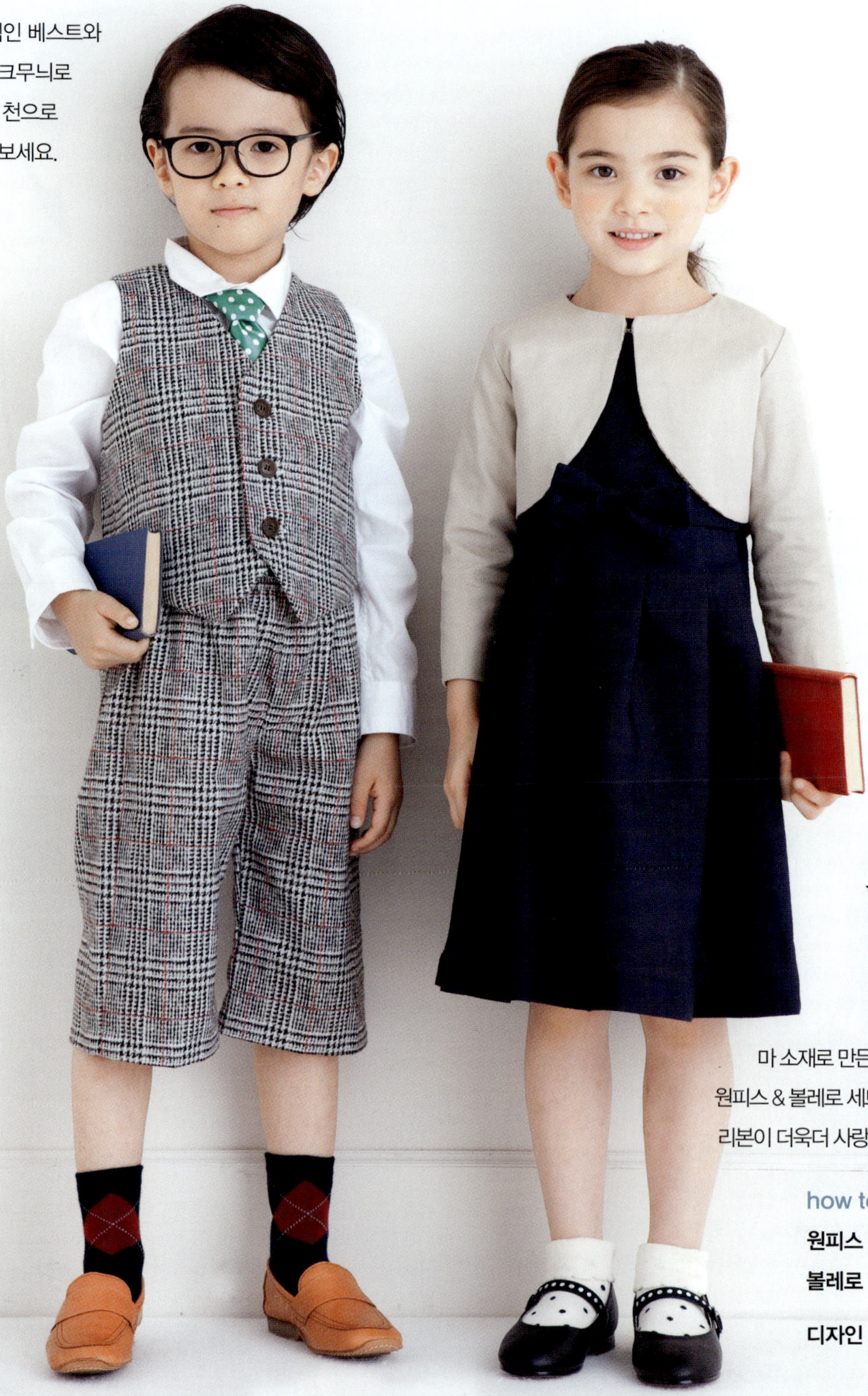

13 14
턱 원피스 & 볼레로

마 소재로 만든 고급스러운 분위기의
원피스 & 볼레로 세트. 원피스 허리에 달린
리본이 더욱더 사랑스러운 느낌을 줍니다.

how to make
원피스 p.126
볼레로 p.136

디자인· FU-KO basics.
미노바 마유미

심플한 볼레로는 안감에
귀여운 꽃무늬를 사용해
보이지 않는 세련됨을 즐겨요.

넥타이는 모양을
만들어서 박기만 했어요.
고무밴드라서 쉽게
탈부착이 가능해요.
여자아이 원피스 스커트에는
간단히 만든 옆주머니가 달려 있어요.

Arrange idea

원단을 바꿔서 만들면 매일 입을 수 있는 평상복으로도 안성맞춤.

28

평상복 원피스 & 팬츠

p.26 원피스와 팬츠의 원단을 바꿔서 변형.
원피스는 턱을 주름으로 바꿔서 풍성해 보이게 하고,
팬츠는 격자무늬 체크 원단으로 개구쟁이
남자아이의 평상복으로 만들었습니다.

how to make
원피스 p.126
팬츠 p.146

디자인·
FU-KO basics. 미노바 마유미(원피스)Candy Floss
마츠노 요코(팬츠)

원피스는 등에 트임을 만들어
단추를 채우는 디자인.

팬츠에는 뒷주머니를 달았어요.
옆선 봉제선에 무늬를
잘 맞추어야 보기 좋아요.

 # Lesson 2   남자아이 스쿨룩 재킷   p.23

봉제 순서

1. 접착심지와 늘어남 방지테이프를 붙인다.
2. 칼라를 만든다.
3. 몸판을 박는다.
4. 주머니를 만든다.
5. 어깨를 박는다.
6. 몸판에 칼라와 안단을 단다.
7. 앞단과 밑단을 박는다.
8. 소매를 만들어 단다.
9. 단춧구멍을 만든다.
10. 단추를 단다.

● 재료와 재단 배치도는 p.96~97을 참조하세요.
● 알기 쉽도록 빨간색 실을 사용했습니다.

1. 접착심지와 늘어남 방지테이프를 붙인다.

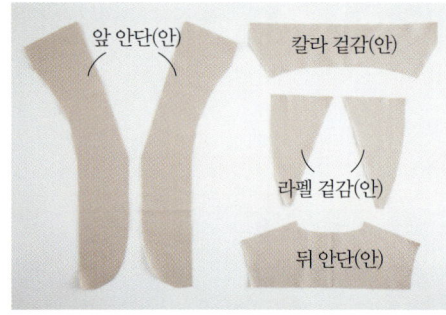
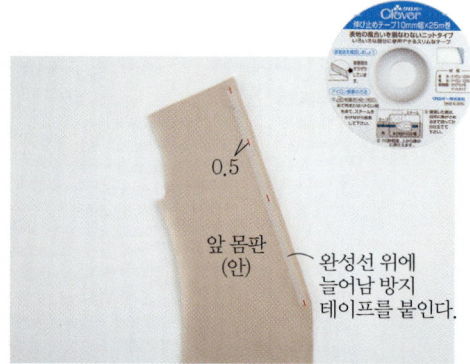

① 앞 안단, 뒤 안단, 칼라 겉감, 라펠 겉감의 안쪽에 접착심지를 붙입니다.

② 앞 몸판의 칼라 다는 위치의 완성선이 살짝 덮이게 늘어남 방지테이프를 붙입니다.

2. 칼라를 만든다.

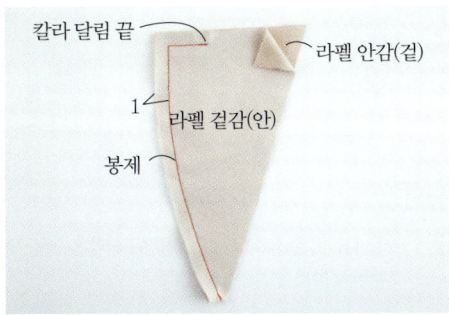

① 라펠 겉감과 라펠 안감을 겉끼리 맞대어, 칼라 달림 끝까지 박습니다. 칼라를 깔끔하게 접어 젖히기 위해서 겉감 패턴이 조금 크지만 완성선의 길이는 같으므로 그대로 박아도 괜찮습니다.

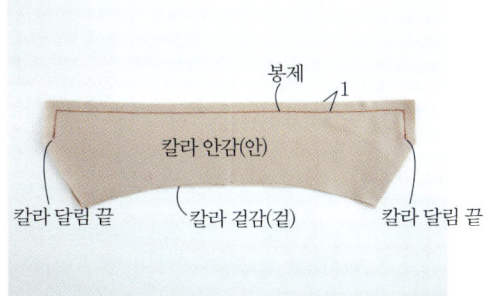

② 칼라 겉감과 칼라 안감을 겉끼리 맞대어 칼라 달림 끝까지 박습니다.

③ 칼라 겉감과 라펠 겉감을 겉끼리 맞대어 시침핀으로 고정시킵니다.

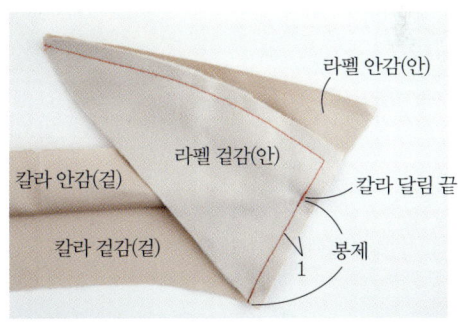

④ 칼라 달림 끝까지 박습니다.

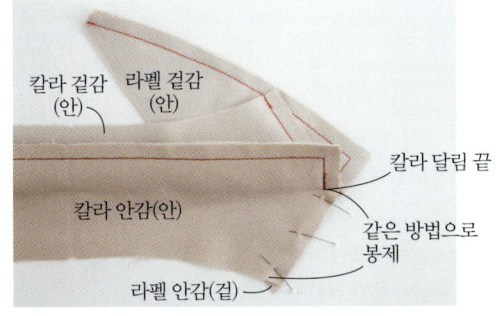

⑤ 칼라 안감과 라펠 안감을 겉끼리 맞대어 겉감과 마찬가지로 칼라 달림 끝까지 박습니다.

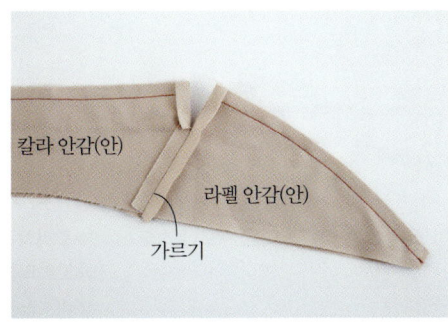

⑥ 시접을 가릅니다. 반대쪽도 같은 방법으로 박습니다.

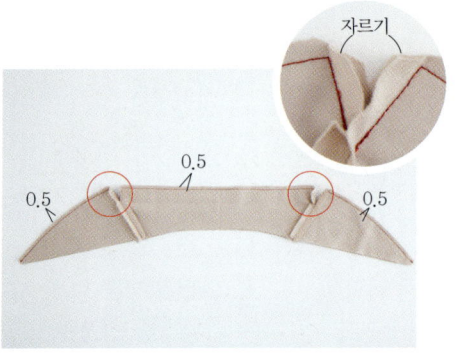

⑦ 칼라와 라펠이 연결된 모서리 부분의 시접은 사선으로 자르고, 봉제한 부분의 시접은 0.5cm 남기고 자릅니다.

⑧ 시접은 봉제선을 따라 칼라와 라펠의 안감 쪽으로 접고, 다리미로 눌러줍니다.

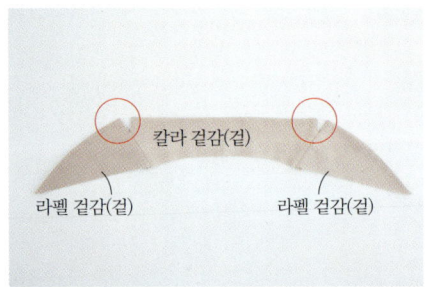

⑨ 겉으로 뒤집습니다. 칼라와 라펠의 모서리는 송곳을 사용해 깔끔하게 정돈합니다.

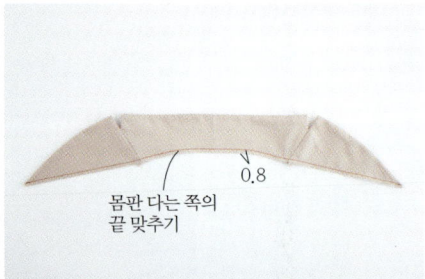

⑩ 몸판 다는 쪽 원단 끝부분을 맞추어 임시로 고정시킵니다.

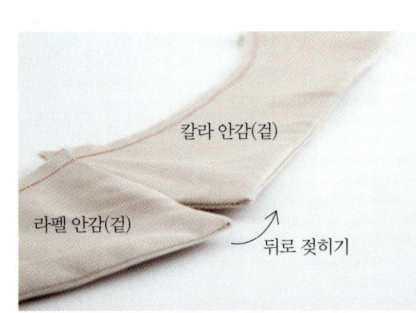

⑪ 겉감 쪽이 조금 크기 때문에 조금 뒤로 젖혀줍니다.

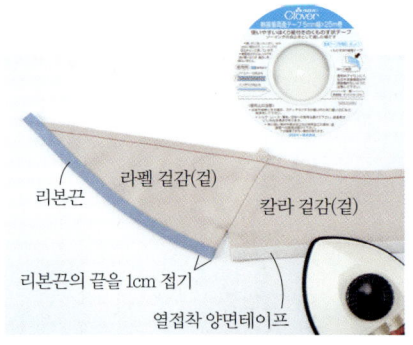

⑫ 칼라와 라펠의 가장자리 부분에 열접착 양면테이프로 리본끈을 임시로 고정해 놓습니다. 모서리 부분은 리본끈의 끝을 1cm 접어 넣어서 붙입니다.

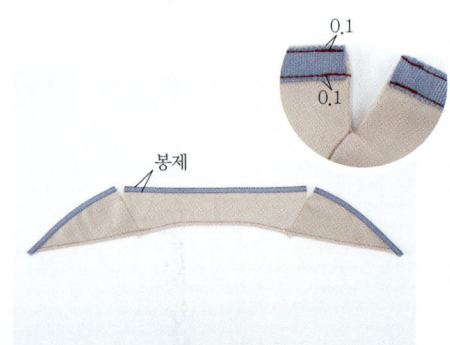

⑬ 리본끈의 위아래 끝부분을 박습니다.

3. 몸판을 박는다.

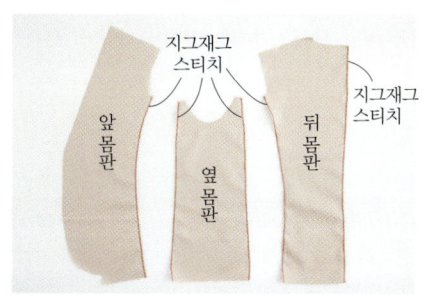

① 사진처럼 앞 몸판, 옆 몸판, 뒤 몸판에 지그재그 스티치를 합니다.

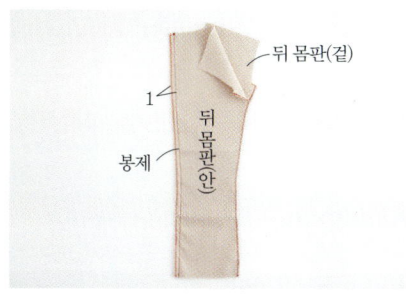

② 뒤 몸판을 겉끼리 맞대어 뒤 중심을 박습니다. 시접은 가릅니다.

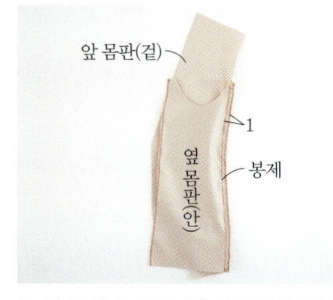

③ 옆 몸판과 앞 몸판을 겉끼리 맞대어 박습니다. 시접은 가릅니다.

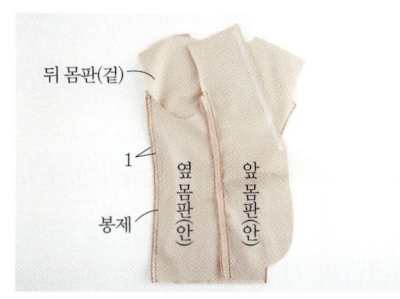

④ 옆 몸판과 뒤 몸판을 겉끼리 맞대어 박습니다. 시접은 가릅니다.

⑤ 반대쪽도 같은 방법으로 박습니다.

4. 주머니를 만든다.

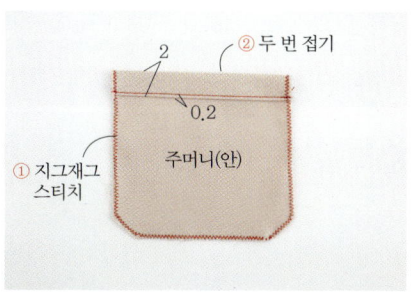

① 주머니 가장자리에 지그재그 스티치를 하고, 주머니 입구를 1cm, 2cm로 두 번 접어 박습니다.

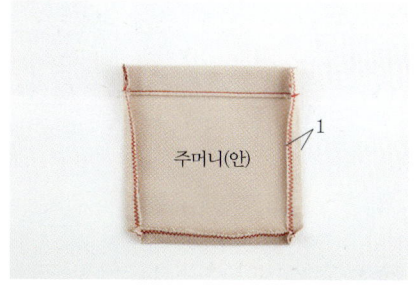

② 주머니 입구를 제외한 시접은 완성선을 따라 안쪽으로 접습니다.

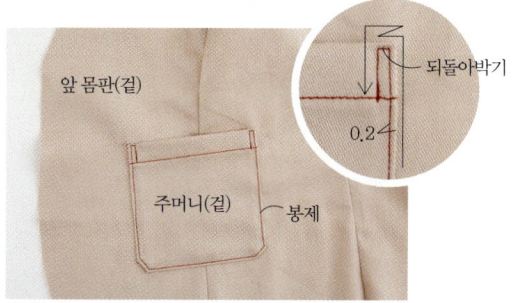

③ 몸판에 주머니를 박아 답니다. 주머니 입구는 되돌아박기로 보강합니다.

5. 어깨를 박는다.

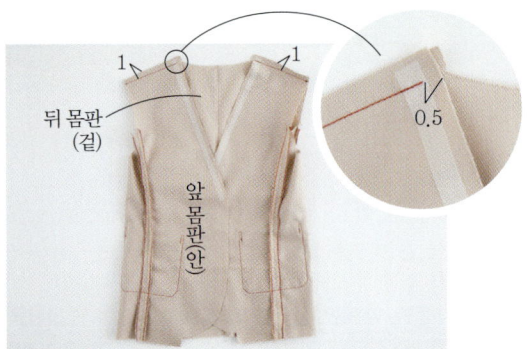
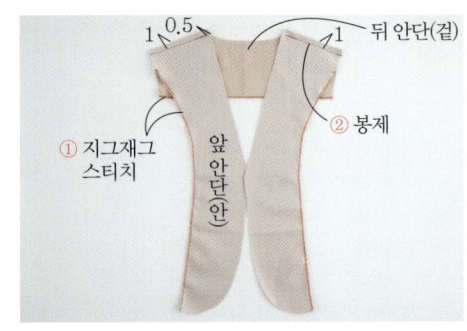

① 앞 몸판과 뒤 몸판을 겉끼리 맞대어 어깨를 박습니다. 목둘레 쪽 시접은 0.5cm 남기고 박습니다. 시접은 가릅니다.

② 앞 안단과 뒤 안단에 지그재그 스티치를 하고, 겉끼리 맞대어 어깨를 5-①과 같은 방법으로 박습니다.

6. 몸판에 칼라와 안단을 단다.

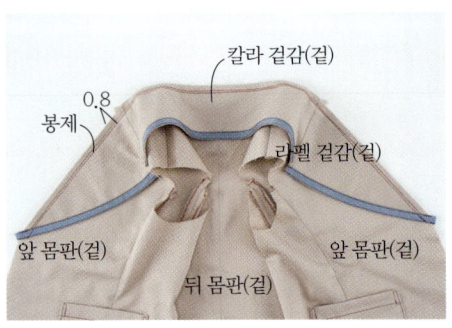

① 몸판에 칼라를 겹쳐 박습니다.

② 몸판과 겉끼리 맞대게 칼라 위에 안단을 맞추어 박습니다.

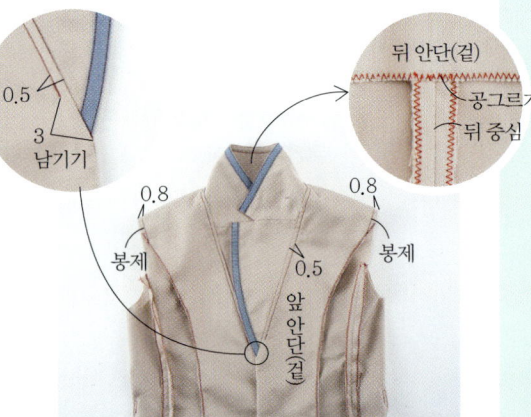

③ 곡선 부분 시접에 삼각형으로 가윗밥을 넣어줍니다.

④ 칼라를 단 곳의 시접을 0.5cm 자르고, 곡선으로 되어 있는 뒤 목둘레 부분에 가윗밥을 넣어줍니다. 봉제한 부분을 자르지 않게 주의하세요.

⑤ 안단을 안으로 뒤집어서 목둘레에 스티치를 넣어줍니다. 진동둘레의 시접에 안단을 박아 고정시킵니다. 뒤 중심의 안단도 박아 고정시킵니다.

7. 앞단과 밑단을 박는다.

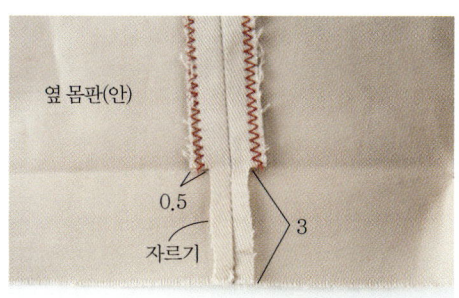

① 밑단 시접을 깔끔하게 정리하기 위해서 몸판(앞·옆·뒤)의 시접을 사진처럼 자릅니다.

② 밑단을 1cm, 2cm로 두 번 접고, 앞단~밑단~앞단 순으로 박습니다.

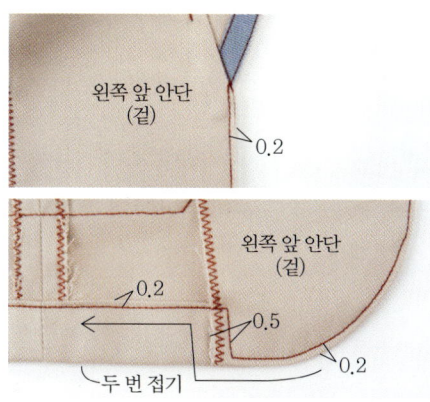

8. 소매를 만들어 단다.

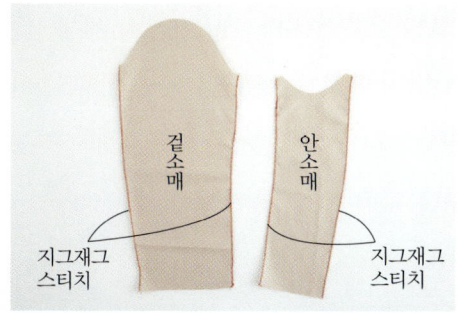

① 안소매와 겉소매에 지그재그 스티치를 합니다.

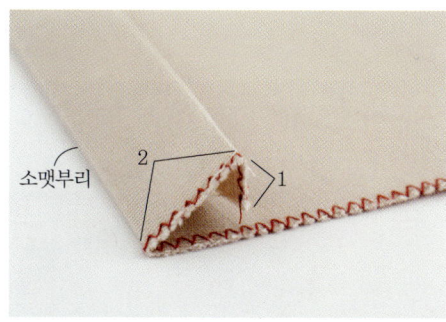

② 소맷부리를 1cm, 2cm 두 번 접고, 다리미로 접은선을 만듭니다.

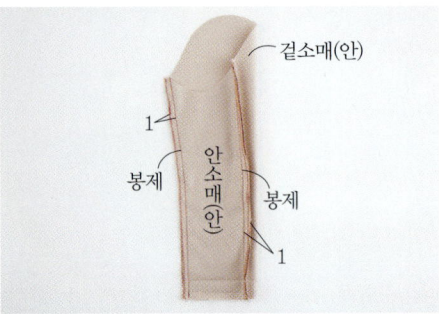

③ 안소매와 겉소매를 겉끼리 맞대어 박습니다. 시접은 가릅니다.

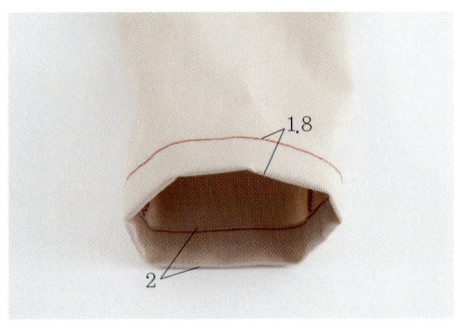

④ 소맷부리의 시접을 8-②의 접은선대로 두 번 접어 박습니다.

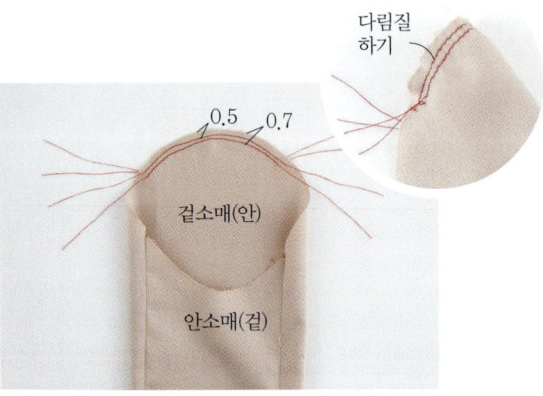

⑤ 소매산 시접에 큰 땀으로 두 줄 박고, 윗실 2가닥을 함께 당겨서 소매산을 오그려줍니다. 주름이 생기지 않을 정도로만 당겨서 다림질합니다.

⑥ 소매와 몸판의 진동둘레를 겉끼리 맞대고 맞춤점을 맞추어 시침핀으로 고정시킵니다.

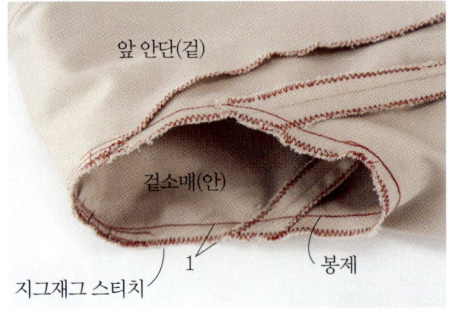

⑦ 진동둘레를 박은 후 시접은 지그재그 스티치를 하고 소매 쪽으로 눕힙니다.

⑧ 왼쪽 소매도 같은 방법으로 답니다.

9. 단춧구멍을 만든다.

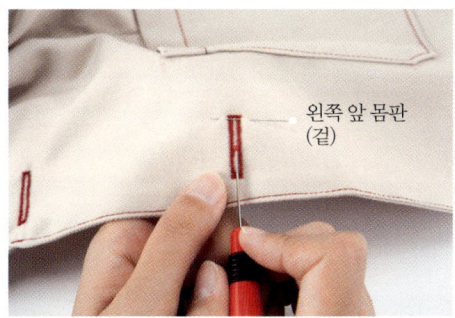

왼쪽 앞 몸판 단춧구멍 위치에 단춧구멍 스티치를 하고,
단춧구멍을 뚫어줍니다.

10. 단추를 단다.

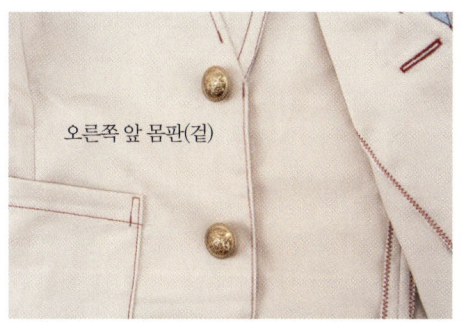

① 오른쪽 앞 몸판 단추 다는 위치에 단추를 답니다.

② 소매에도 단추 다는 위치에 단추를 답니다.

완성

크리스마스 세트

크리스마스에는 역시 레드·화이트·그린색.
레드 새틴 원단에 화이트 양털을 매치해서
산타 & 산타 걸 의상을 만들었어요.

23 가랜드 p.178

21 산타 모자 p.167

22 산타 옷 p.171

20 산타 걸 케이프 p.164

24 산타 걸 스커트 p.181

25 26 앨리스풍 칼라 원피스 & 에이프런

칼라 퍼프소매 원피스에 하얀 에이프런을
달아 앨리스풍으로 만들었어요.
원피스는 적당히 부드러운
새틴 원단으로 만들면 좋아요.
에이프런은 직선박기로 만들 수 있습니다.

how to make

원피스 p.186

에이프런 p.195

디자인 • petit etalage 오오모리 타카코

3032 헤어 리본 & 도트 스커트

큰 도트무늬가 귀여운 주름 스커트.
패턴 없이 직선박기로 간단하게 만들 수 있습니다.
안에 파니에(panier)를 입어 볼륨을 주면 더욱더 귀여워요.

how to make

헤어 리본 p.220
스커트 p.228

디자인 • +aijirushi+ 케이

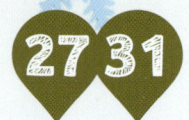

27 31 스노플레이크 드레스 & 헤어슈슈

몸판에 겹친 눈 결정무늬 튈이 반짝이는 세련된 드레스.
뒤를 내린 튈에 플레어를 잔뜩 넣으면 예쁘게 휘말립니다.
세트로 헤어슈슈도 만들어보세요.

how to make

드레스 p.200
헤어슈슈 p.224

디자인 • +aijirushi+ 케이

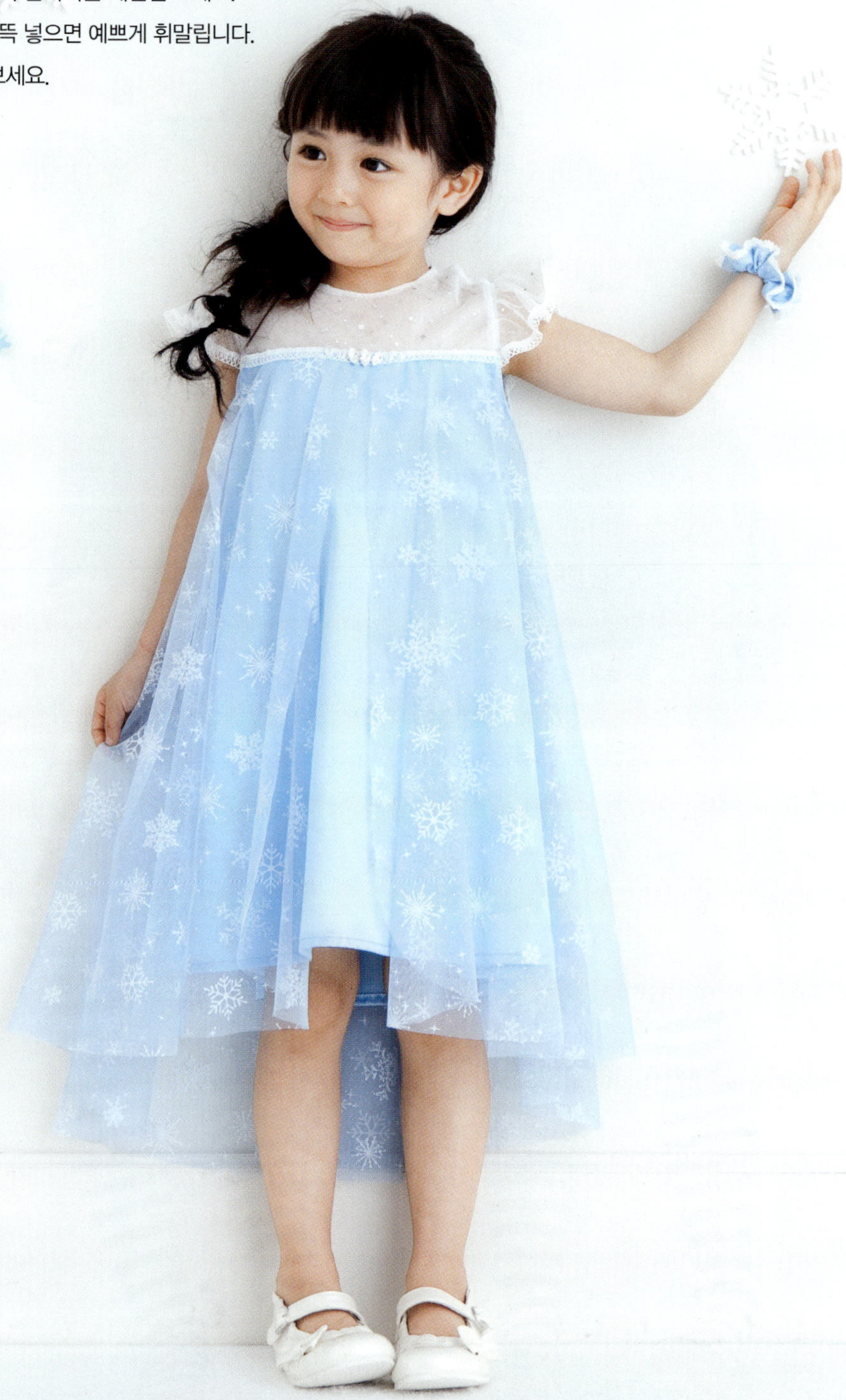

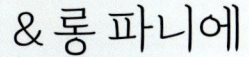 공주님 무도회 드레스
& 롱 파니에

오프숄더(off-shoulder)와 스커트의 반짝이
오건디에는 드레이프(drape)를 만들고 큼지막한
진주를 달아 더욱더 공주님처럼 보여요.
스커트를 부풀릴 롱 드레스용 파니에도 함께 만들어보세요.

how to make

드레스 p.208

롱 파니에 p.216

디자인 • Atelier Angelica 스미토모 아키

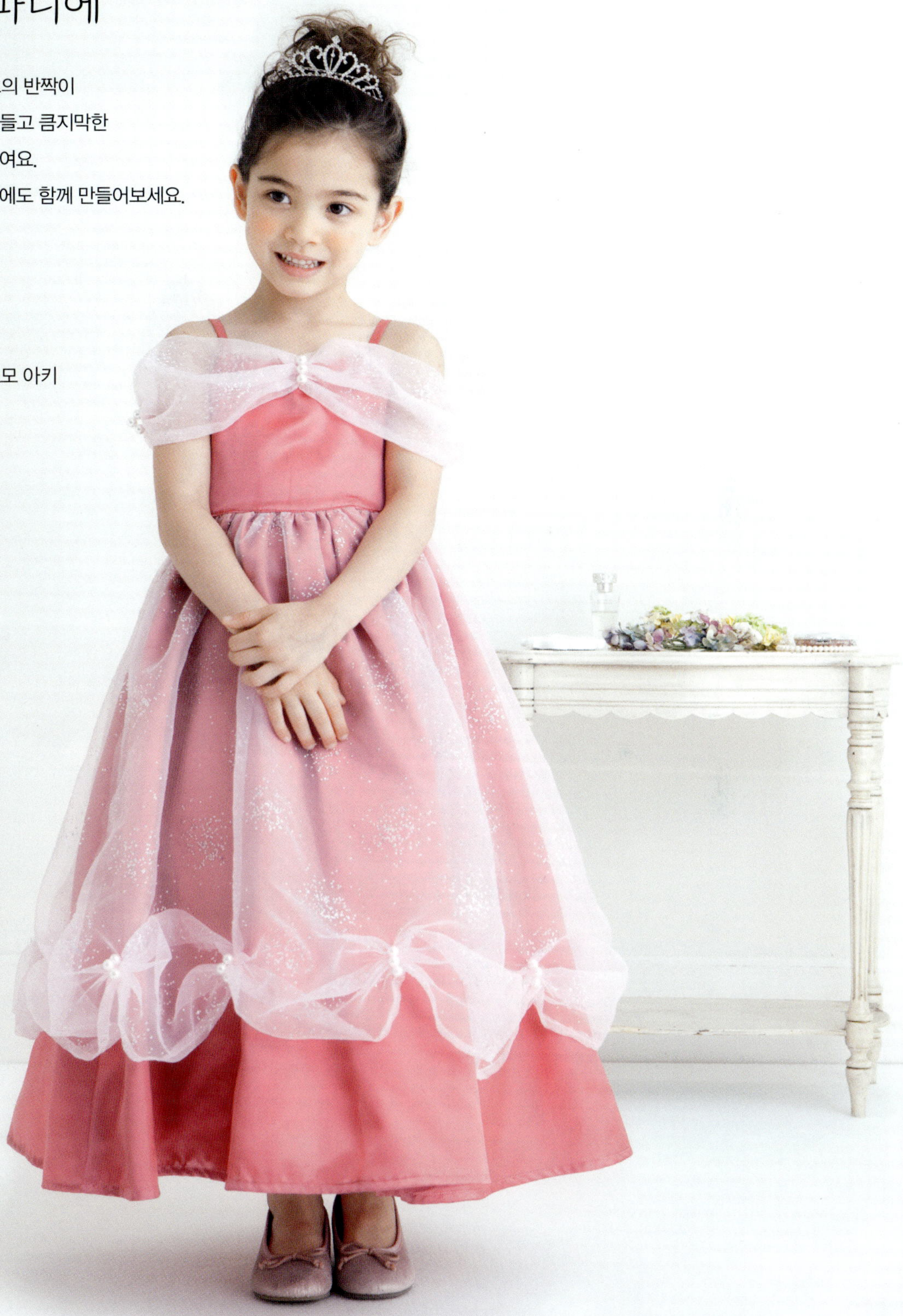

미니 도트 칼라 원피스

p.40 원피스의 원단을 바꿔서
외출복으로 만들어봤어요.
가슴 부분의 리본은 브로치핀으로
뗐다 붙였다 할 수 있습니다.

how to make p.186

디자인 • petit etalage 오오모리 타카코

로리타 스타일 스커트

로리타풍 무늬가 들어간 원단으로
만든 주름 스커트.
안에 똑같이 만든 파니에를 입어보세요.
옷자락이 조금 나오는 길이로 만들었어요.

how to make p.228

디자인 • +aijirushi+ 케이

파니에

1장 있으면 편리한 튈 원단으로 만든 파니에.
위에 입을 옷에 맞추어 길이나 볼륨을 바꿔보세요.
스커트에 볼륨을 내고 싶을 때는 빳빳한 원단을 추천합니다.

how to make p.228

Sewing

드레스 만들 때 알아두면 좋은 기본 지식

드레스는 평상복에는 쓰지 않는 원단을 사용하므로, 기본 지식을 배우고 시작해야 잘 만들 수 있습니다.

의상 만들기에 어울리는 원단

무지 새틴
'수자직'이라고 하는 직조법으로 만든 원단입니다. 폴리에스테르 소재나 면 소재도 있고, 두께도 여러 가지가 있습니다. 사진은 폴리에스테르 새틴.

새틴 원단의 겉은 광택이 있고, 안은 매트한 감촉이에요.

도트나 별, 스트라이프 등 여러 가지 무늬나 색이 있고, 의상을 만들 때 폭이 넓어집니다.

프린트 원단
새틴 원단 표면에 여러 가지 무늬를 입혔습니다.

자카드
날실과 씨실로 엮어서 표면에 무늬를 만들어내는 원단.

고급스러운 느낌의 바탕. 꽃이나 식물 등 무늬가 인기 있습니다.

Point 새틴 원단의 사용 방법

❌ **물빨래 & 올 바로잡기**
폴리에스테르 소재의 새틴은 화학섬유로 만들어져 물빨래나 올 바로잡기가 필요 없습니다.

❌ **다림질**
다림질을 할 경우 다리미의 온도 설정에 주의하세요. 폴리에스테르 소재의 새틴은 고열로 다림질을 하면 원단이 손상될 수 있습니다.

드레스에 같이 쓰면 어울리는 원단

튤
올이 투명하게 보이는 원단. 촉감이 부드러운 것부터 빳빳한 것까지 있고, 스팽글이나 무늬가 들어간 것도 있습니다. 가장자리는 자른 채 두어도 풀리지 않습니다.

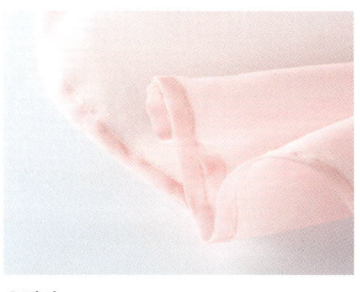

오건디
매우 얇고 가볍습니다. 투명감이 있는 평직 원단으로 팽팽합니다. 라메나 장식이 달려 있는 것도 있습니다. 가장자리는 올이 풀리기 쉬우므로 두 번 접어 박기나 통솔로 처리를 해 올 풀림을 방지하는 것이 좋습니다.

> **Point** — 툴과 오건디의 취급 방법 팁
>
> 보통 시침핀은 빠지기 쉬우므로 포크 시침핀이나 안전핀을 추천합니다. 폴리에스테르 소재는 새틴처럼 물빨래 & 올 바로잡기가 필요 없습니다. 다림질을 할 경우 온도에 주의하세요.
>
>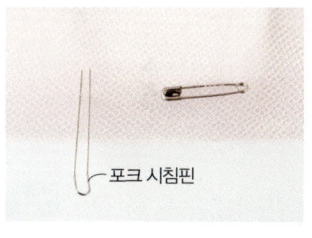
> 포크 시침핀

같이 쓰면 어울리는 부자재

리본
새틴 리본과 그로그램(grosgrain) 리본, 벨벳 리본 등이 잘 어울립니다.

레이스
소맷부리와 밑단, 절개선 등에 다는 것을 추천합니다. 귀여운 느낌을 한층 더해줍니다.

비즈
주름이나 드레이프를 준 곳에 장식으로 진주비즈나 스와로브스키 엘리먼트 등을 더하면 화려한 인상을 줍니다.

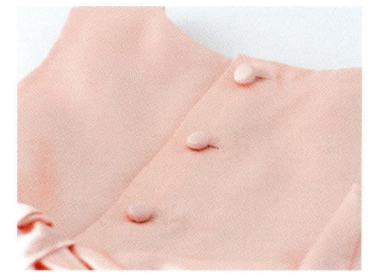

단추
오픈 단추 등에 사용할 단추는 드레스와 같은 원단으로 만든 싸개 단추를 사용하면 옷과 잘 어울립니다.

만드는 순서

1. 패턴 만들기

① 실물 크기 패턴에서 패턴을 베긴다.

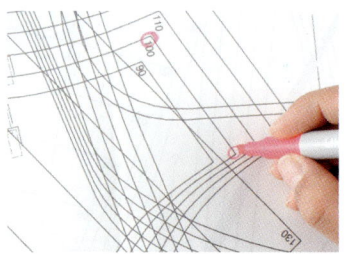
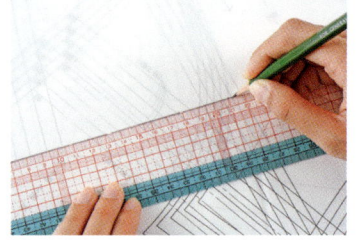

사각 패턴은 실물 패턴이 수록되어 있지 않으므로 재단 배치도의 치수를 참조해서 원단에 직접 선을 그어 재단해 주세요.

수록되어 있는 실물 크기 패턴에서 '만들고 싶은 작품'의 '만들고 싶은 사이즈'를 찾아서 알아보기 쉽게 마커 펜 등으로 표시합니다.

트레싱지 등 얇고 비치는 종이를 올려놓고 종이가 움직이지 않게 문진으로 고정합니다. 자를 사용해 패턴의 선을 그립니다.

② 베낀 패턴에 시접을 넣는다.

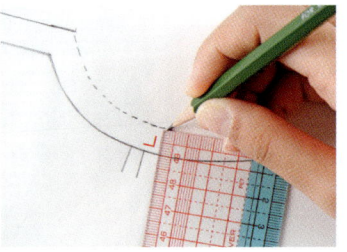

수록되어 있는 실물 크기 패턴에는 시접이 표시되어 있지 않습니다. 만드는 방법 페이지의 재단 배치도 치수를 참조해 자로 잰 후 시접을 표시해주세요. 방안자를 이용하면 편리합니다.

곡선은 완성선에 수직이 되도록 자를 대고 조금씩 재서 나중에 선을 그립니다.

식서 방향, 맞춤점 등도 잊지 말고 베껴주세요. 완성된 패턴에는 재단 부분의 명칭을 적어주세요.

Point 기울어진 모서리의 시접 넣는 방법

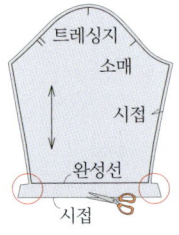
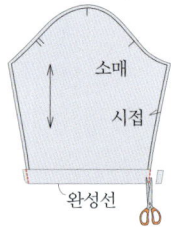
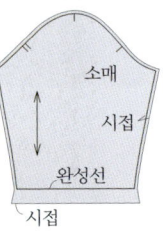

① 기울어져 있는 모서리 이외의 시접을 모두 넣어주고, 모서리 주위를 많이 남기고 자릅니다.

② 소맷부리를 완성선을 따라 접고 소매밑 시접을 따라 여분을 잘라냅니다.

③ 깔끔하게 시접 넣기 완성. 밑단이나 옆선, 목둘레 등 모서리에도 이 방법으로 시접을 넣어줍니다.

2. 원단 재단하기

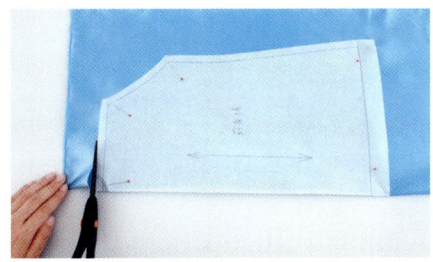

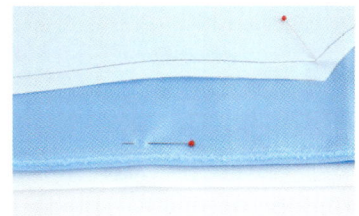

얇은 원단의 재단

원단 위에 식서 방향을 맞추어 패턴을 올려놓고, 비뚤어지지 않도록 시침핀으로 고정시킵니다. 패턴을 따라서 재단가위로 자릅니다. 골선으로 재단할 부분은 원단을 안끼리 맞대어 반으로 접으면 좌우대칭으로 재단이 됩니다.

방법 1
얇은 새틴이나 오건디 등 얇은 천은 재단할 때 비뚤어지기 쉬우므로 트레싱지 위에 원단을 올려놓고, 그 위에 패턴을 올려서 시침핀을 촘촘하게 꽂습니다. 트레싱지와 함께 원단을 재단합니다.

방법 2
밑에 컷팅매트를 깔고 패턴을 시침핀으로 고정한 후 재단칼로 재단합니다.

3. 표시하기

안끼리 맞댄 2장의 원단 사이에 원단용 초크페이퍼(양면 타입)를 끼우고, 위쪽에서 룰렛으로 완성선과 맞춤점을 표시합니다.

2장의 원단을 한 번에 표시할 수 있습니다.

Point   **익숙해지면 표시는 최소한으로 하기**

재봉에 익숙해졌다면 시간을 단축하기 위해서 표시는 모서리나 맞춤점에만 합니다.
재봉틀에 시접 넓이만큼 표시하고, 원단의 가장자리를 맞추면 완성선 표시를 하지 않아도 봉제할 수 있습니다.

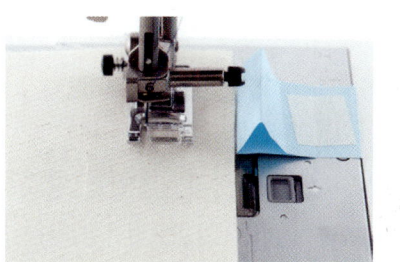

4. 봉제하기

원단에 맞는 바늘과 실 선택

원단 두께	얇은 원단	보통 원단	두꺼운 원단
	오건디 얇은 새틴 론(lawn) 등	새틴, 브로드클로스 (broadcloth), 시팅 (sheeting), 트윌(twill) 등	범포 데님 등
바늘	9호	11호	14호
실	90수	60수	30수

바늘과 실은 원단 두께에 맞추어 선택합니다. 맞지 않는 바늘을 사용하면 부러질 수 있습니다. 봉제하기 전에 여분의 천 등에 깔끔하게 봉제되는지 테스트합니다. 바늘은 소모품이므로 자주 교환하는 것을 추천합니다.

Point 얇은 원단에 봉제하는 요령

재봉틀 조절

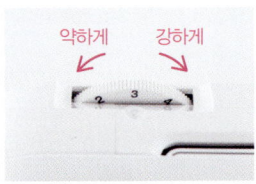

장력
얇은 원단은 장력을 약하게 조절하면, 원단에 압력이 많이 가해지지 않고 부드럽게 봉제됩니다.

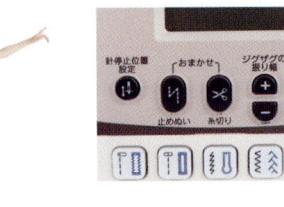

바늘땀 길이
얇은 새틴이나 오건디 등 얇은 원단은 바늘땀을 짧게 봉제하면 봉제선이 울지 않습니다.

트레싱지 사용

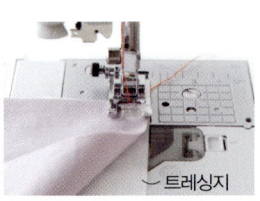

① 원단 밑에 트레싱지를 깔고 원단과 함께 박습니다.

② 봉제선에 자를 대고 트레싱지를 찢어서 떼어냅니다. 트레싱지를 밑에 깔아 놓으면 원단이 바늘구멍에 끼어 말리거나 우는 것을 방지할 수 있습니다.

New Idea | 액세서리용 '싸개단추 세트'로 간단한 액세서리 만들기

- 시판 싸개단추 세트를 사용해 마음에 드는 원단으로 액세서리 만들기
- 드레스에 맞추어 귀여운 머리끈이나 브로치 만들기

「싸개단추 · 브로치 세트」
「싸개단추 · 머리끈용」
서클 40 오벌 45 · 55
(클로버)

준비

  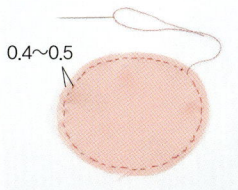 

① 싸개단추용 조각과 부속 패턴에 맞추어 자른 원단을 준비합니다. 레이스 등 장식은 이 단계에서 답니다.

② 끝에서 0.4~0.5cm 안쪽을 홈질로 한 바퀴 돌리고, 바늘을 겉면으로 빼냅니다.

③ 싸개단추 외측 조각을 원단의 안면에 올려놓고, 실을 당겨서 조각을 원단으로 감쌉니다. 매듭을 짓고 실을 자릅니다.

머리끈

  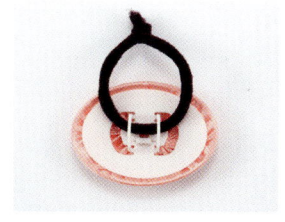

① 내측 조각의 다리를 세웁니다.

② 외측 조각의 안쪽에 내측 조각을 맞추어 눌러줍니다.

③ 다리 안에 고무를 끼워서 묶습니다.

 브로치

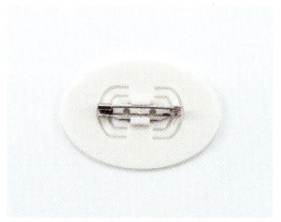 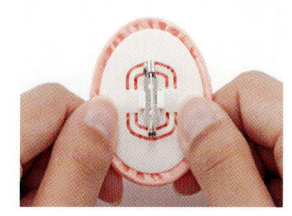

① 2개의 돌기 사이에 브로치의 핀 쪽을 위로 해서 옆으로 찔러 넣습니다.

② 외측 조각의 안쪽에 내측 조각을 올려놓고, 브로치 구멍 조각의 구멍을 맞추어 눌러줍니다.

모델 키와 착용 사이즈

이 책의 작품은 100~130사이즈와 140사이즈(4작품)를 만들 수 있습니다.
오른쪽 사진에서 모델의 키와 사이즈를 확인해서 착용했을 때의 기장감 등을 참고하기 바랍니다.

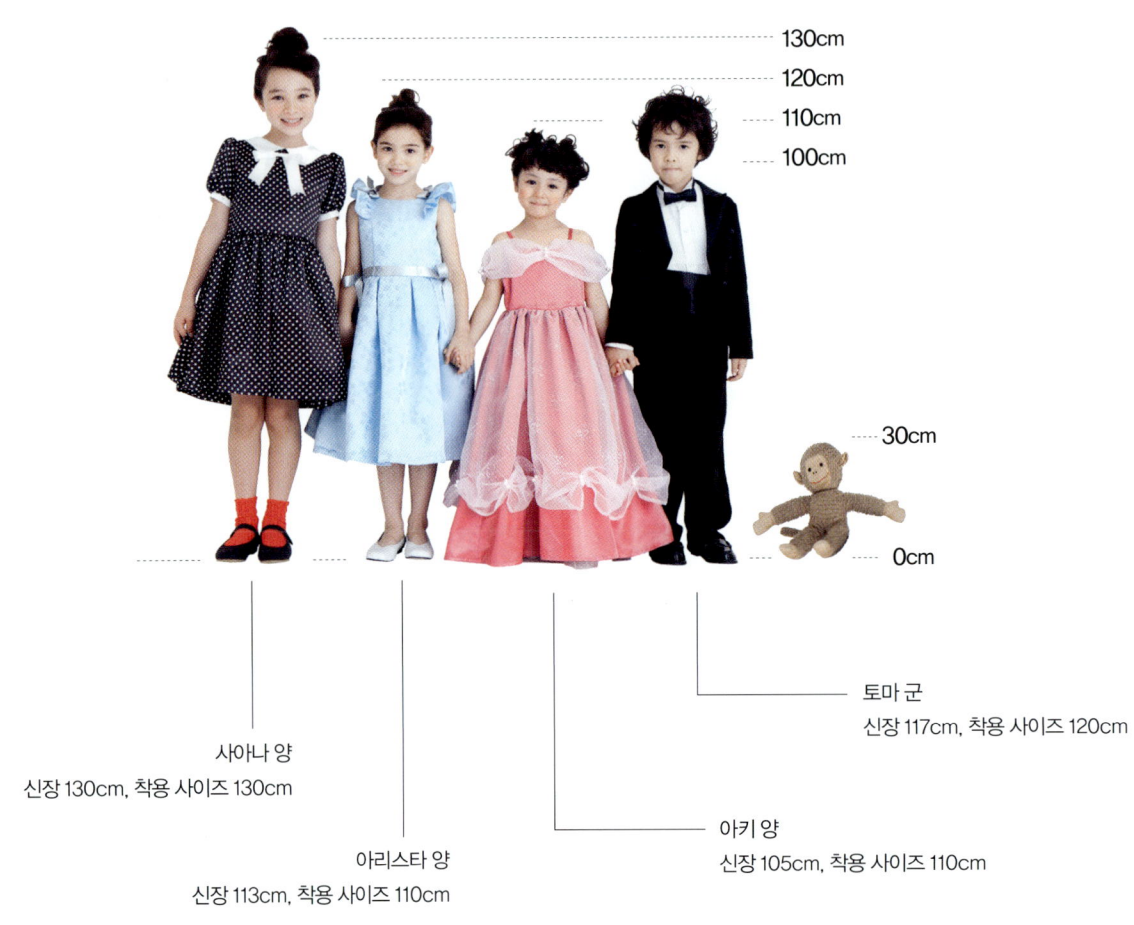

사아나 양
신장 130cm, 착용 사이즈 130cm

아리스타 양
신장 113cm, 착용 사이즈 110cm

아키 양
신장 105cm, 착용 사이즈 110cm

토마 군
신장 117cm, 착용 사이즈 120cm

만들기 전에

- 이 책에서는 100 · 110 · 120 · 130 네 가지 사이즈의 옷과 일부 140 사이즈 옷을 만들 수 있습니다.
- 재료나 치수의 표기에 복수의 숫자가 있는 경우에는 왼쪽 또는 위에서부터 100/110/120/130사이즈, 혹은 100/110/120/130/140사이즈로 표시했습니다.
- 도안에 특별히 지정되지 않은 숫자의 단위는 cm입니다.
- 재단 배치도는 기본적으로 130사이즈로 패턴을 배치했습니다. 다른 사이즈를 만들 경우나 사용하는 원단에 따라 달라질 수 있으므로, 꼭 재단하기 전에 패턴을 올려서 확인하기 바랍니다.
- 스커트나 허리벨트 등 직선으로만 된 것은 패턴이 없는 경우가 있습니다. 이 경우에는 재단 배치도에 있는 치수를 참조해 원단에 직접 선을 그려 재단하면 됩니다. 이때 시접도 꼭 넣어주어야 합니다.
- 실물 크기 패턴에는 시접이 포함되어 있지 않습니다. 재단 배치도를 참조해 시접을 넣기 바랍니다.

사이즈

- 기본 사이즈는 누드 치수입니다. 오른쪽 표를 참고해 아이의 체형에 가까운 사이즈를 선택하세요. 사이즈가 애매할 때는 몸의 폭(체형)이 가까운 쪽을 선택하고, 옷기장이나 스커트 기장, 바지 기장은 아이에게 맞추어 조절하면 됩니다.

사이즈	100	110	120	130	140
신장	95~105	105~115	115~125	125~135	135~145
가슴둘레	52	56	60	64	68
허리둘레	48	50	52	54	58
엉덩이둘레	57	61	64	68	71

- how to make의 완성 치수 중 옷기장은 뒤 중심에서 밑단까지 길이입니다. 바지 기장이나 스커트 기장은 벨트를 포함한 길이입니다.

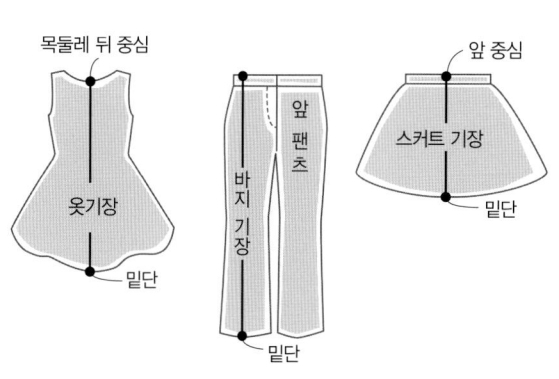

 **PHOTO p.5**

미니 퍼프소매와 민소매 노블 드레스

완성 치수(100/110/120/130/140)	**가슴둘레** 62/66/70/74/78cm **옷기장** 62.5/69.5/76.5/83.5/90.5cm
재료	**민소매** 폴리에스테르 새틴(새먼핑크) 122cm 폭×215/230/245/270/290cm 폴리에스테르 p오건디(새먼핑크) 148cm 폭×120/130/140/150/160cm, 브로치핀 1개 **퍼프소매** 자카드(아이보리) 122cm 폭×155/170/185/200/215cm 폴리에스테르 새틴(골드) 122cm 폭×70/70/70/80/80cm **공통** 브로드클로스(겉감과 같은 계열 색) 90×40cm, 접착심지 10×35cm, 지름 1.2cm 싸개단추 4개, 스냅단추(소) 1쌍
실물 크기 패턴 A면 A	**민소매** 1 앞 몸판, 2 뒤 몸판, 3 앞뒤 스커트 & 앞뒤 오버스커트 **퍼프소매** 1 앞 몸판, 2 뒤 몸판, 3 앞뒤 스커트, 4 소매

재단 배치도

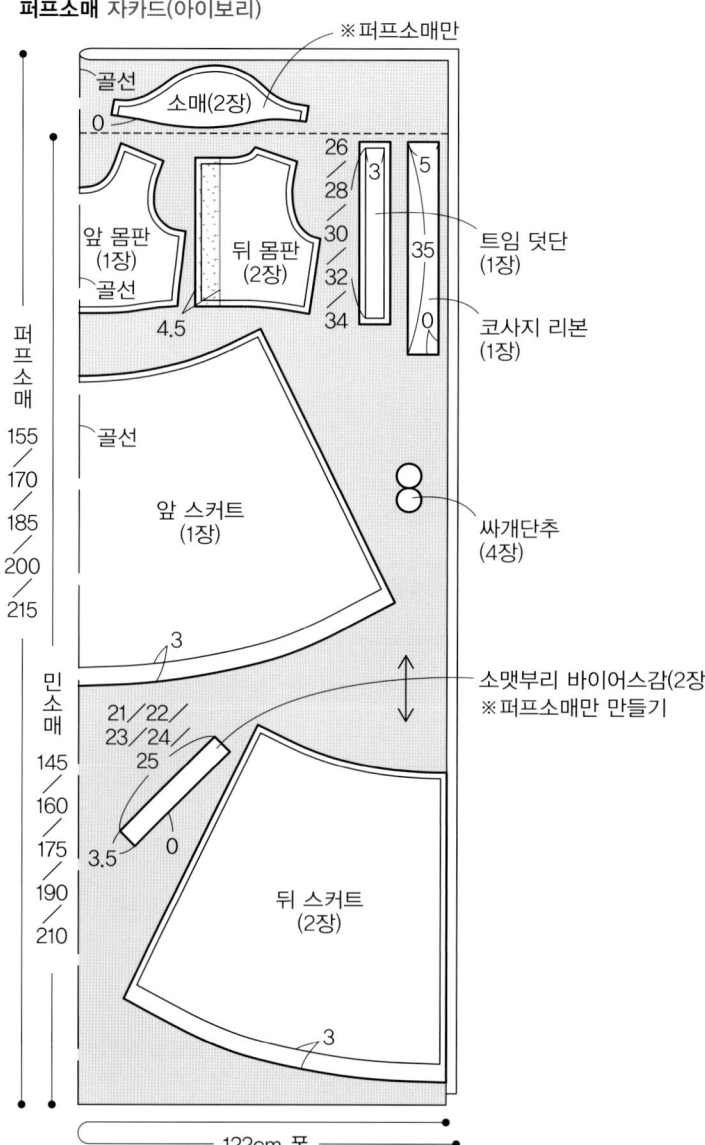

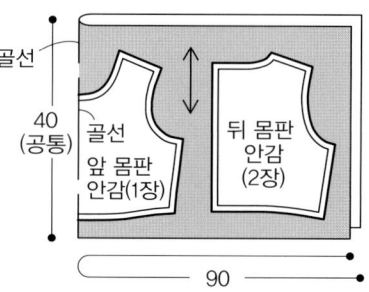

재단 배치도

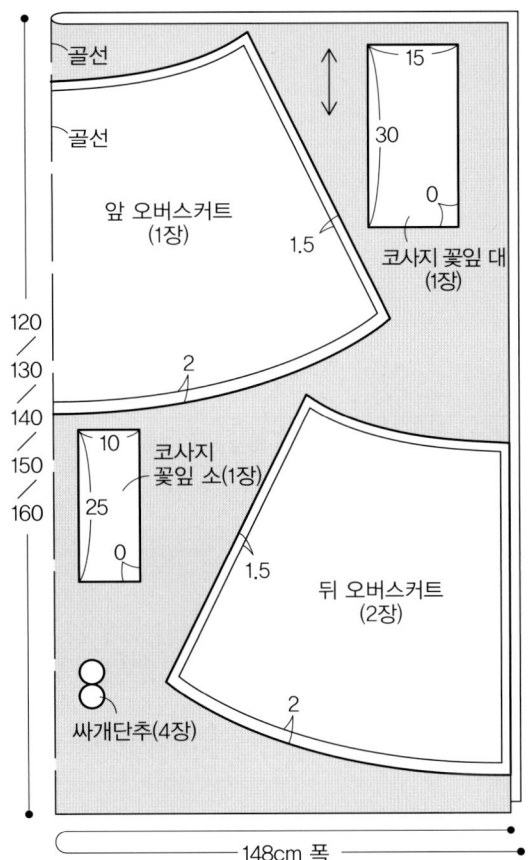

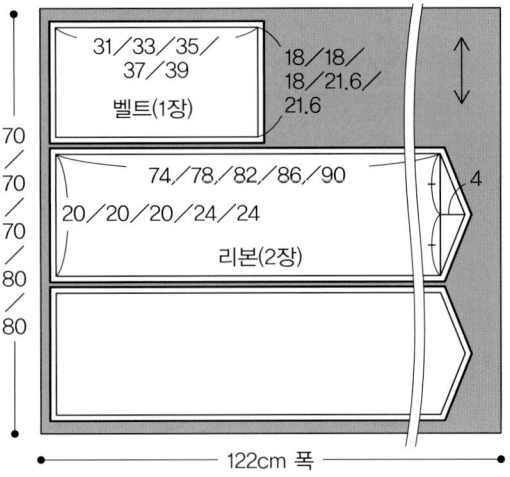

※ 지정 이외의 시접은 모두 1cm.
※ ▨는 접착심지를 붙인다.

봉제 순서

1 재단 배치도를 참조해서 원단을 재단한다.

2 몸판을 만든다.
(p.12 참조. 단 1-②에서 진동둘레는 박지 않는다.)

3 소매를 만들어 몸판에 단다.

5 스커트와 몸판을 박는다.

4 스커트를 만든다.

※만드는 방법은 p.12를 참조한다.

7 단춧구멍을 만들고, 단추를 단다.

6 벨트와 리본을 만들고, 몸판에 단다.

8 스냅단추를 단다.

3 소매를 만들어 몸판에 단다.

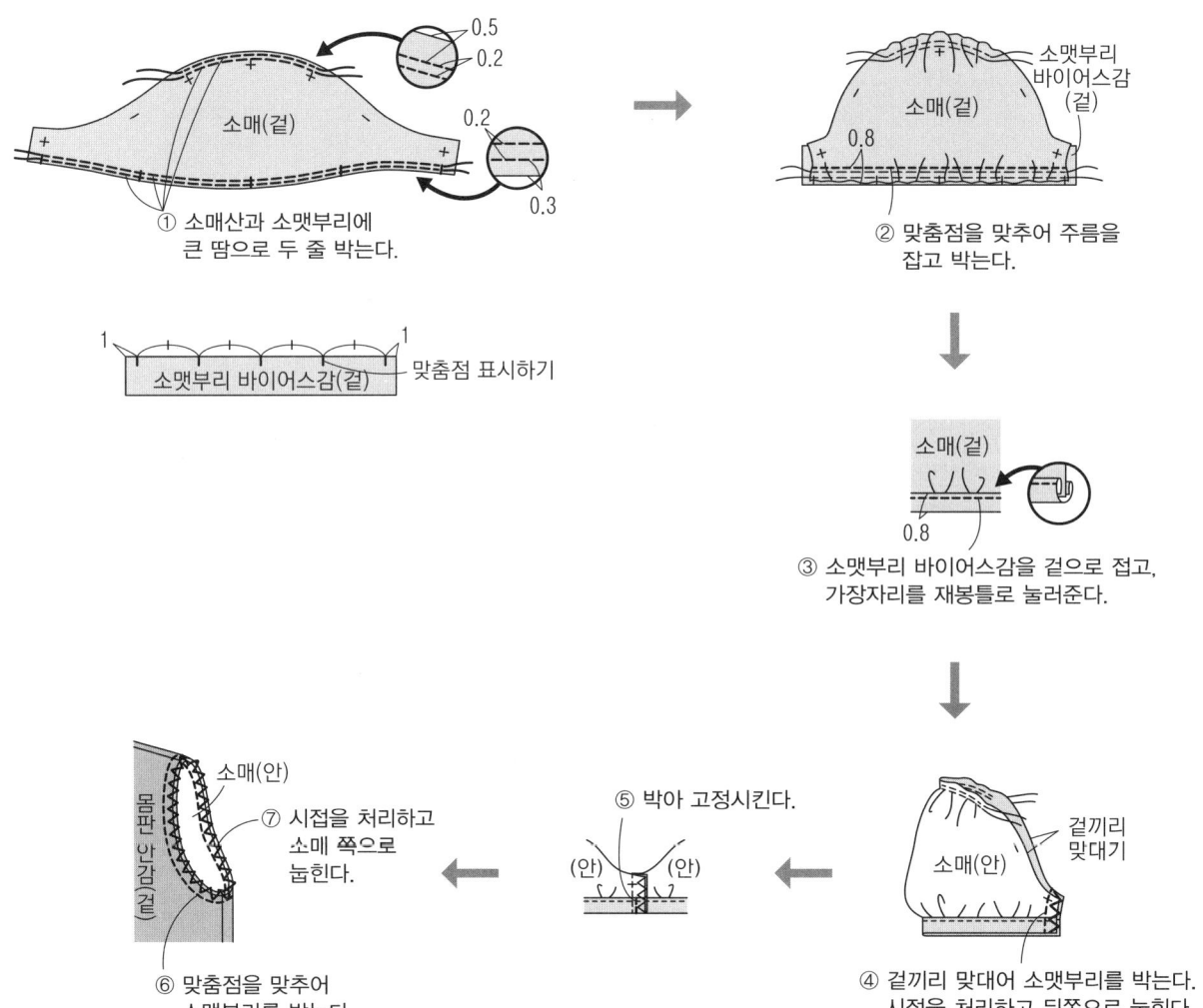

 PHOTO p.6~7

리본 프릴 드레스

완성 치수(100/110/120/130/140)	**가슴둘레** 64/67/70/73/76cm **옷기장** 65.5/72.5/79.5/86.5/93.5cm
재료	**폴리에스테르 새틴(감색)** 또는 **자카드(하늘색·보라색)** 122cm 폭×150/170/180/190/210cm **브로드클로스(겉감과 같은 계열 색)** 110cm 폭×30/35/35/40/40cm, 접착심지 5×50cm, 길이 50cm, 플랫 니트 지퍼 1개, 폭 2.5cm 양면 새틴 리본 310/330/350/410/430 (130·140 사이즈는 허리에 더블로 단다), 스프링 호크 1개
실물 크기 패턴 A면 B	1 앞 몸판, 2 앞옆 몸판, 3 뒤 몸판, 4 뒤옆 몸판, 5 앞뒤 스커트, 6 어깨 프릴

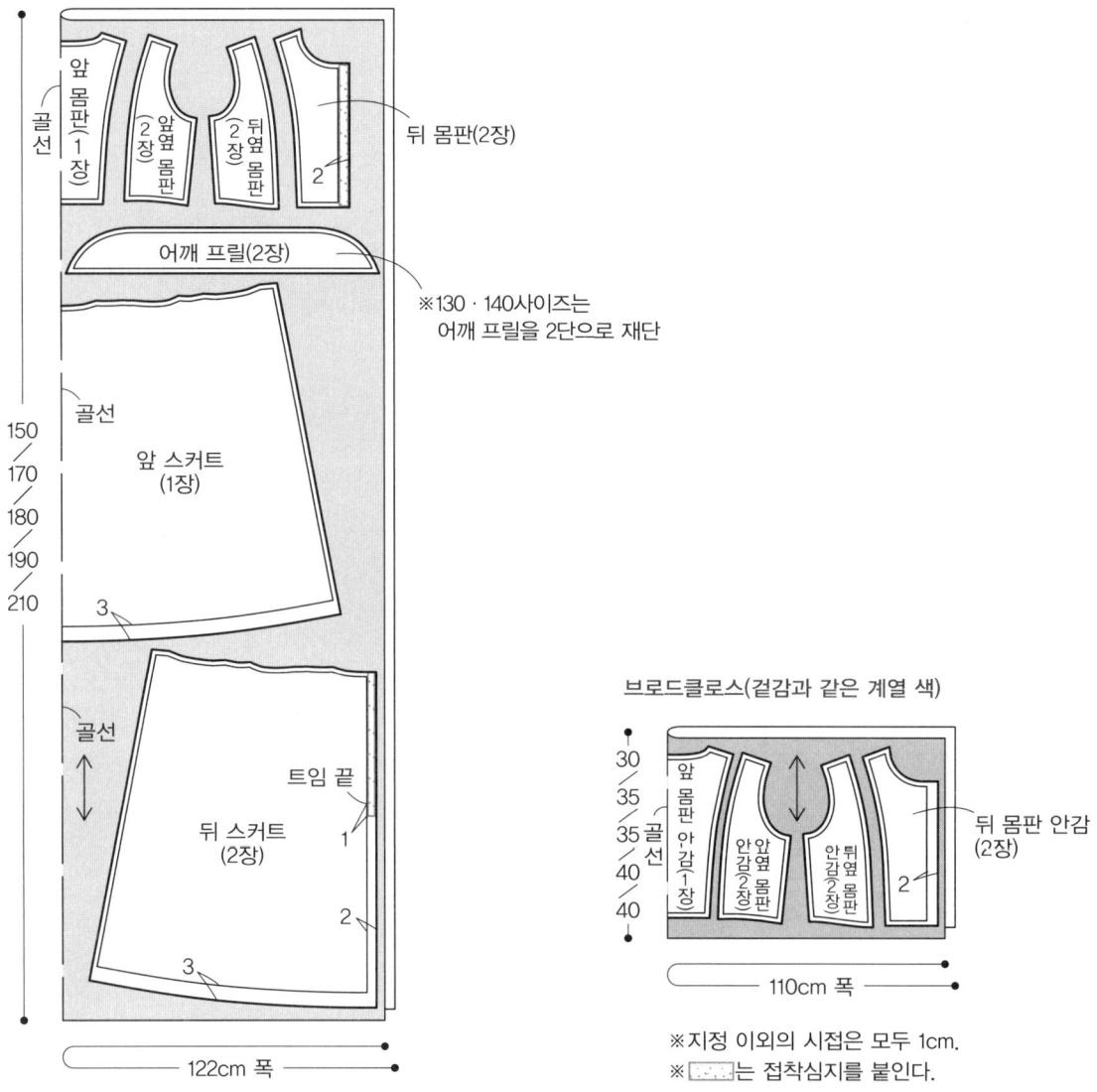

봉제 순서

1 재단 배치도를 참조해서 원단을 재단한다.
2 어깨 프릴을 만든다.
3 몸판과 옆 몸판의 어깨를 박는다.
4 몸판과 옆 몸판에 어깨 프릴을 끼워 박는다.
5 몸판 겉감과 몸판 안감을 겉끼리 맞대어 목둘레, 진동둘레를 박고, 뒤 중심은 박지 않고 겉으로 뒤집는다(p.12-1 참조).
6 옆선을 박는다.
9 스커트 허리의 턱을 접고 몸판과 맞추어 박는다.
8 밑단을 두 번 접어 박는다(p.15-2-⑧ 참조).

10 지퍼를 단다.
11 리본을 단다.
12 스프링 호크를 단다.
7 스커트의 뒤 중심과 옆선의 시접을 처리하고 겉끼리 맞대어 박는다 (뒤 중심은 트임 끝까지, p.14-2 참조).

2 어깨 프릴을 만든다.

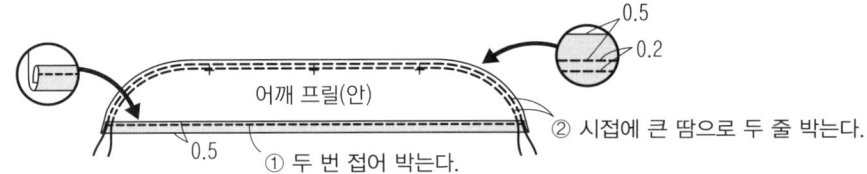

3 몸판과 옆 몸판의 어깨를 박는다.

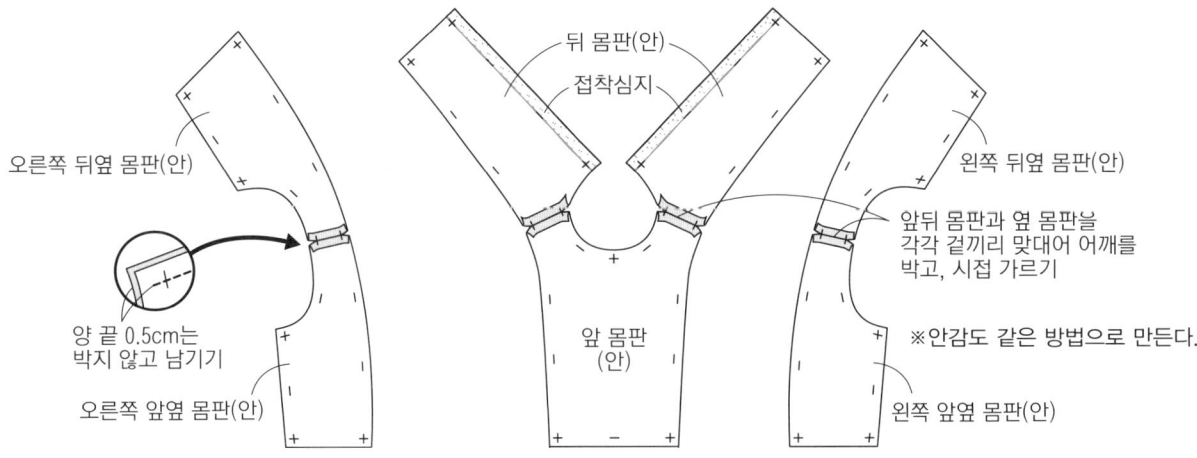

4 몸판과 옆 몸판에 어깨 프릴을 끼워 박는다.

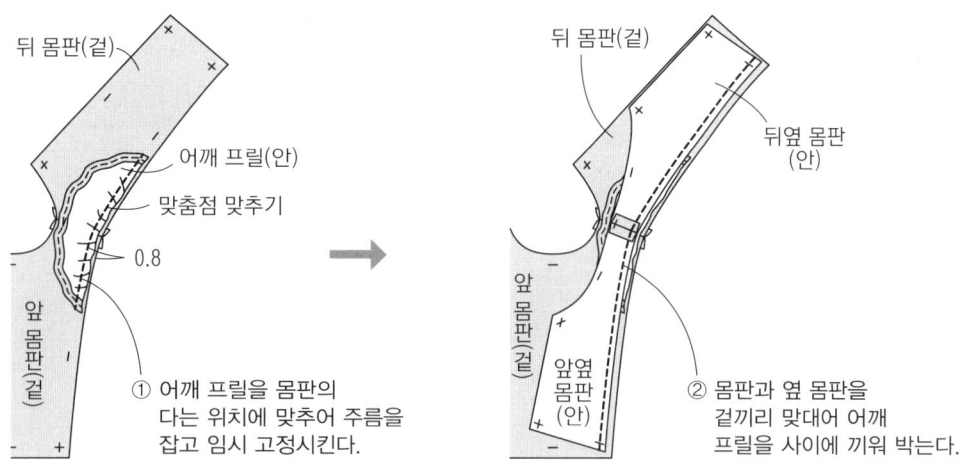

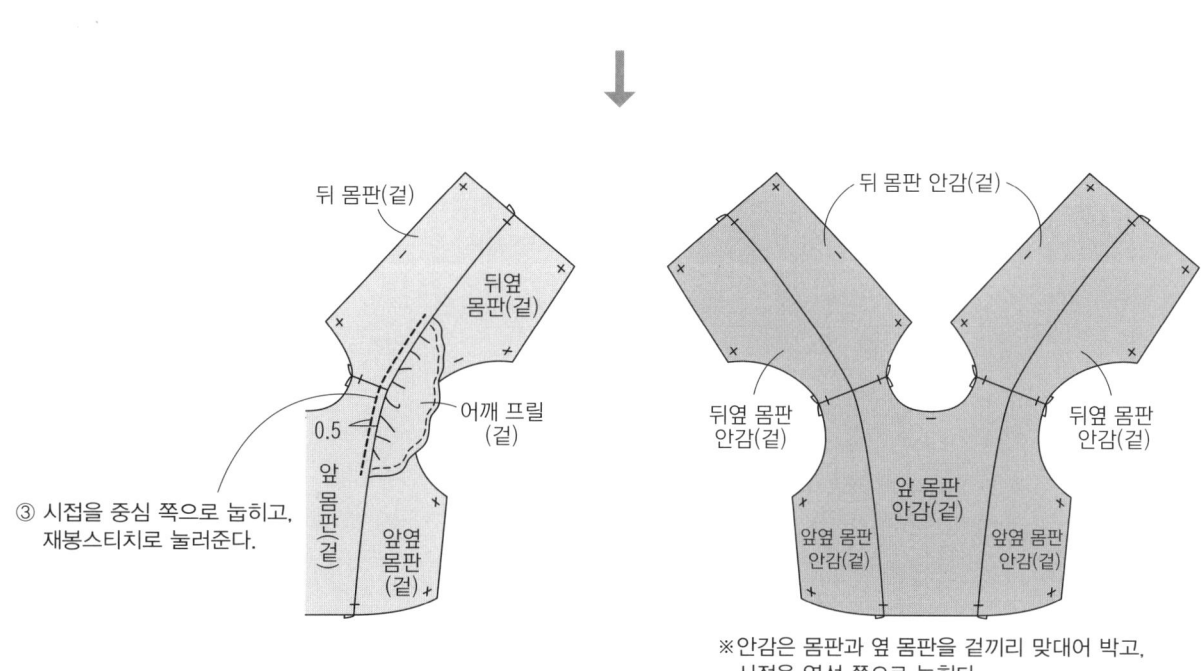

※안감은 몸판과 옆 몸판을 겉끼리 맞대어 박고, 시접을 옆선 쪽으로 눕힌다.

6 옆선을 박는다.

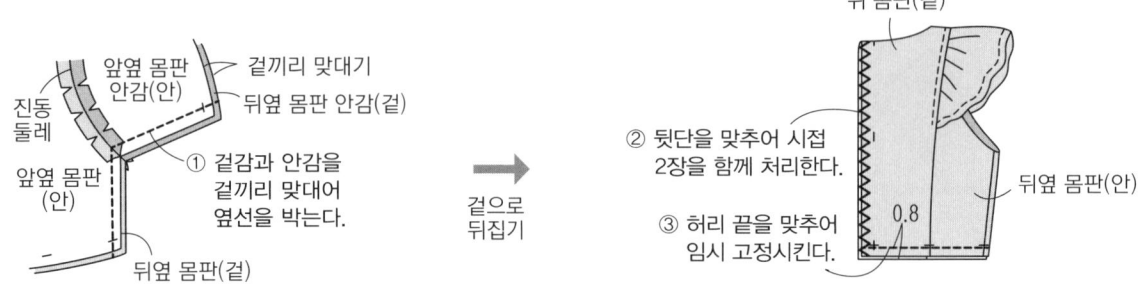

9 스커트 허리의 턱을 접고 몸판과 맞추어 박는다.

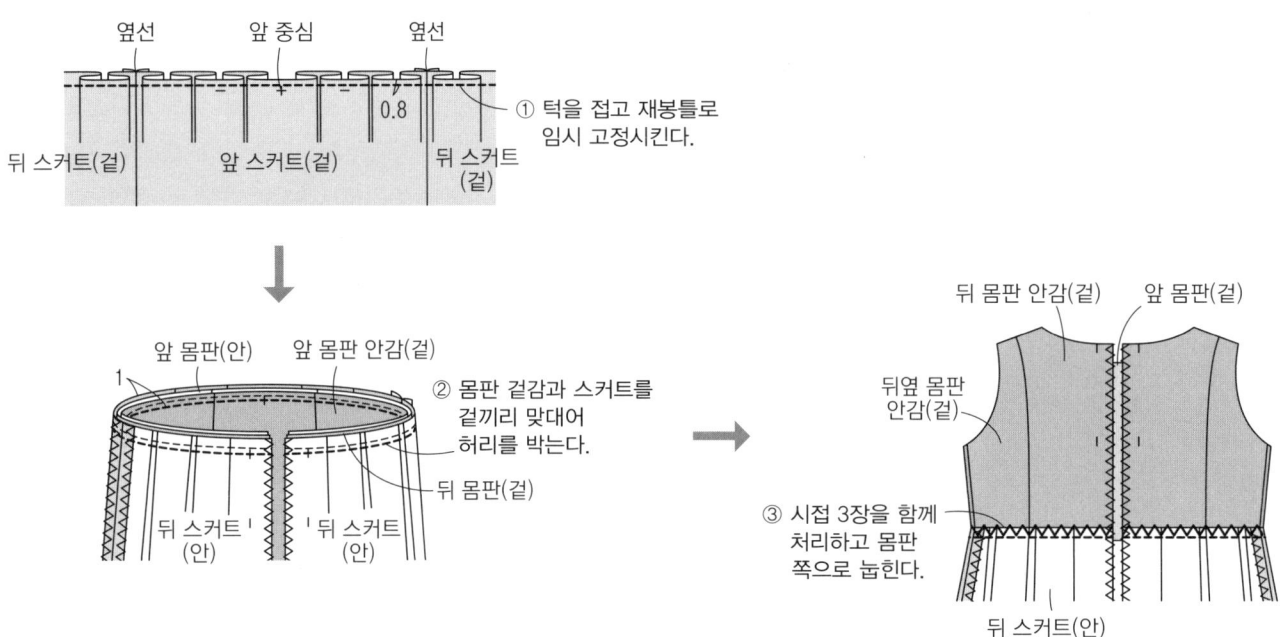

10 지퍼를 단다.

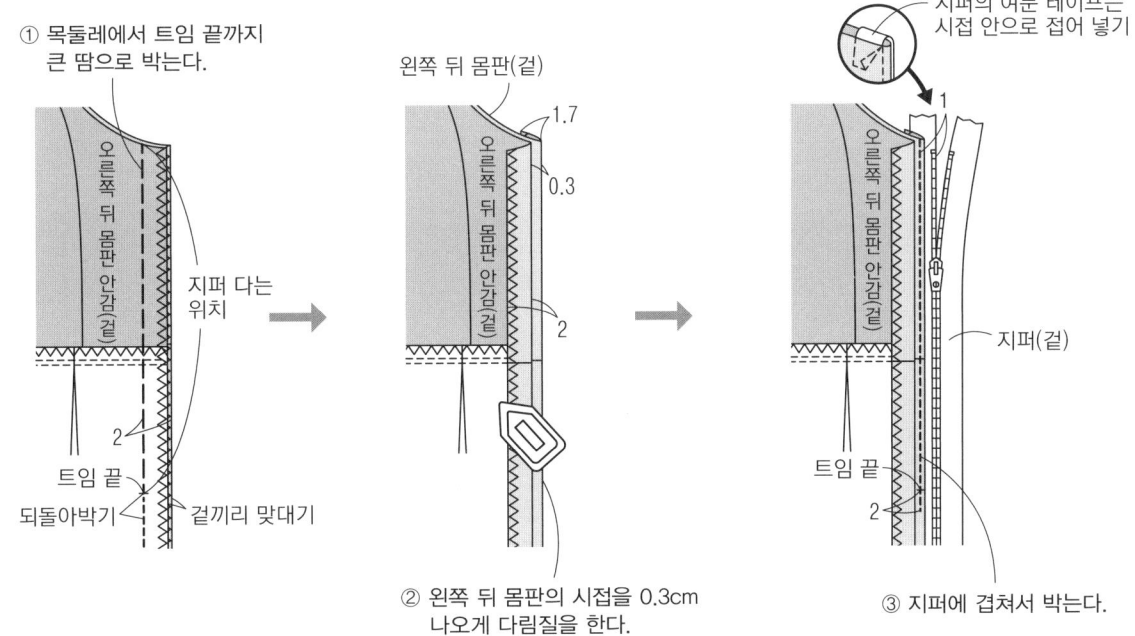

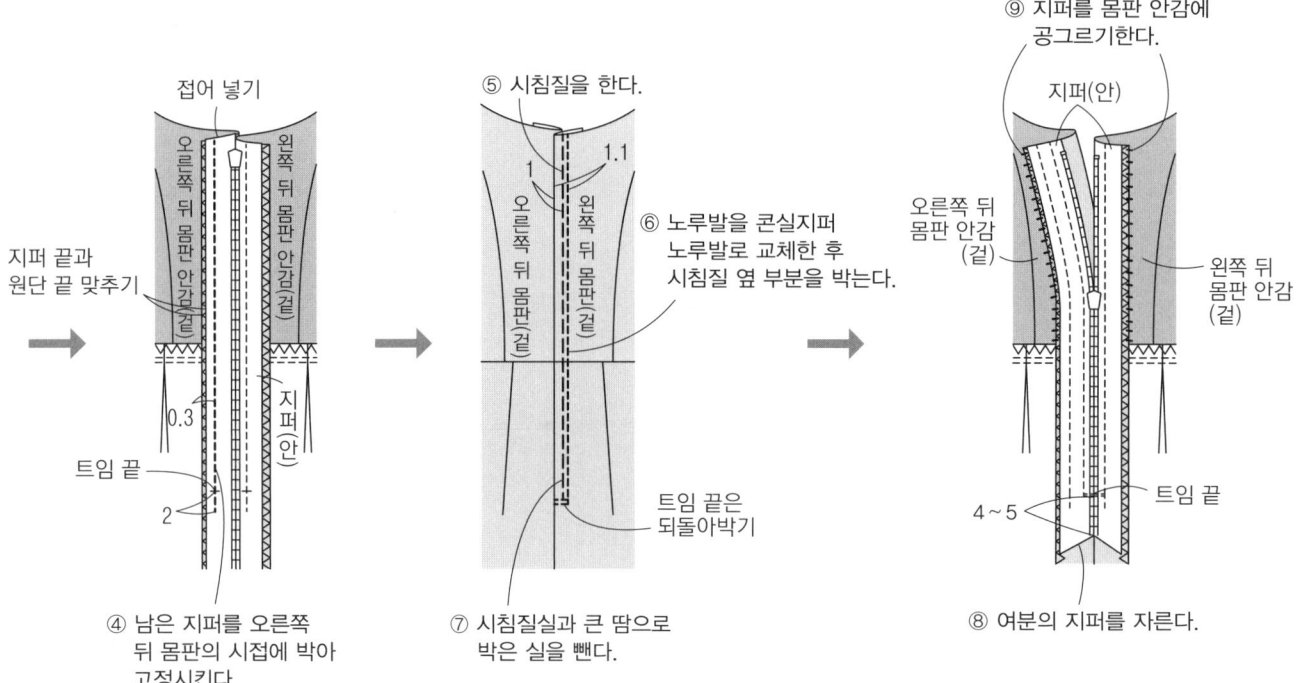

11 리본을 단다.

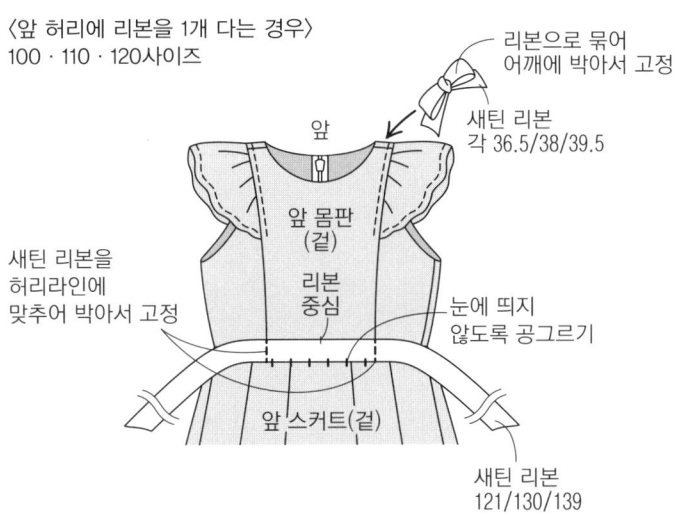
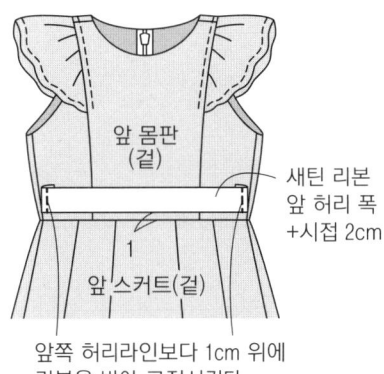

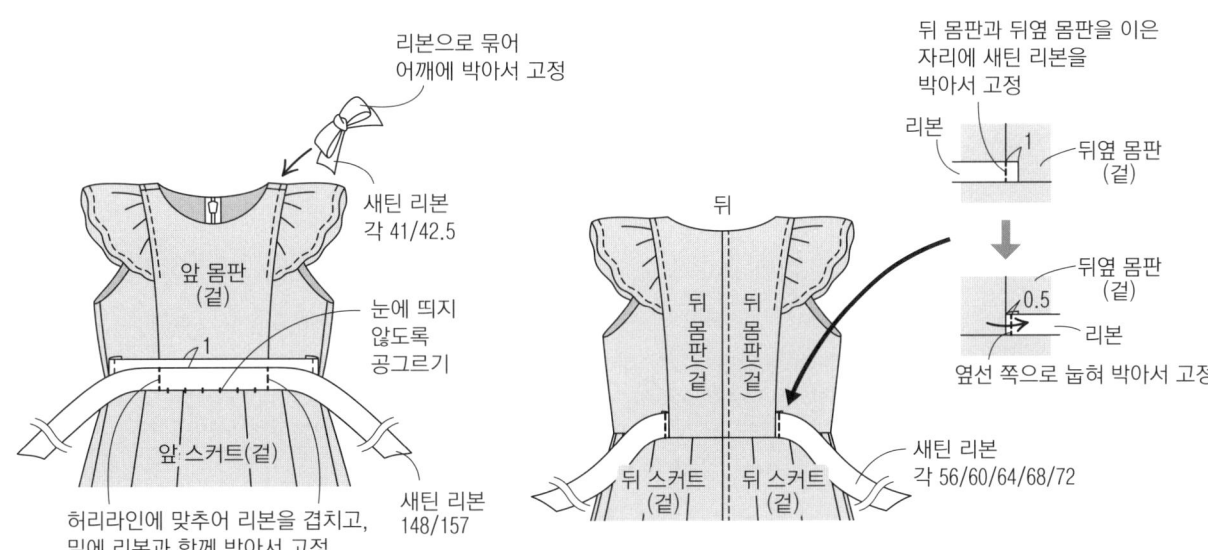

12 스프링 호크를 단다.

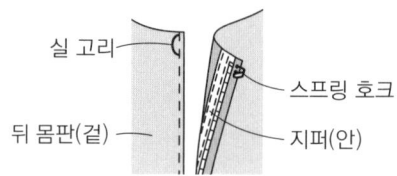

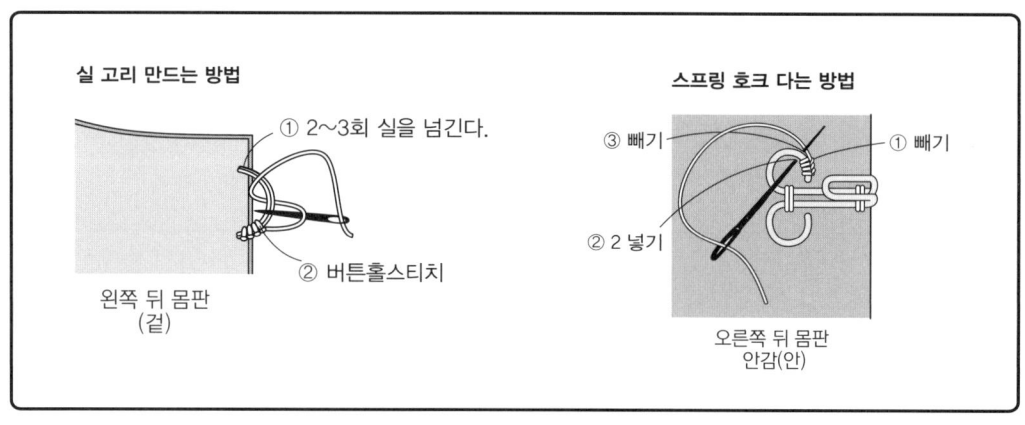

PHOTO p.6~7

리본 프릴 드레스 숄

완성 치수(100/110/120/130/140)	한 면 78/78/78/88/88cm
재료	폴리에스테르 오건디(감색) 148cm 폭×80/80/80/90/90cm 폴리에스테르 새틴(감색) 10×15cm, 싸개단추 세트(오벌45) 1개, 둥근 고무줄 15cm

> 재단 배치도

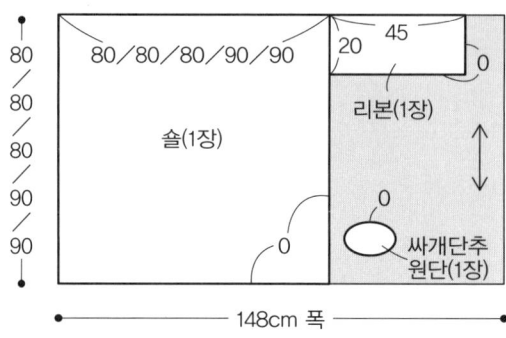

※시접은 자른 채로 둔다.

> 봉제 순서

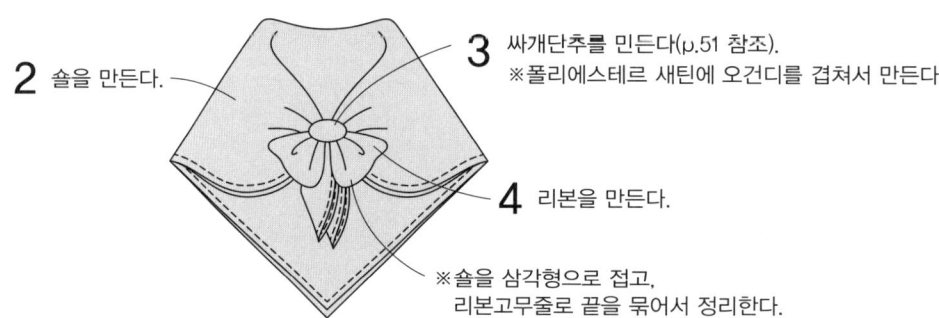

1 재단 배치도를 참조해서 원단을 재단한다.
2 숄을 만든다.
3 싸개단추를 만든다(p.51 참조).
  ※폴리에스테르 새틴에 오건디를 겹쳐서 만든다.
4 리본을 만든다.

※숄을 삼각형으로 접고, 리본고무줄로 끝을 묶어서 정리한다.

2 숄을 만든다.

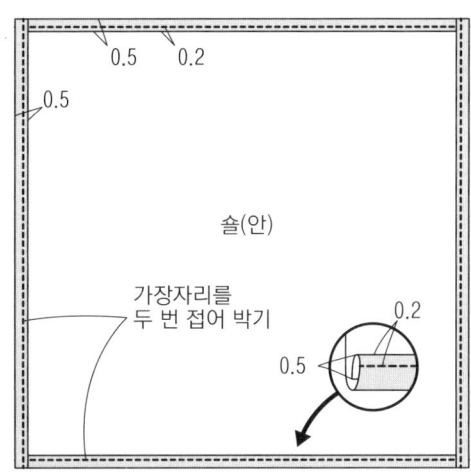

4 리본을 만든다.

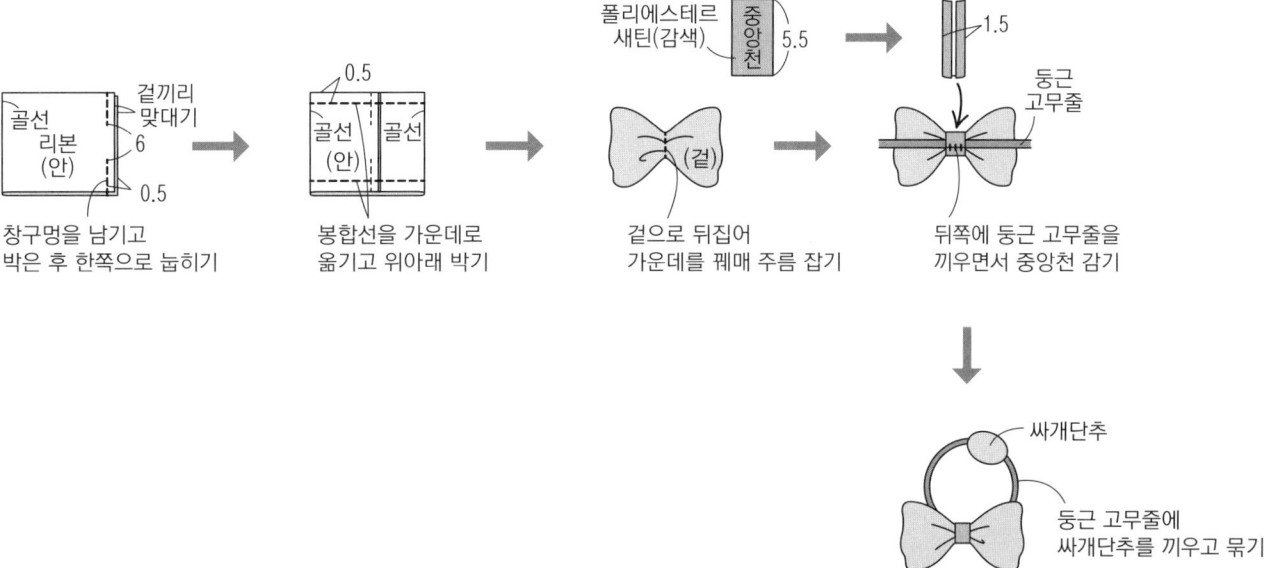

04 PHOTO p.8
연미복

완성 치수(100/110/120/130)	옷기장 49/54/59/64cm
재료	컬러 옥스퍼드(검은색) 110cm 폭×100/105/115/120cm 폴리에스테르 새틴(검은색) 40×60cm, 접착심지 55×70cm, 싸개단추 지름 1.2cm 4개 · 1.5cm 6개, 1cm 폭 늘어남 방지테이프 적당히
실물 크기 패턴 A면 C	1 앞 몸판, 2 뒤 몸판, 3 옆 몸판, 4 소매, 5 칼라 겉감, 6 칼라 안감, 7 앞 안단, 8 뒤 안단

재단 배치도

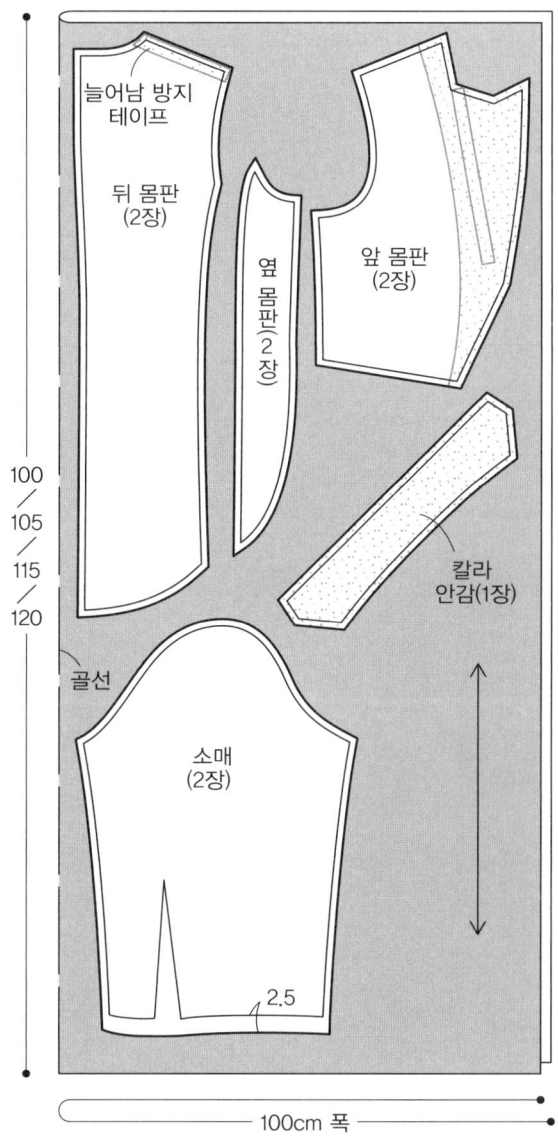
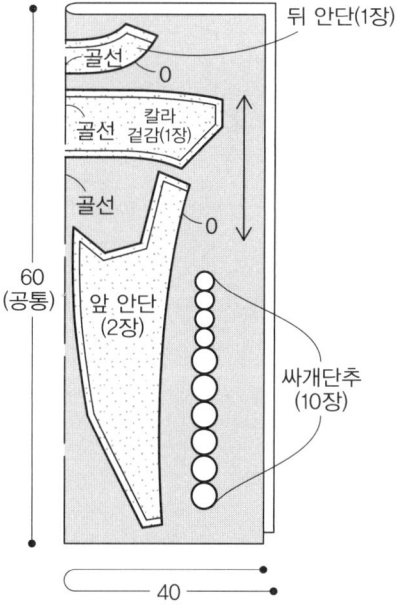

※ 지정 이외의 시접은 모두 1cm.
※ ⬚는 접착심지 또는 늘어남 방지테이프를 붙인다.

봉제 순서

1 재단 배치도를 참조해서 원단을 재단한다.
2 지정된 곳에 접착심지를 붙이고 시접 처리를 한다.
3 앞뒤 몸판 안쪽에 늘어남 방지테이프를 붙인다.

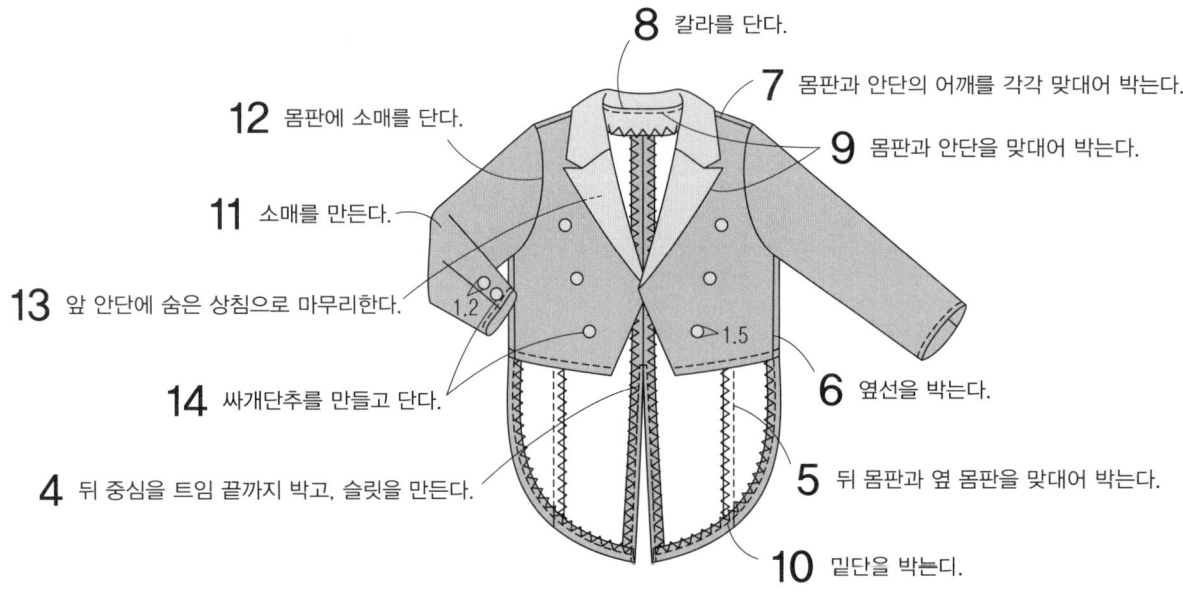

4 뒤 중심을 트임 끝까지 박고, 슬릿을 만든다.
5 뒤 몸판과 옆 몸판을 맞대어 박는다.
6 옆선을 박는다.
7 몸판과 안단의 어깨를 각각 맞대어 박는다.
8 칼라를 단다.
9 몸판과 안단을 맞대어 박는다.
10 밑단을 박는다.
11 소매를 만든다.
12 몸판에 소매를 단다.
13 앞 안단에 숨은 상침으로 마무리한다.
14 싸개단추를 만들고 단다.

2 지정된 곳에 접착심지를 붙이고 시접 처리를 한다.

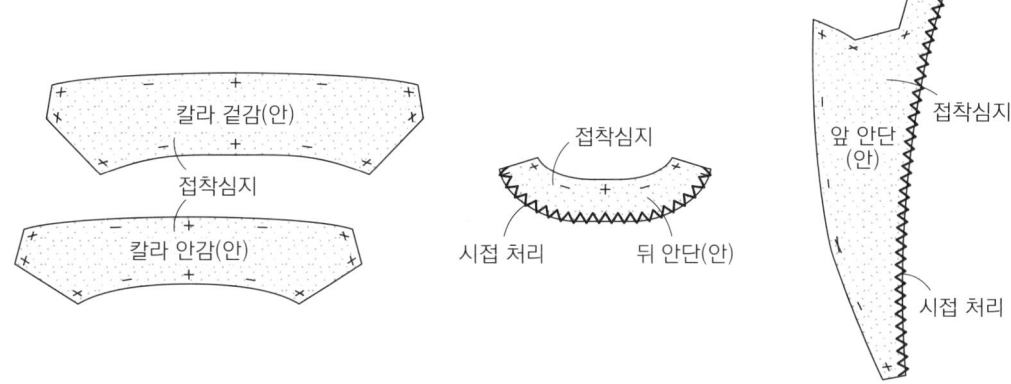

3 앞뒤 몸판 안쪽에 늘어남 방지테이프를 붙인다.

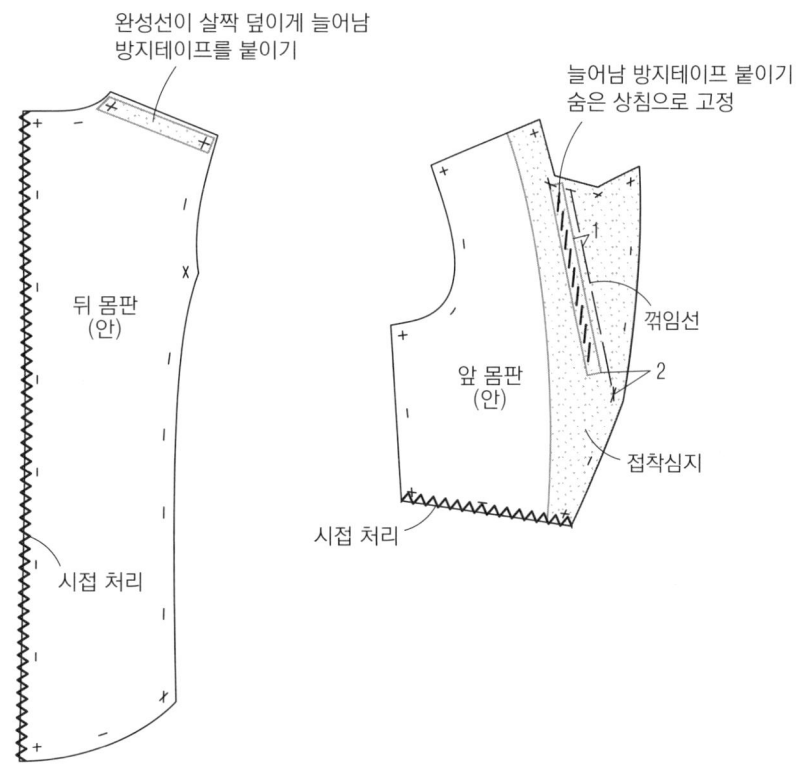

4 뒤 중심을 트임 끝까지 박고, 슬릿을 만든다.

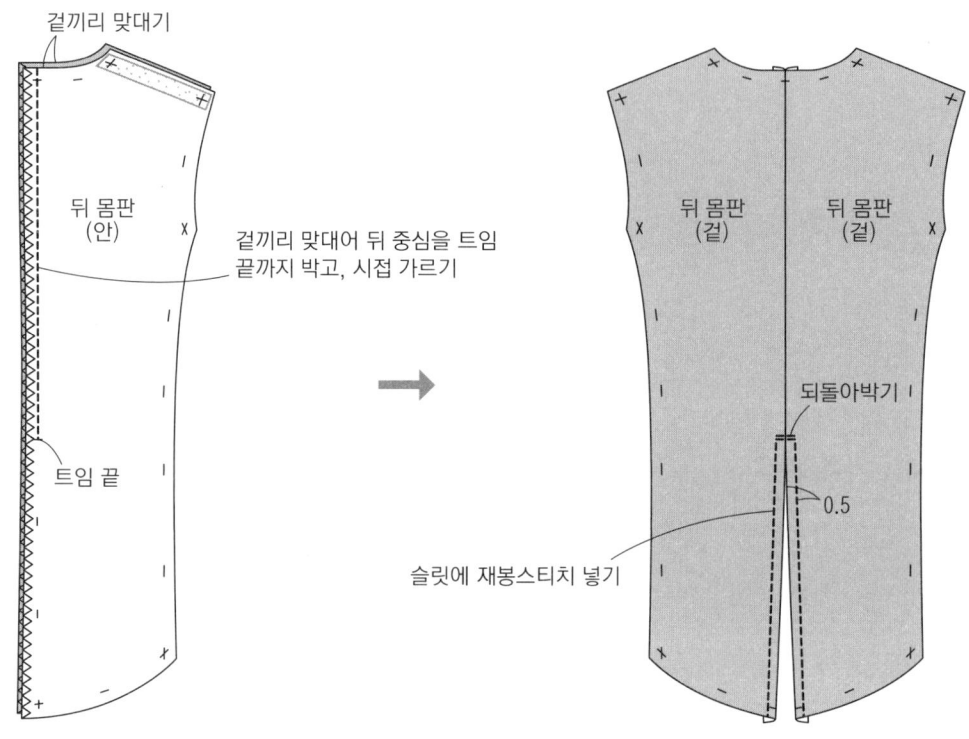

5 뒤 몸판과 옆 몸판을 맞대어 박는다.

6 옆선을 박는다.

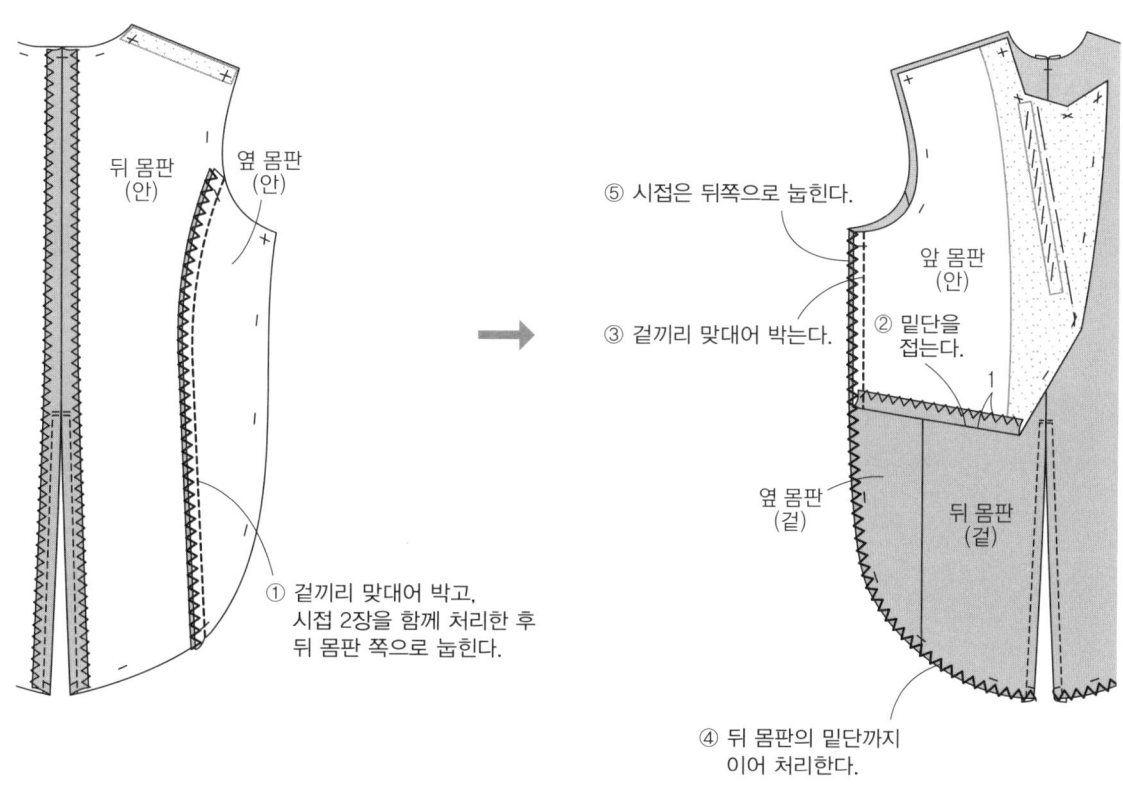

7 몸판과 안단의 어깨를 각각 맞대어 박는다.

겉끼리 맞대어 어깨를 박고, 시접 2장을 함께 처리해 뒤쪽으로 눕힌다.

겉끼리 맞대기

앞 몸판(안)

뒤 안단(안)

앞 안단(안)

겉끼리 맞대어 어깨를 박고, 시접을 가르고 가장자리를 처리한다.

8 칼라를 단다.

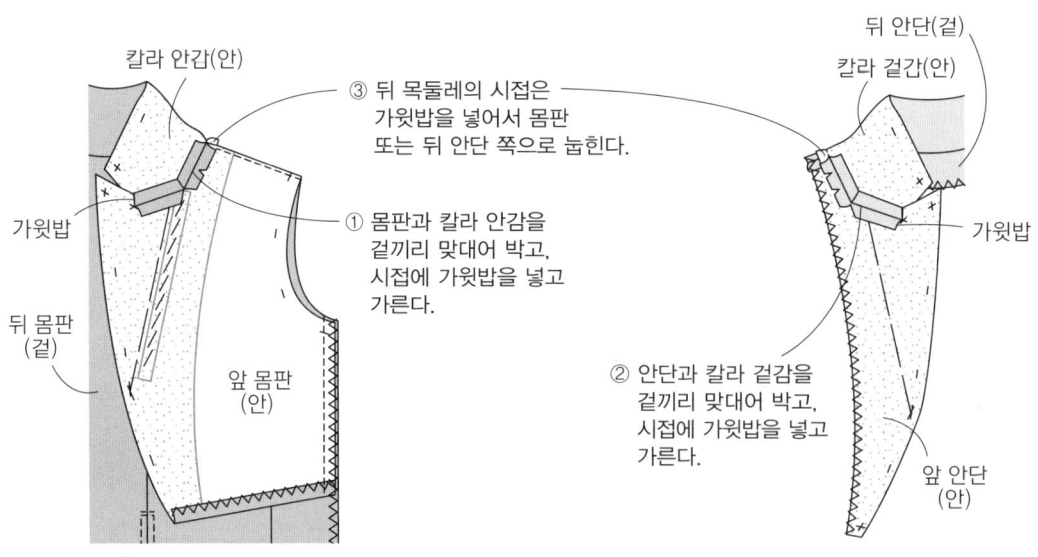

칼라 안감(안)

③ 뒤 목둘레의 시접은 가윗밥을 넣어서 몸판 또는 뒤 안단 쪽으로 눕힌다.

① 몸판과 칼라 안감을 겉끼리 맞대어 박고, 시접에 가윗밥을 넣고 가른다.

가윗밥

뒤 몸판(겉)

앞 몸판(안)

뒤 안단(겉)
칼라 겉감(안)

가윗밥

② 안단과 칼라 겉감을 겉끼리 맞대어 박고, 시접에 가윗밥을 넣고 가른다.

앞 안단(안)

9 몸판과 안단을 맞대어 박는다.

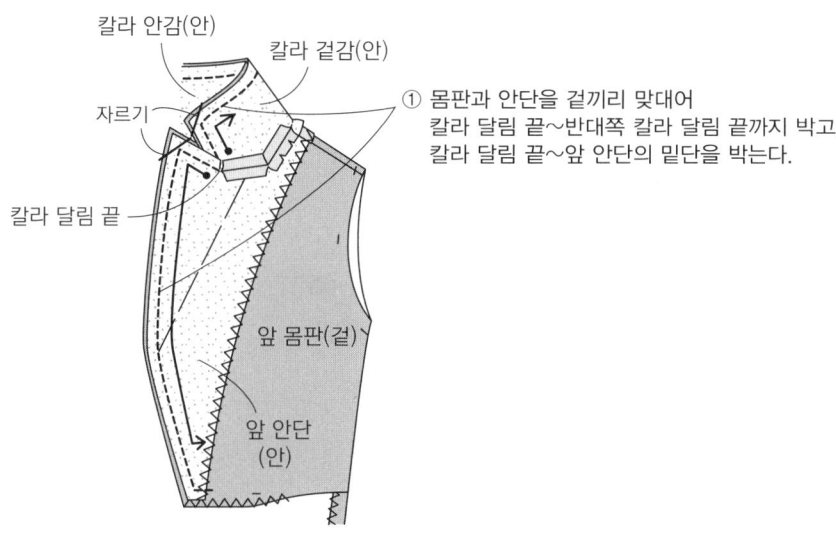

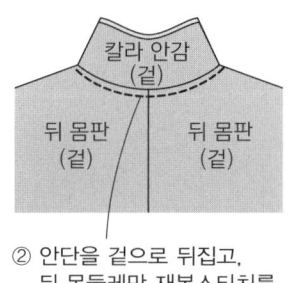

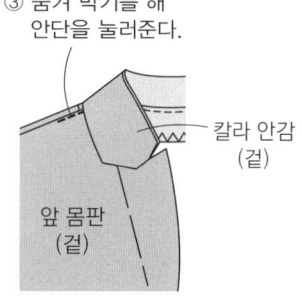

10 밑단을 박는다.

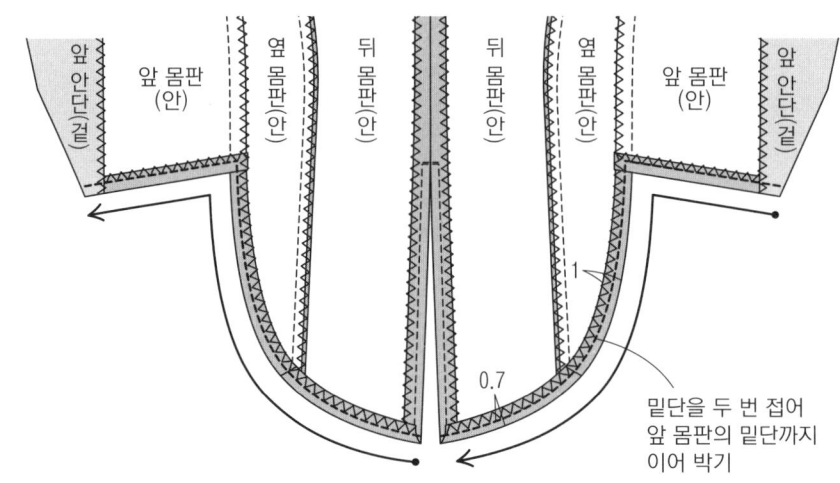

11 소매를 만든다.

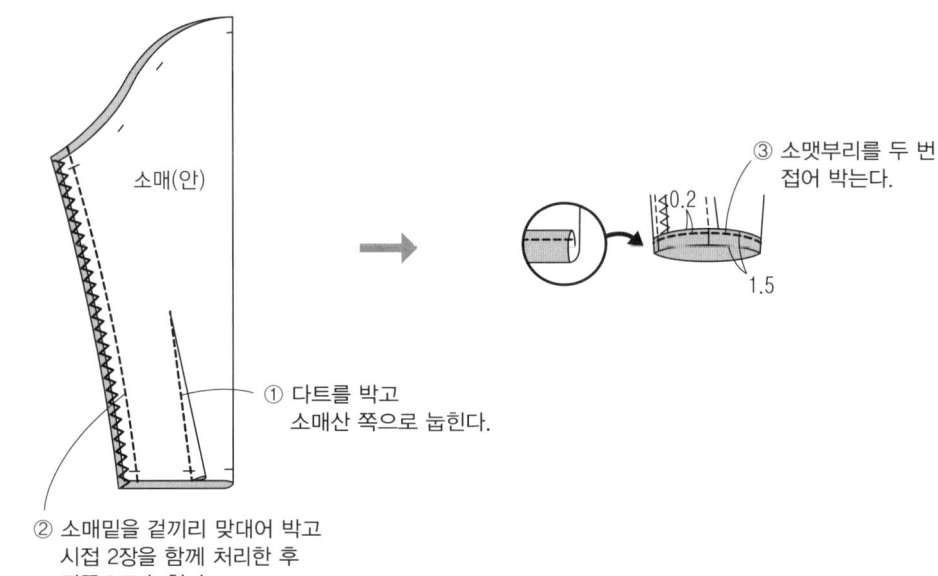

12 몸판에 소매를 단다.

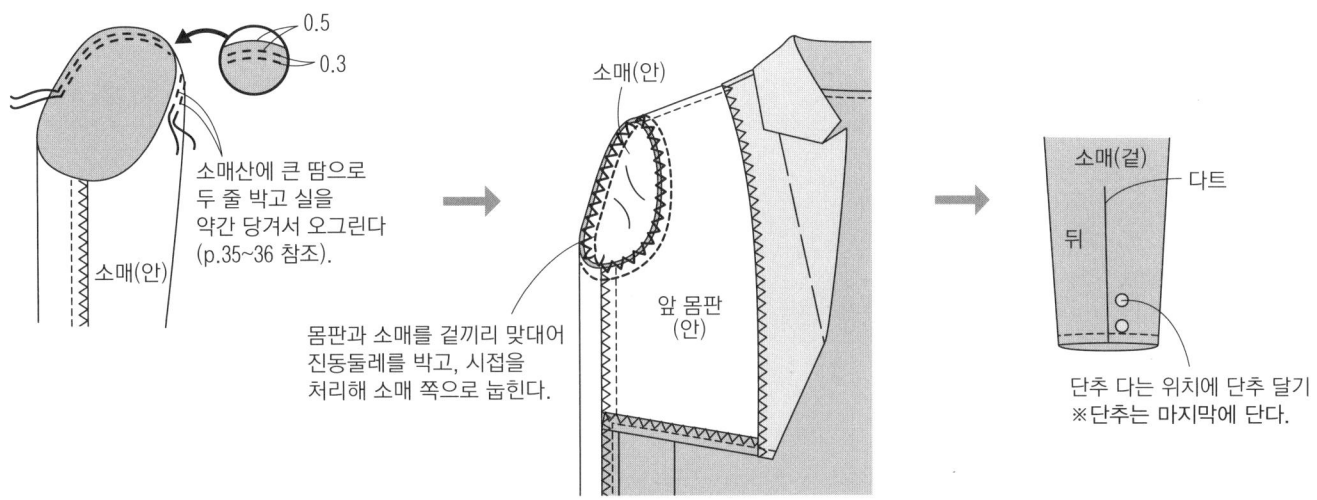

13 앞 안단에 숨은 상침으로 마무리한다.

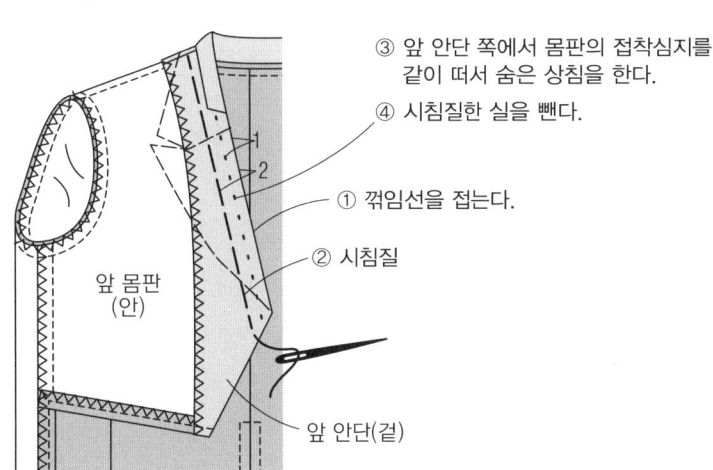

나비 넥타이

완성 치수	폭 약 37×높이 약 4cm
재료	폴리에스테르 새틴(검은색) 45×20cm, 폭 0.9cm 고무줄 20cm, 폭 1cm 어깨끈 조절 버클(8자버클, z버클) 1쌍

재단 배치도

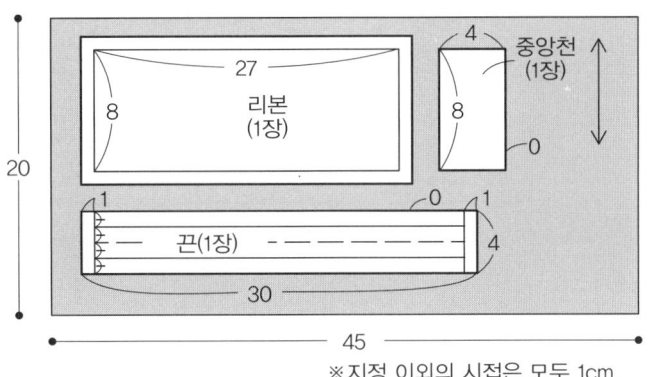

폴리에스테르 새틴(검은색)

※지정 이외의 시접은 모두 1cm.

봉제 순서

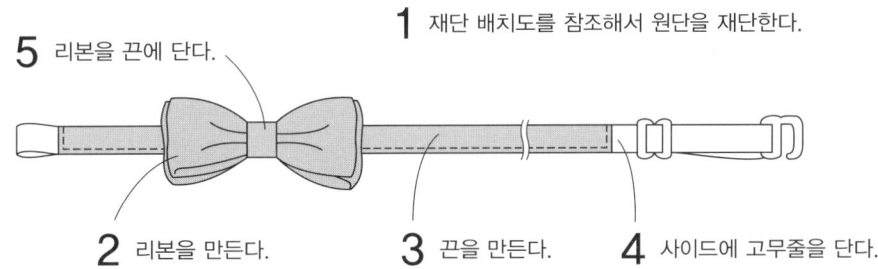

1 재단 배치도를 참조해서 원단을 재단한다.
2 리본을 만든다.
3 끈을 만든다.
4 사이드에 고무줄을 단다.
5 리본을 끈에 단다.

2 리본을 만든다.

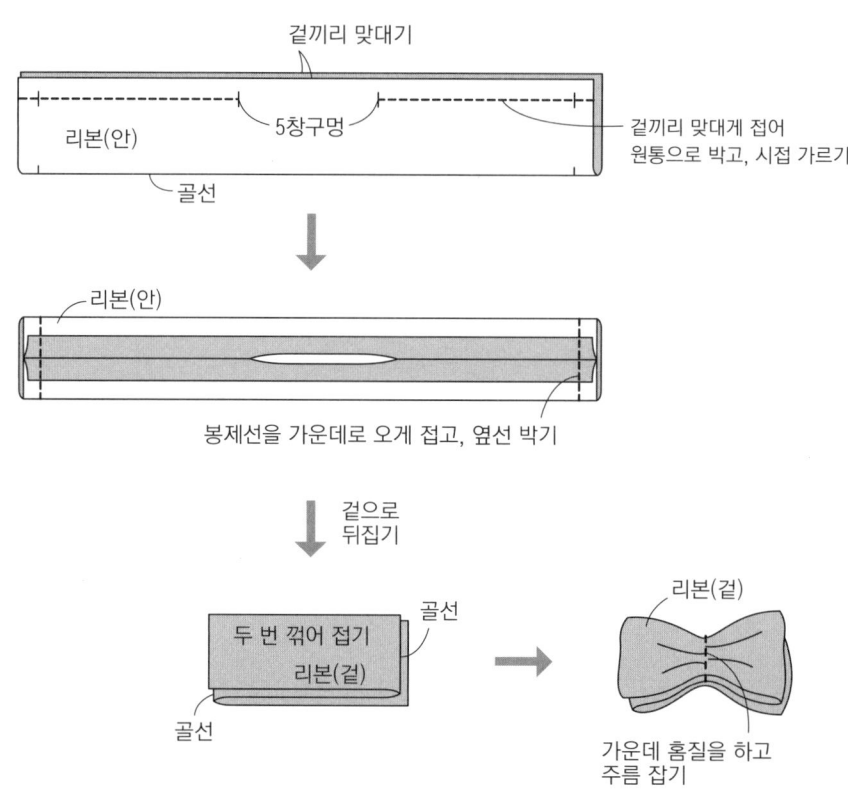

3 끈을 만든다.

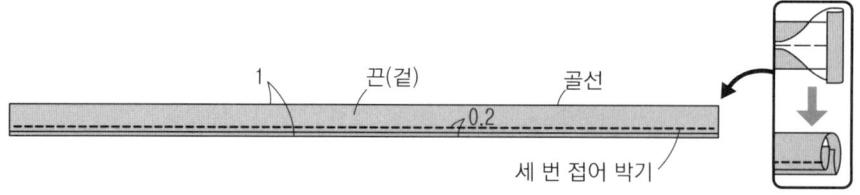

4 사이드에 고무줄을 단다.

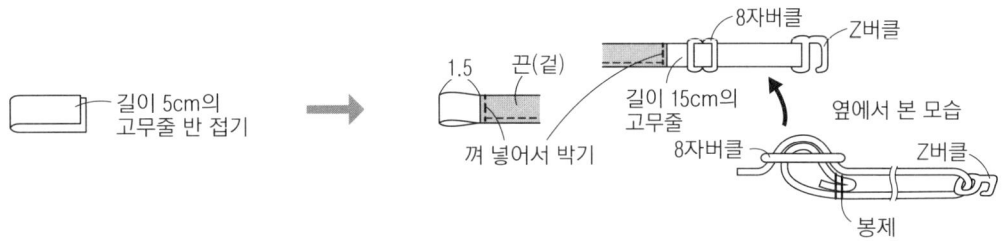

5 리본을 끈에 단다.

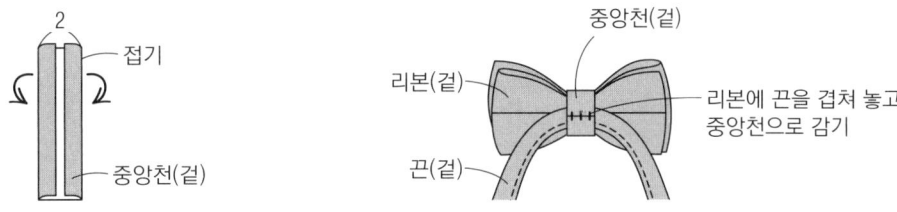

06 PHOTO p.10 / p.11

스트라이프 큐트 원피스
세일러 칼라 다이아무늬 미니 원피스

완성 치수(100/110/120/130)	가슴둘레 62/66/70/74cm 옷기장 42.2/49.2/56.2/63.2cm
재료	**스트라이프 큐트 원피스** 프린트 새틴(스트라이프 블루) 110cm 폭×90/110/120/140cm 폴리에스테르 새틴(흰색) 122cm 폭×30/30/30/35cm, 폭 0.7cm 곡선테이프(검은색) 360/380/400/420cm, 폭 2.7cm 리본끈(검은색) 140cm, 스냅단추 7쌍 **세일러 칼라 다이아무늬 미니 원피스** 프린트 새틴(바둑판무늬 핑크) 110cm 폭×100/120/145/165cm 폴리에스테르 새틴(핑크) 122cm 폭×55/55/60/65cm, 브로드클로스(흰색) 90×30cm, 접착심지 50×30cm, 폭 0.7cm 곡선테이프(검은색) 430/450/480/500cm, 폭 2.7cm 리본끈(검은색) 200cm, 스프링 호크 1개, 브로치핀 1개, 스냅단추 7쌍
실물 크기 패턴 A면 D	스트라이프 큐트 원피스 1 앞 몸판, 2 뒤 몸판 세일러 칼라 다이아무늬 미니 원피스 1 앞 몸판, 2 뒤 몸판, 3 탈부착 칼라

재단 배치도

스트라이프 큐트 원피스 프린트 새틴(스트라이프 블루)

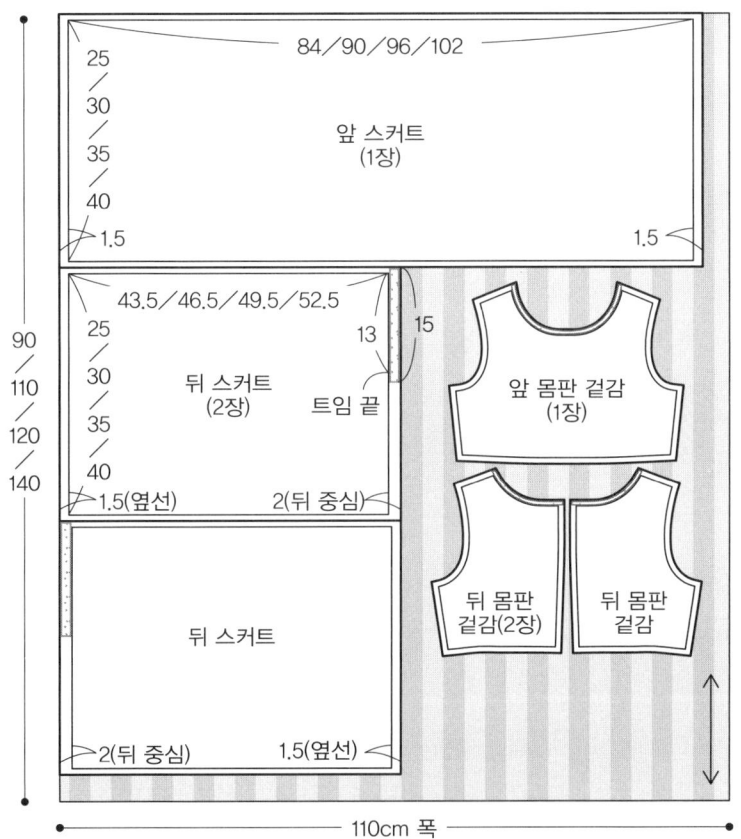

※몸판과 스커트의 뒤 중심은 무늬를 맞춘다.

폴리에스테르 새틴(흰색)

※지정 이외의 시접은 모두 1cm.
※ ▦는 접착심지를 붙인다.

재단 배치도

세일러 칼라 다이아무늬 미니 원피스 프린트 새틴(바둑판무늬 핑크)

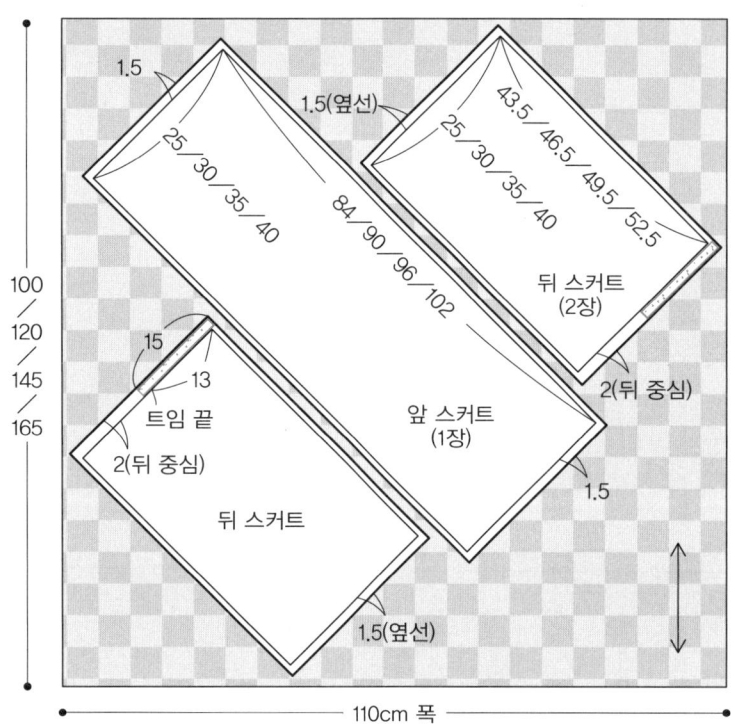

폴리에스테르 새틴(핑크)

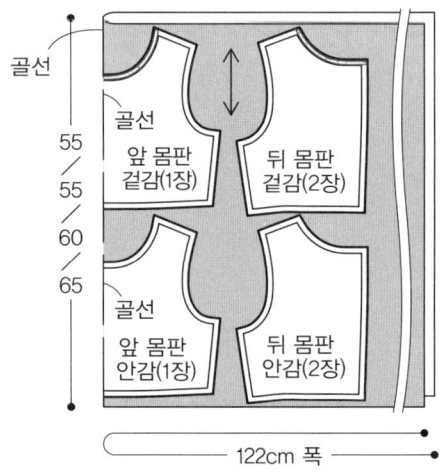

브로드클로스(흰색)

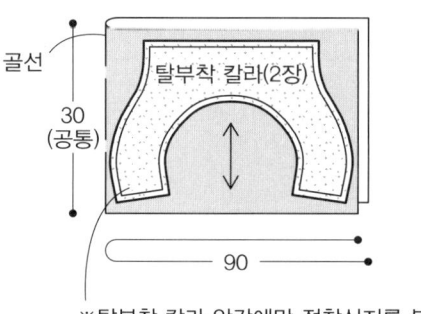

※ 탈부착 칼라 안감에만 접착심지를 붙인다.

봉제 순서

1 재단 배치도를 참조해서 원단을 재단한다.

2 목둘레 · 스커트의 뒤트임 · 탈부착 칼라 안감(다이아무늬만)에 접착심지를 붙인다.

3 몸판 안감의 허리와 스커트 옆선 · 뒤 중심의 시접을 처리한다.

4 스커트를 만든다.

5 몸판을 만든다.

6 몸판과 스커트를 맞대어 박는다.

7 목둘레 · 진동둘레 · 뒷단에 재봉스티치를 넣는다.

8 뒤트임에 스냅단추를 단다.

9 옆선에 고리를 단다. (스트라이프에는 리본끈을 끼운다.)

10 허리 리본과 리본 브로치를 만든다.

11 탈부착 칼라를 만든다.

※1~10은 스트라이프 큐트 원피스와 순서가 같다.

2 목둘레 · 스커트 뒤트임 · 탈부착 칼라 안감
(다이아무늬만)에 접착심지를 붙인다.

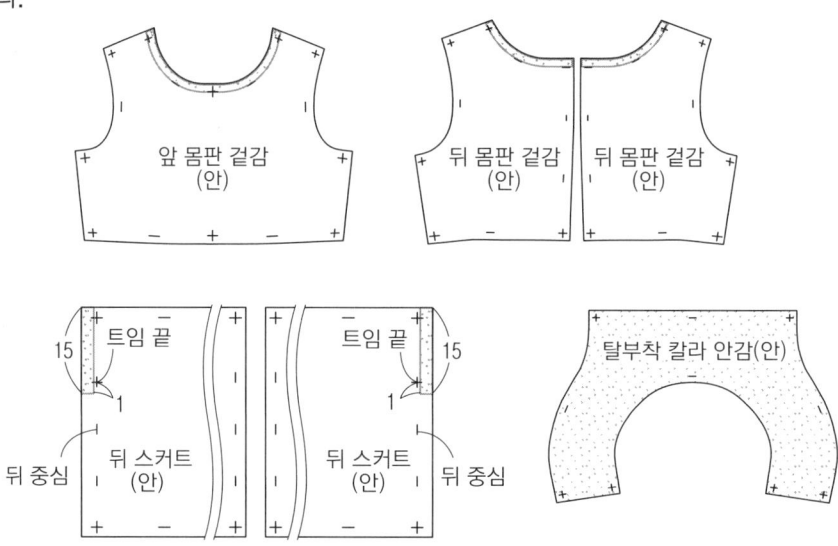

3 몸판 안감의 허리와 스커트
옆선 · 뒤 중심의 시접을 처리한다.

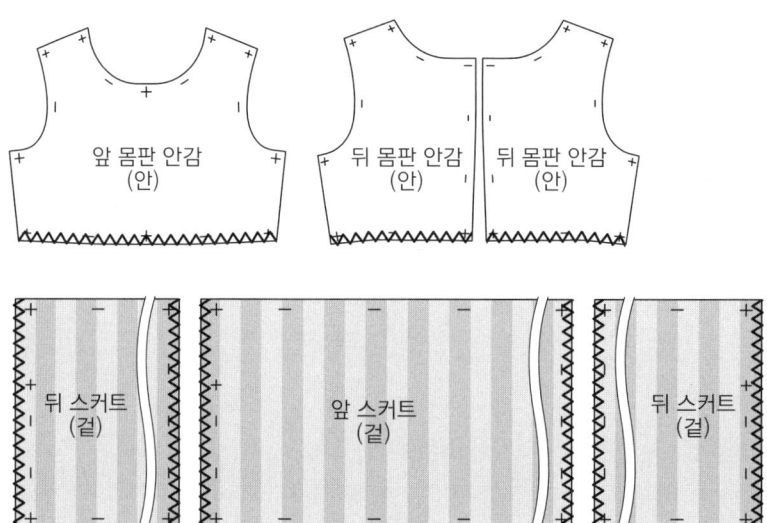

4 스커트를 만든다.

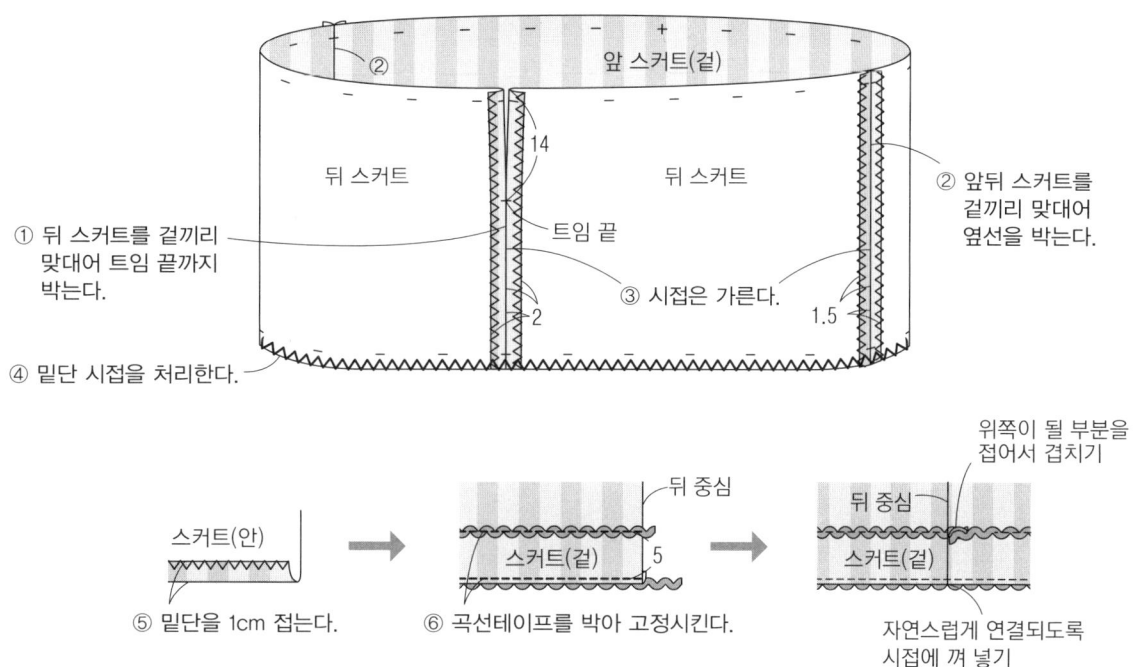

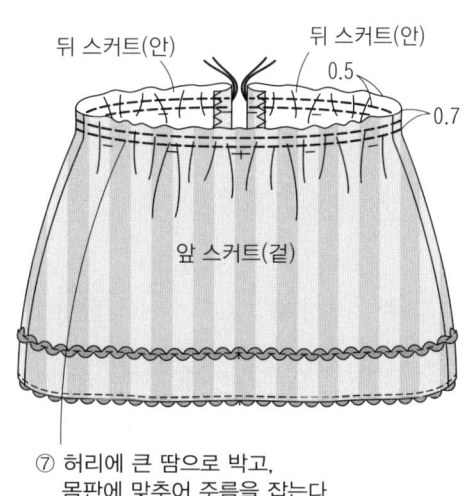

5 몸판을 만든다.

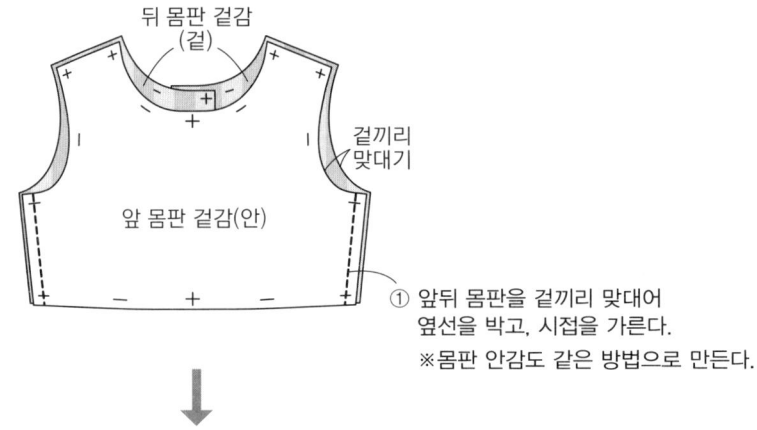

① 앞뒤 몸판을 겉끼리 맞대어 옆선을 박고, 시접을 가른다.
※몸판 안감도 같은 방법으로 만든다.

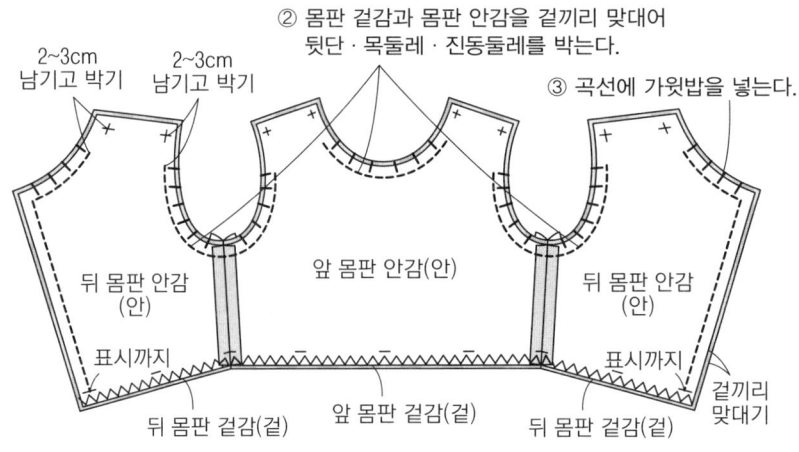

② 몸판 겉감과 몸판 안감을 겉끼리 맞대어 뒷단·목둘레·진동둘레를 박는다.
③ 곡선에 가윗밥을 넣는다.

겉으로 뒤집기

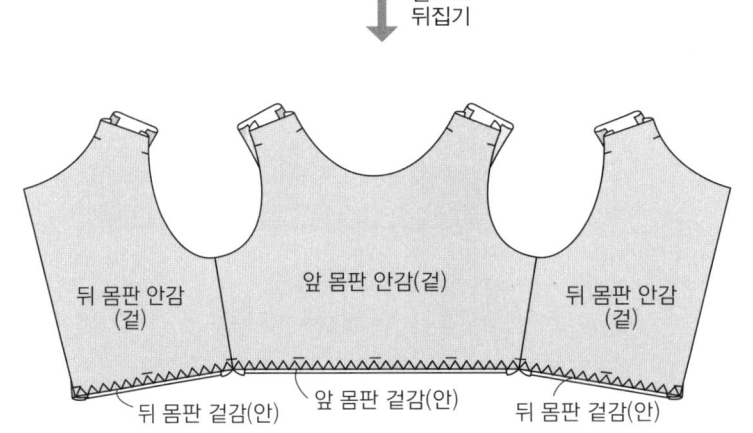

어깨를 박아 맞추는 방법

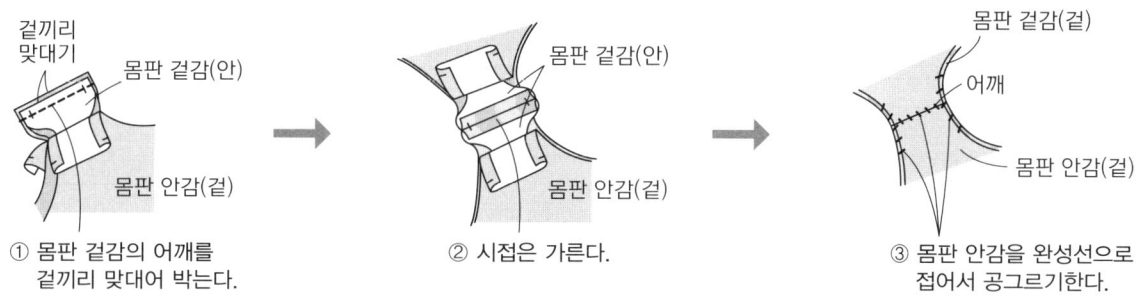

6 몸판과 스커트를 맞대어 박는다.

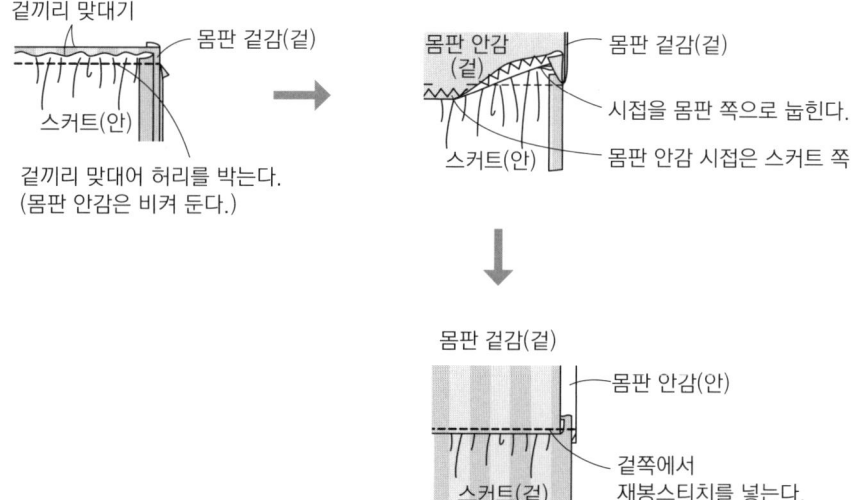

7 목둘레 · 진동둘레 · 뒷단에 재봉스티치를 넣는다.

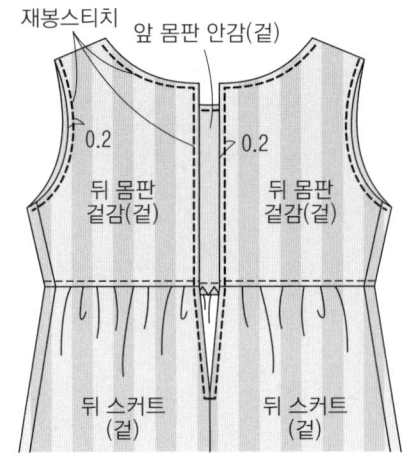

8 뒤트임에 스냅단추를 단다.

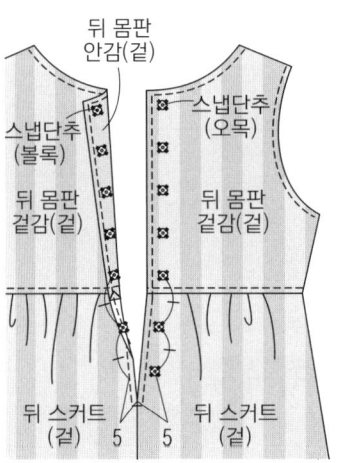

9 옆선에 고리를 단다.

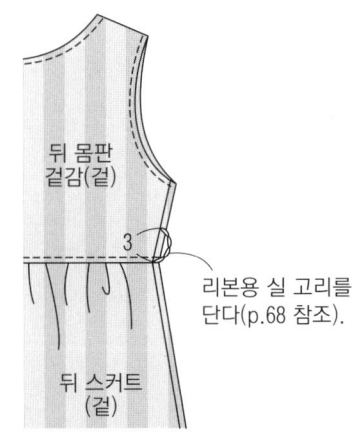

10 허리 리본과 리본 브로치를 만든다.

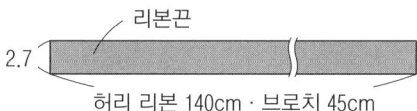

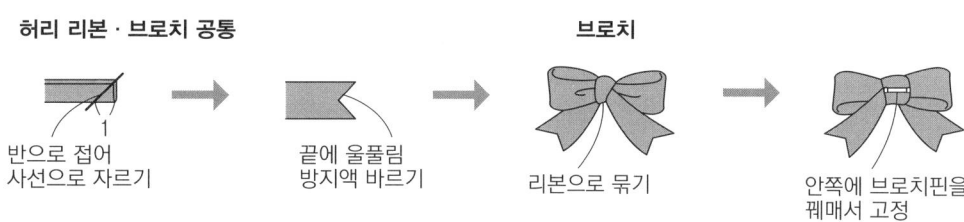

11 탈부착 칼라를 만든다.

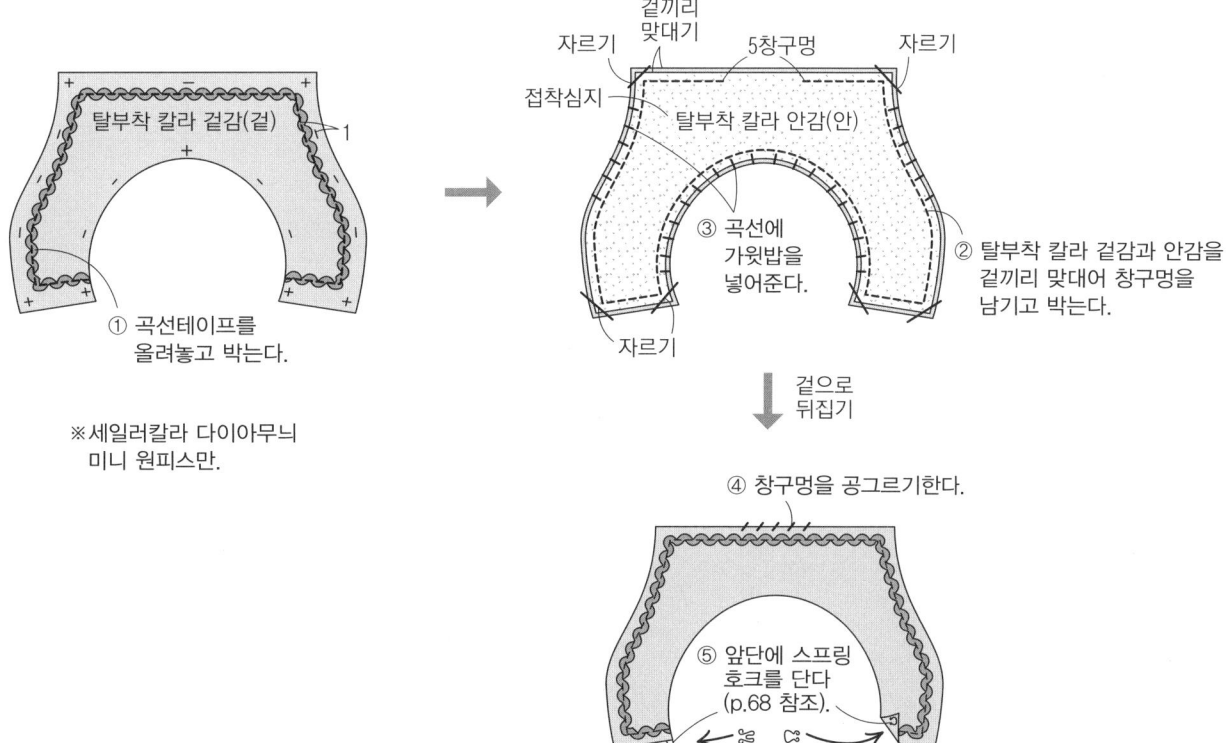

PHOTO p.23

스쿨룩 슈트 세트

| 완성 치수(100/110/120/130/140) | 남자아이 가슴둘레 65/69/73/77/81cm, 옷기장 39/42/45/48/51cm |
| | 여자아이 가슴둘레 65/69/73/77/81cm, 옷기장 33.5/36.5/39.5/42.5/45.5cm |

재료

남자아이 면매(블랙워치) 135cm 폭×140/150/160/170/180cm, 접착심지 75×65cm, 지름 2.1cm 단추 2개 · 1.5cm 6개, 폭 1cm 리본끈(흰색) 100cm, 열접착 양면테이프 적당히

여자아이 트윌(흰색) 110cm 폭×125/135/145/155/165cm, 접착심지 85×60cm, 지름 2.1cm 단추 2개, 와펜 1개, 폭 1cm 리본끈(빨간색) 22cm, 지름 0.4cm 펄비즈 3개

공통 1cm 폭 늘어남 방지테이프 적당히

실물 크기 패턴 B면
H〈남자아이〉, I〈여자아이〉

남자아이 1 앞 몸판, 2 뒤 몸판, 3 옆 몸판, 4 겉소매, 5 안소매, 6 칼라 겉감, 7 칼라 안감, 8 라펠 겉감, 9 라펠 안감, 10 앞 안단, 11 뒤 안단, 12 주머니

여자아이 1 앞 몸판, 2 앞옆 몸판, 3 뒤 몸판, 4 뒤옆 몸판, 5 겉소매, 6 안소매, 7 칼라 겉감, 8 칼라 안감, 9 라펠 겉감, 10 라펠 안감, 11 앞 안단, 12 뒤 안단, 13 플랩

재단 배치도

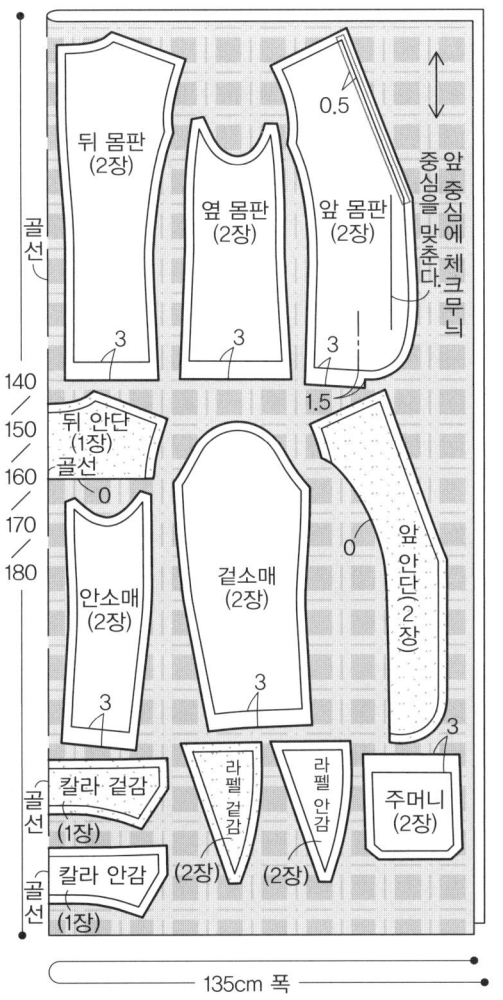
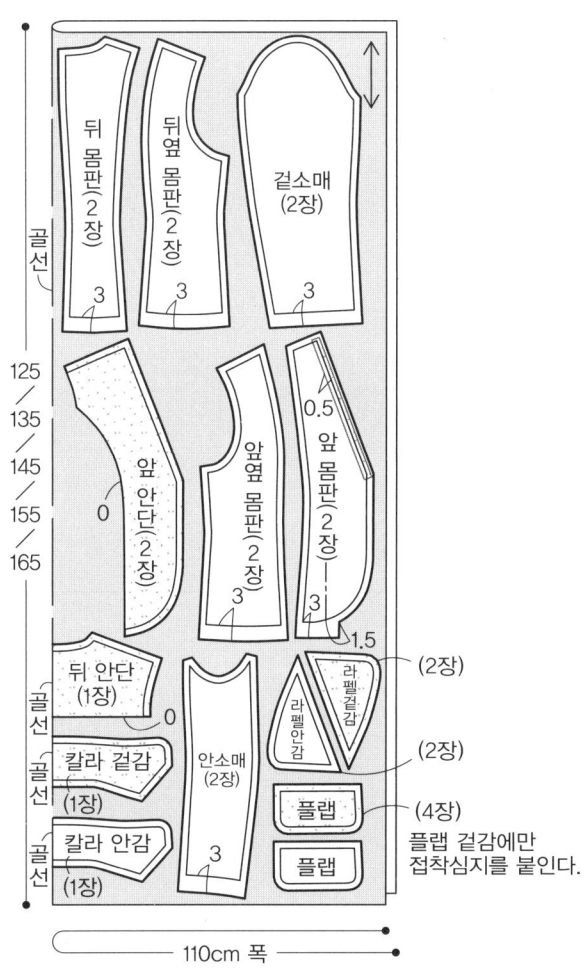

※무늬를 맞추기 위해서 옷감 치수는 넉넉하게 한다.

※지정 이외의 시접은 모두 1cm.
※ 는 접착심지 또는 늘어남 방지테이프를 붙인다.

봉제 순서

1 재단 배치도를 참조해서 원단을 재단한다.

2 접착심지와 늘어남 방지테이프를 붙인다.
(접착심지…앞 안단·뒤 안단·칼라 겉감·라펠 겉감·플랩 겉감, 늘어남 방지테이프…앞 몸판)

3 몸판을 박는다.
5 어깨를 박는다.
6 몸판에 칼라와 안단을 단다.
11 엠블럼을 만들어 단다.
9 단춧구멍을 만든다.
4 주머니를 만든다(플랩).
10 단추를 단다.

8 소매를 만들어 단다.
7 앞단과 밑단을 박는다.

※ 1~2, 5~10은 p.30 남자아이용 재킷 만드는 방법을 참조한다.

3 몸판을 박는다.

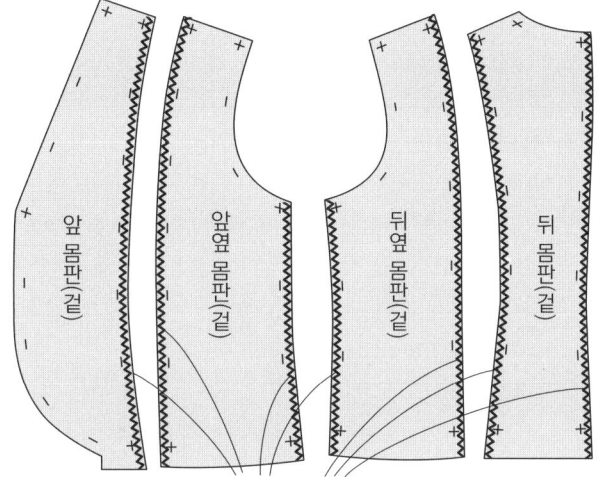

시접 처리해 놓기(오른쪽 몸판도 같은 방법으로 처리)

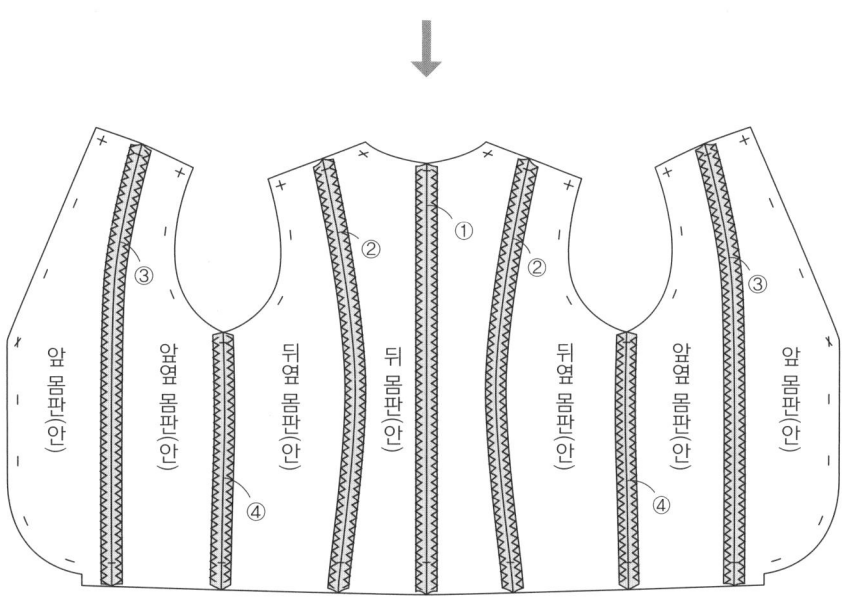

①~④의 순서대로 각각 겉끼리 맞대어 박고, 시접을 가른다.

4 주머니를 만든다(플랩).

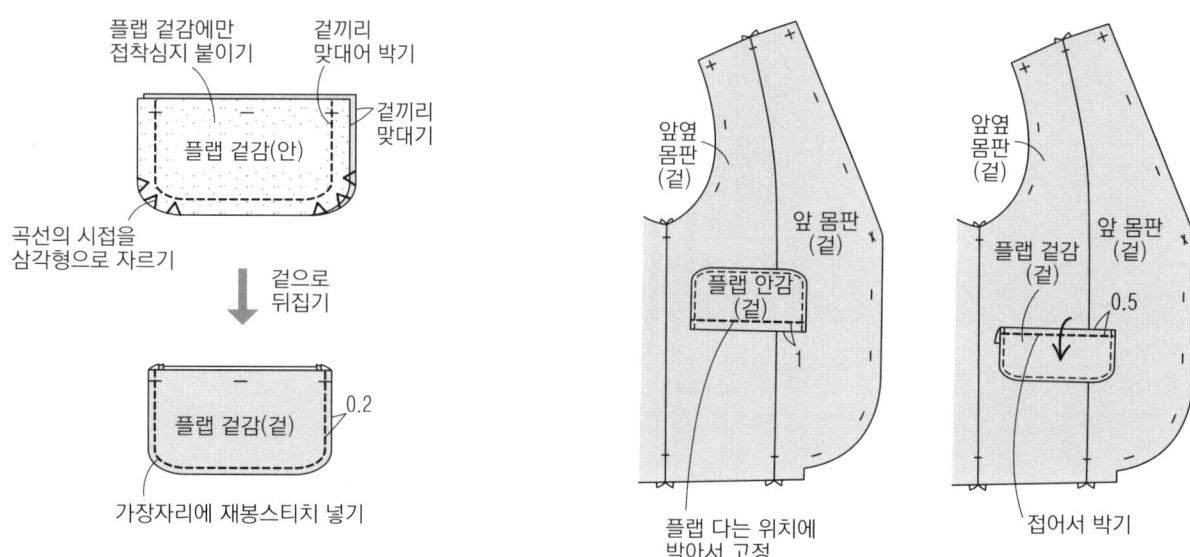

11 엠블럼을 만들어 단다.

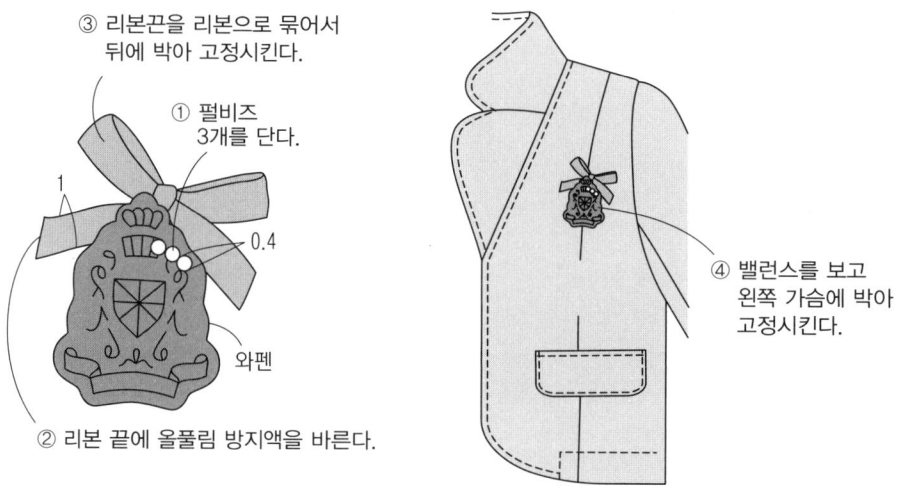

PHOTO p.23

스쿨룩 리본

완성 치수	약 11.5cm 폭×높이 약 8cm
재료	면마(블랙워치) 35×20cm, 브로치핀 1개

재단 배치도

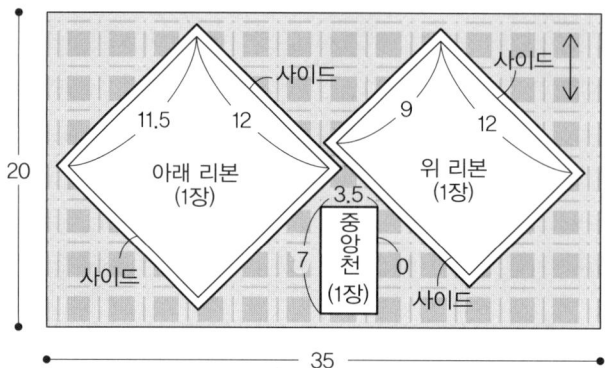

면마(블랙워치)

아래 리본 (1장) — 11.5, 12
위 리본 (1장) — 9, 12
중앙천 (1장) — 3.5, 7, 0
사이드
20
35

※ 지정 이외의 시접은 모두 1cm.
※ 플리츠 스커트의 남은 원단으로 만들어도 좋다.

봉제 순서

1 재단 배치도를 참조해서 원단을 재단한다.

3 리본 가운데 주름을 만든다.

4 중앙천으로 감아서 브로치핀을 단다.

2 리본 위아래를 만든다.

2 리본 위아래를 만든다.

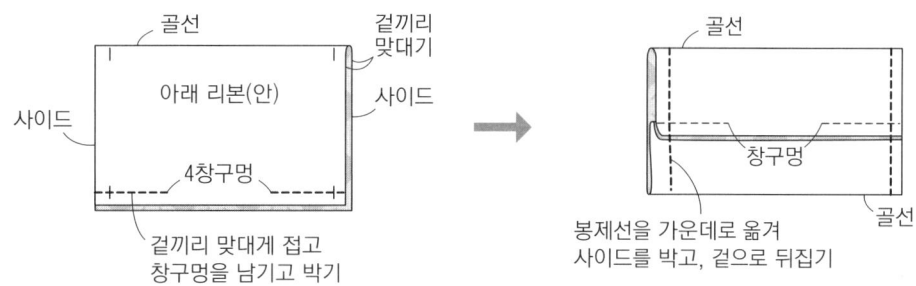

※위 리본도 같은 방법으로 만든다.

3 리본 가운데 주름을 만든다.

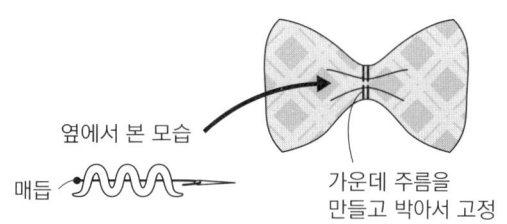

4 중앙천으로 감아서 브로치핀을 단다.

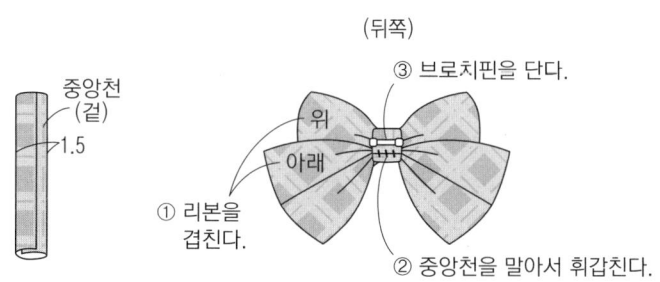

플리츠 스커트

PHOTO p.23

| 완성 치수(100/110/120/130/140) | 스커트 기장 28/31/34/37/40cm |

재료

면마(블랙워치) 135cm 폭×75/80/85/90/95cm
브로드클로스(감색) 90×10cm, 폭 2cm 고무줄 49/51/54/56/58cm,
폭 1.8cm 레이스 200/200/210/220/220cm

재단 배치도

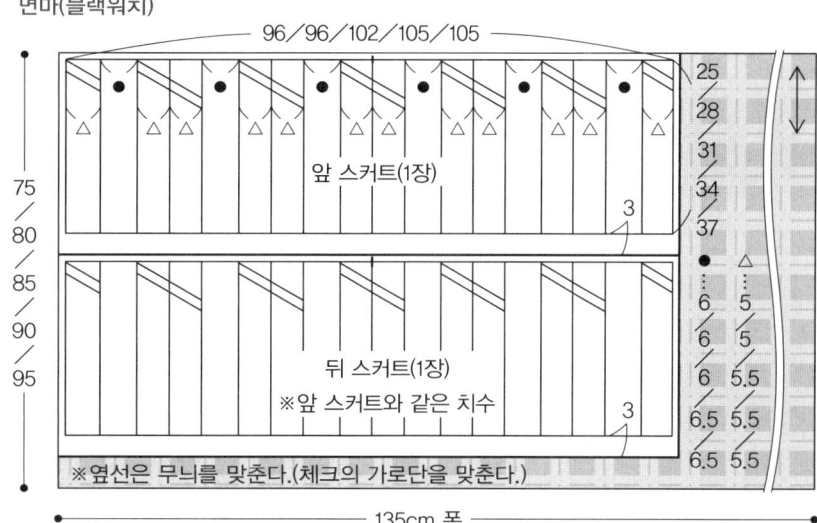

면마(블랙워치)

96／96／102／105／105

75／80／85／90／95

앞 스커트(1장)
뒤 스커트(1장)
※앞 스커트와 같은 치수
※옆선은 무늬를 맞춘다.(체크의 가로단을 맞춘다.)

25／28／31／34／37

6／6／6／6.5／6.5
5／5／5.5／5.5／5.5

135cm 폭

브로드클로스(감색)

72／72／72／78／78

10(공통)

6

90

허리천(1장)

※지정 이외의 시접은 모두 1cm.

봉제 순서

1 재단 배치도를 참조해서 원단을 재단한다.

8 고무줄을 끼운다.
5 허리를 재봉틀로 임시 고정시킨다.
6 허리천을 원으로 박고, 스커트와 맞추어 박는다.
7 허리천을 겉으로 접어 스티치로 누른다.
3 플리츠를 접어서 다림질을 하고, 스티치를 넣는다.
4 옆선을 박는다.
2 밑단을 두 번 접어 박고, 레이스를 단다.

2 밑단을 두 번 접어 박고, 레이스를 단다.

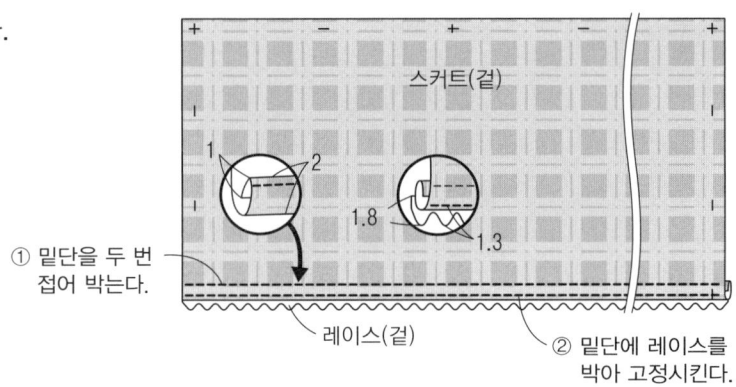

3 플리츠를 접어서 다림질을 하고, 스티치를 넣는다.

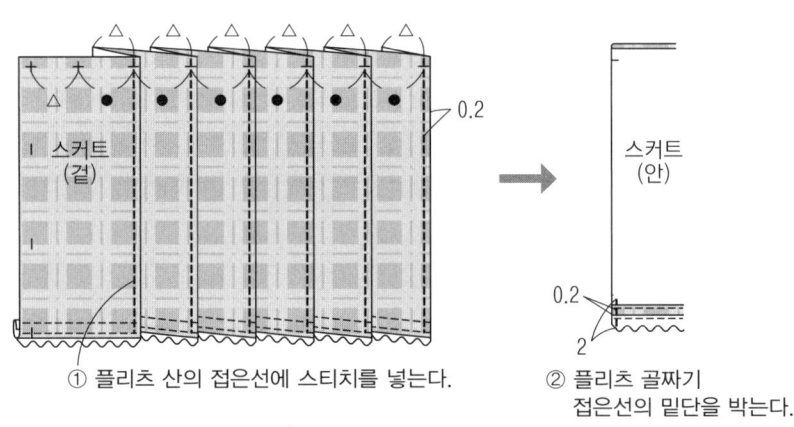

4 옆선을 박는다.

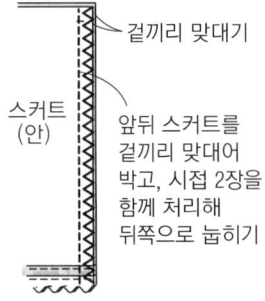

5 허리를 재봉틀로 임시 고정시킨다.

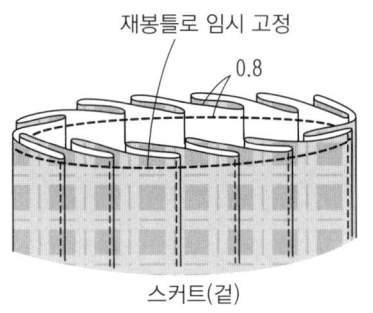

6 허리천을 원으로 박고, 스커트와 맞추어 박는다.

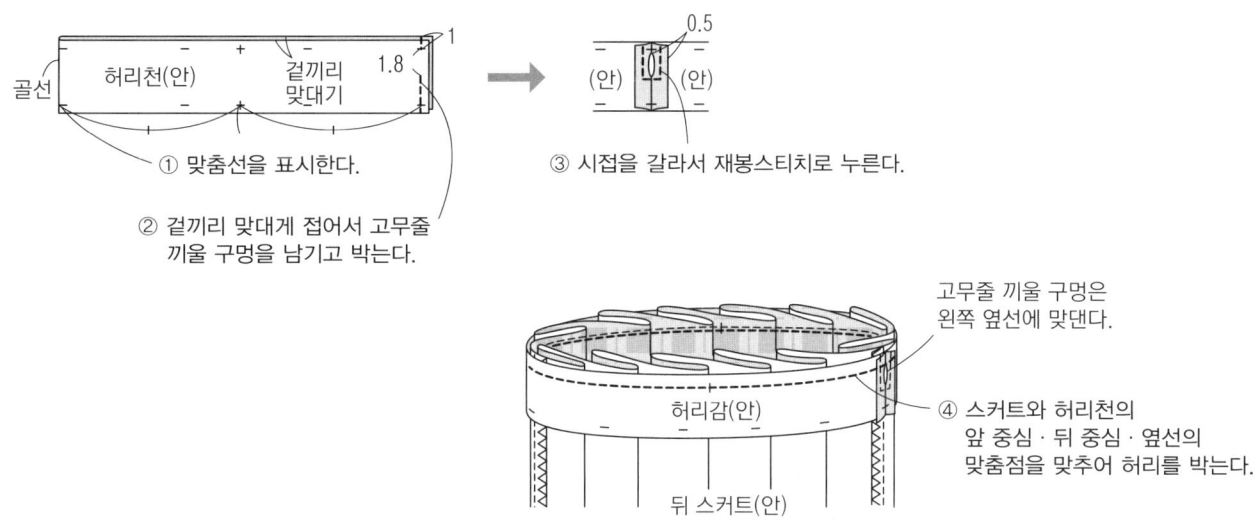

7 허리천을 겉으로 접어 스티치로 누른다.

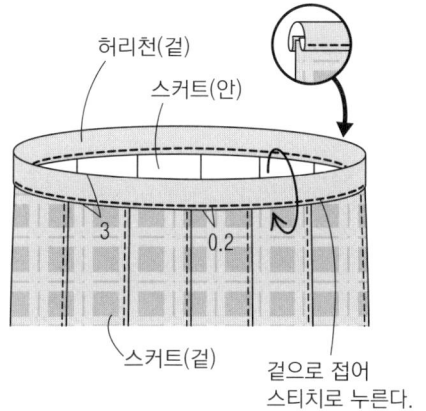

PHOTO p.23

스쿨룩 슬랙스

완성 치수(100/110/120/130/140)	바지 기장 59/65/71/77/83cm
재료	트윌(엷은 갈색) 110cm 폭×110/110/120/130/130cm 브로드클로스(베이지) 35×30cm, 폭 2cm 고무줄 49/51/54/56/58cm, 폭 1cm 늘어남 방지테이프 40cm
실물 크기 패턴 B면 J	1 앞 팬츠, 2 뒤 팬츠, 3 옆주머니, 4 주머니자루

재단 배치도

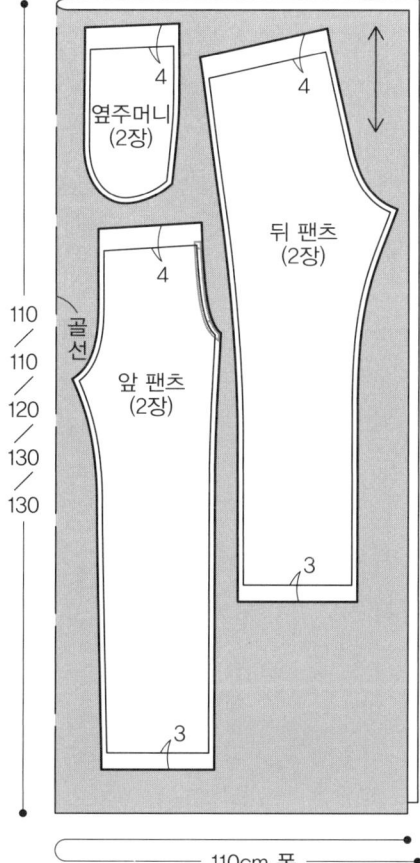
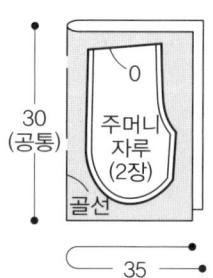

※지정 이외의 시접은 모두 1cm.
※▭는 늘어남 방지테이프를 붙인다.

봉제 순서

1 재단 배치도를 참조해서 원단을 재단한다.

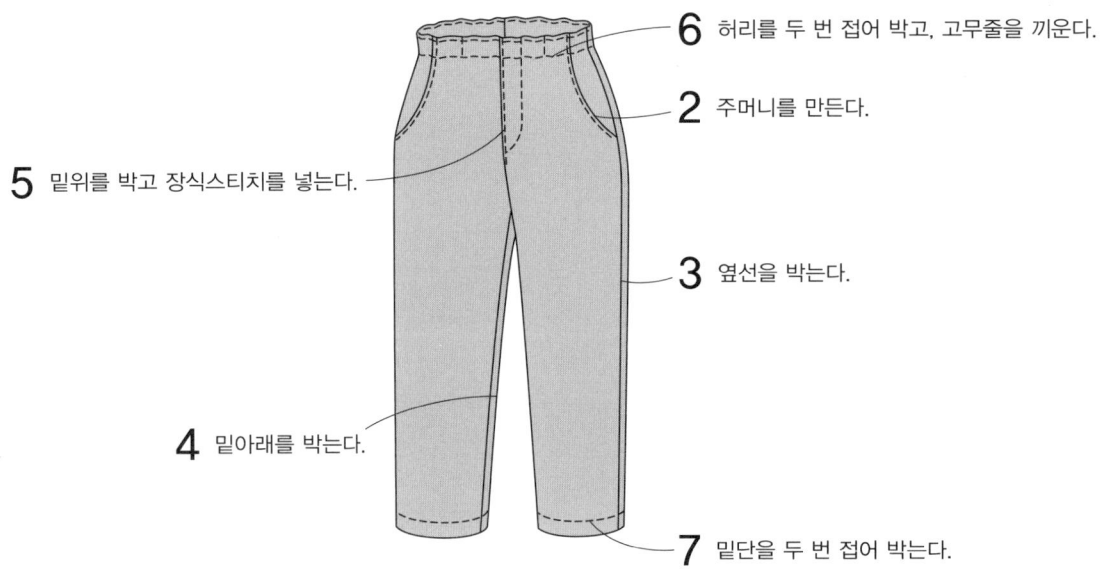

6 허리를 두 번 접어 박고, 고무줄을 끼운다.
2 주머니를 만든다.
5 밑위를 박고 장식스티치를 넣는다.
3 옆선을 박는다.
4 밑아래를 박는다.
7 밑단을 두 번 접어 박는다.

2 주머니를 만든다.

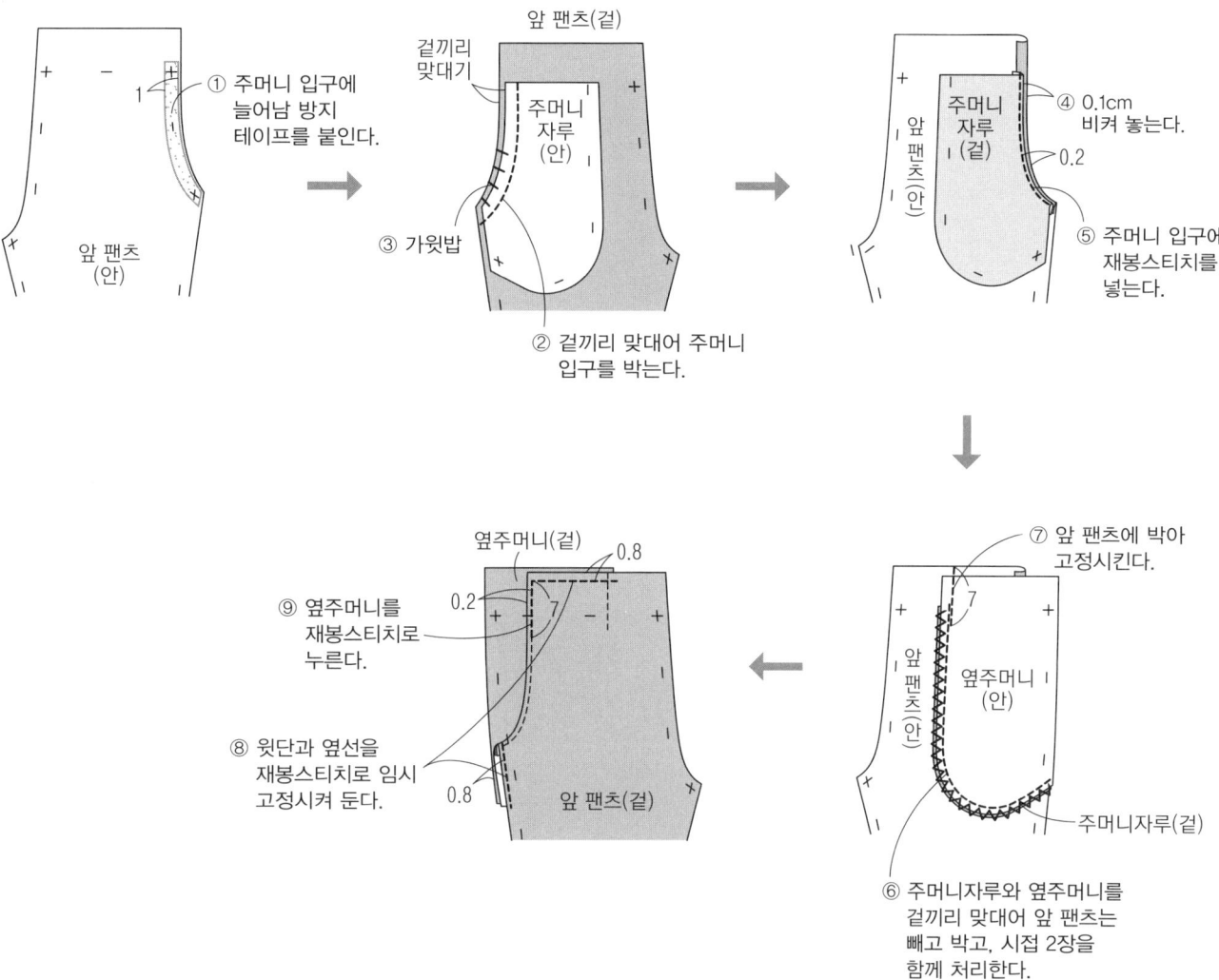

3 옆선을 박는다.
4 밑아래를 박는다.

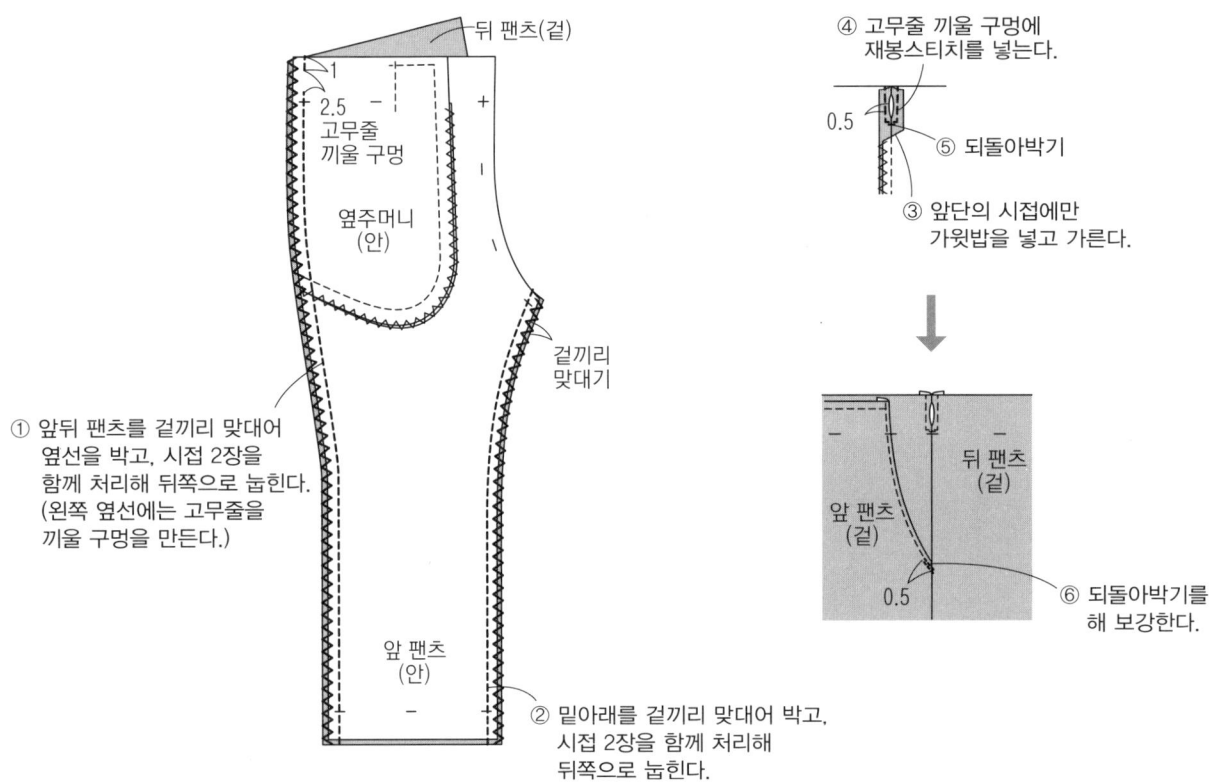

5 밑위를 박고 장식스티치를 넣는다.

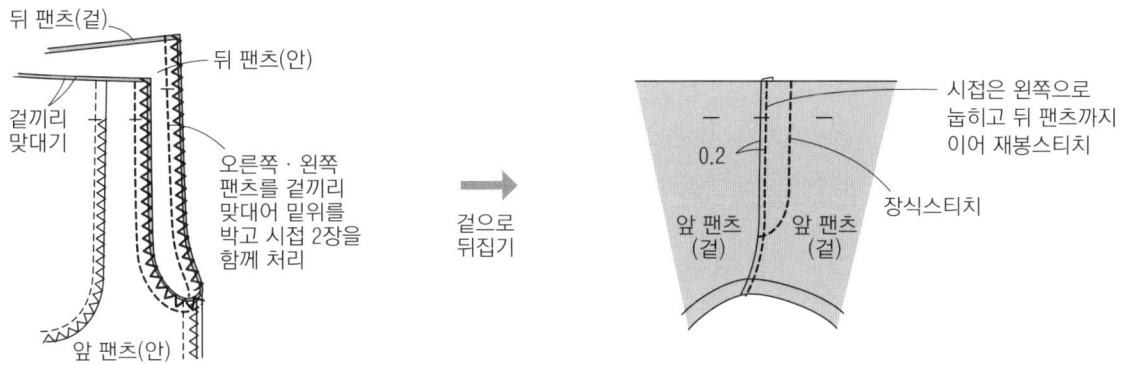

6 허리를 두 번 접어 박고, 고무줄을 끼운다.

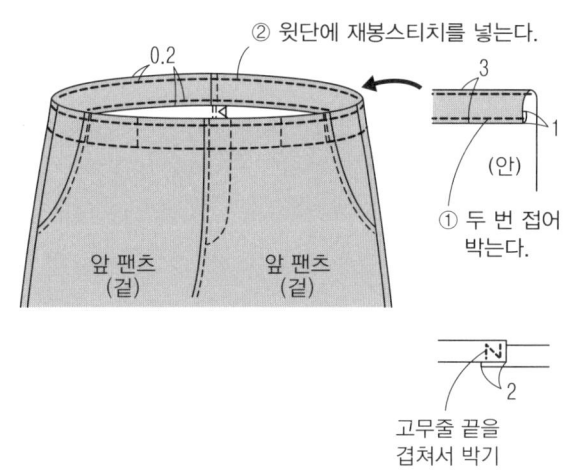

7 밑단을 두 번 접어 박는다.

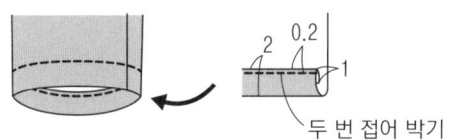

PHOTO p.25

니커보커스

완성 치수(100/110/120/130)	바지 기장 43.3/47.3/51.3/55.3cm
재료	트윌(보라색) 110cm 폭×100/100/110/115cm TC교직 스트라이프(검은색) 35×10cm, 접착심지 35×10cm, 폭 2cm 고무줄 49/51/54/56cm, 지름 1.5cm 단추 3개
실물 크기 패턴 B면 K	1 앞 팬츠, 2 뒤 팬츠, 3 옆주머니, 4 뒷주머니, 5 플랩

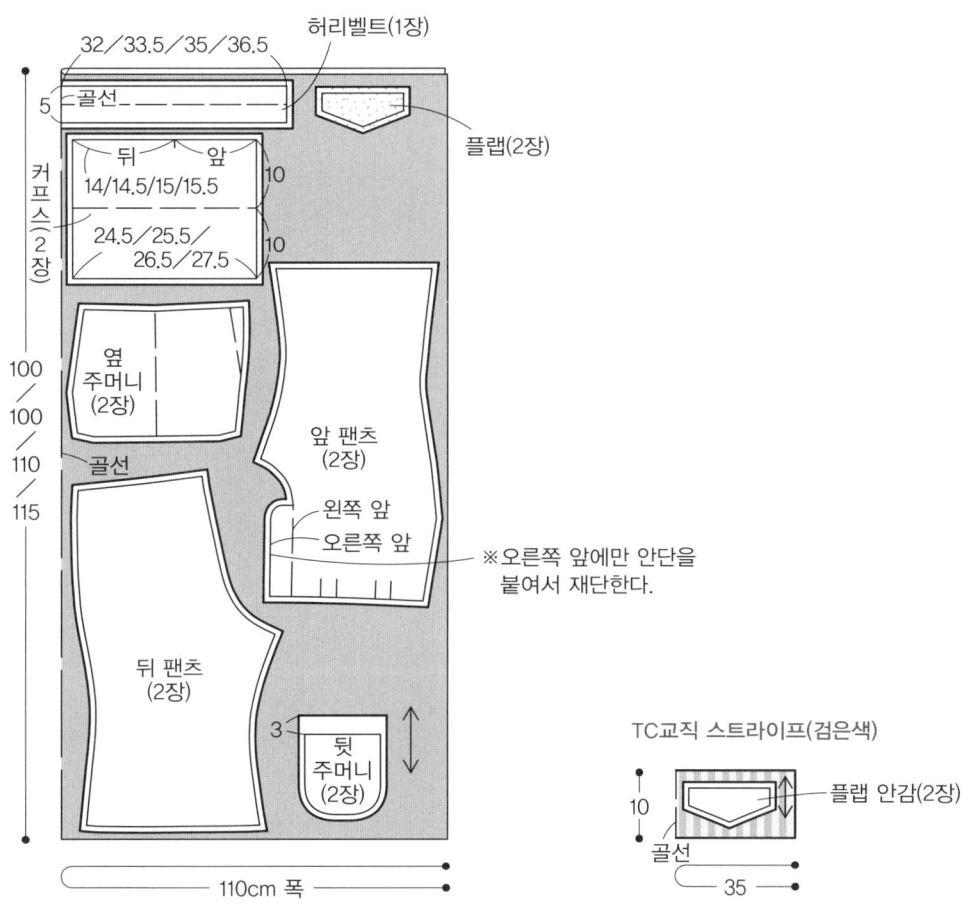

115

봉제 순서

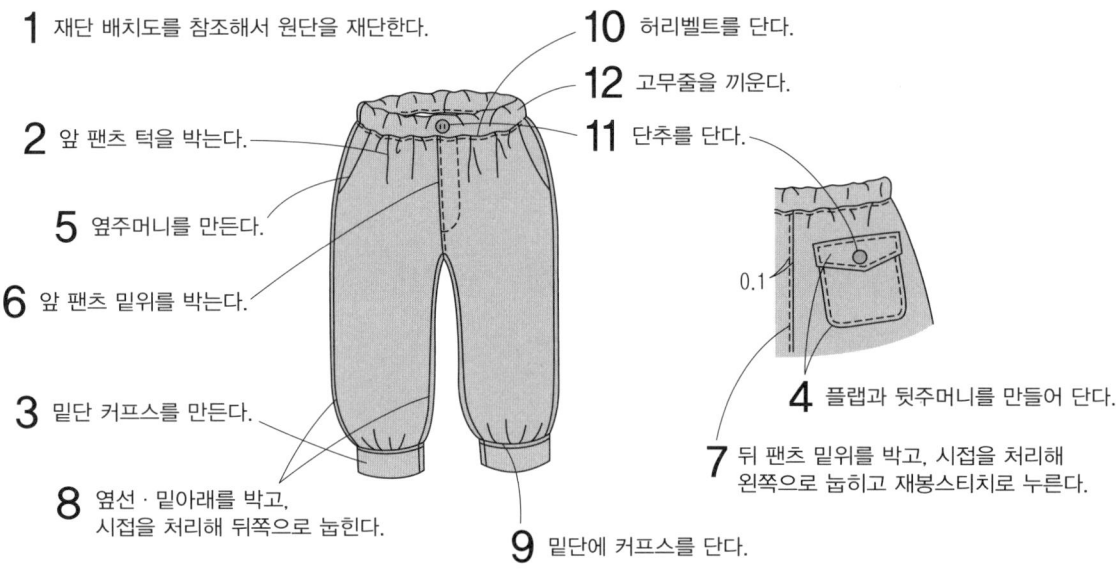

1. 재단 배치도를 참조해서 원단을 재단한다.
2. 앞 팬츠 턱을 박는다.
3. 밑단 커프스를 만든다.
4. 플랩과 뒷주머니를 만들어 단다.
5. 옆주머니를 만든다.
6. 앞 팬츠 밑위를 박는다.
7. 뒤 팬츠 밑위를 박고, 시접을 처리해 왼쪽으로 눕히고 재봉스티치로 누른다.
8. 옆선·밑아래를 박고, 시접을 처리해 뒤쪽으로 눕힌다.
9. 밑단에 커프스를 단다.
10. 허리벨트를 단다.
11. 단추를 단다.
12. 고무줄을 끼운다.

2 앞 팬츠 턱을 박는다.

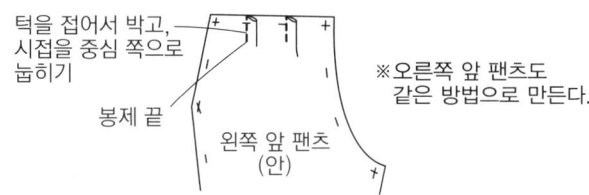

턱을 접어서 박고, 시접을 중심 쪽으로 눕히기
봉제 끝
왼쪽 앞 팬츠 (안)
※오른쪽 앞 팬츠도 같은 방법으로 만든다.

3 밑단 커프스를 만든다.

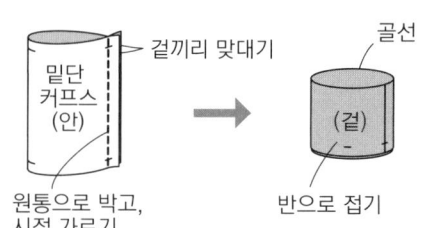

밑단 커프스 (안)
겉끼리 맞대기
원통으로 박고, 시접 가르기
골선
(겉)
반으로 접기

4 플랩과 뒷주머니를 만들어 단다.

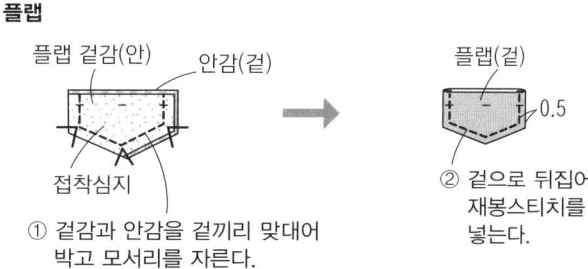

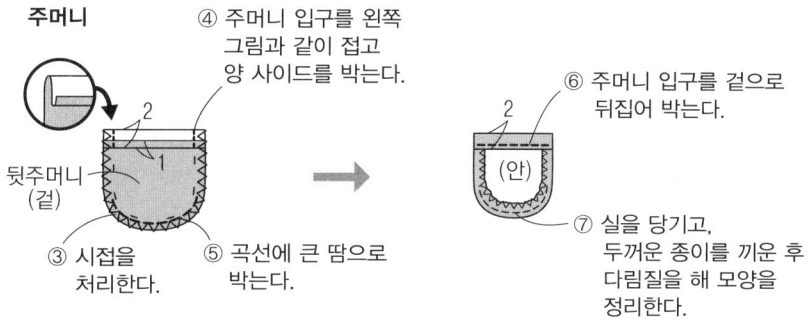

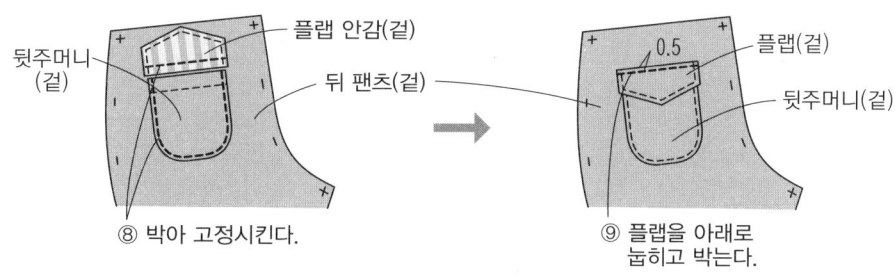

5 옆주머니를 만든다.

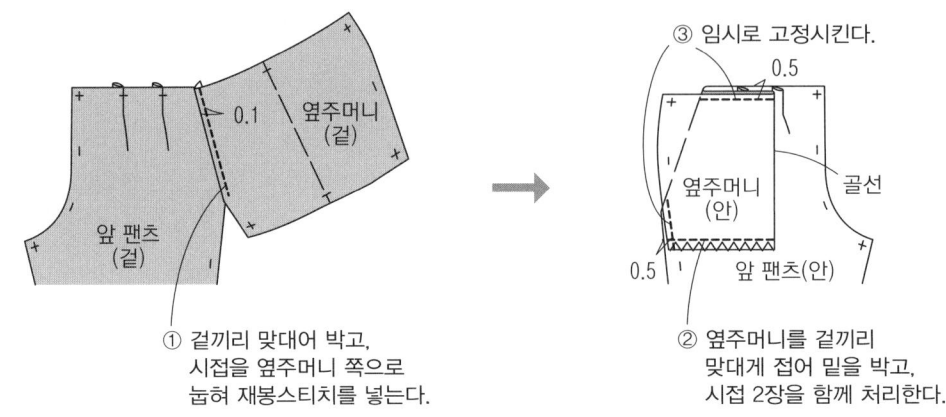

6 앞 팬츠 밑위를 박는다.

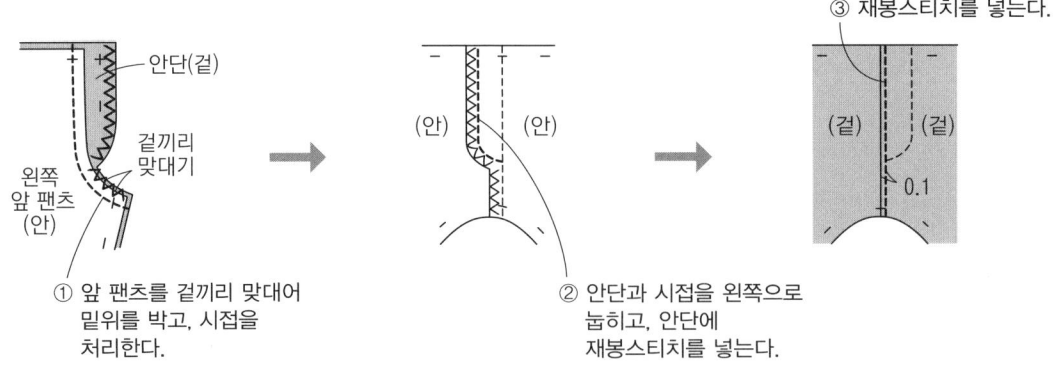

9 밑단에 커프스를 단다.

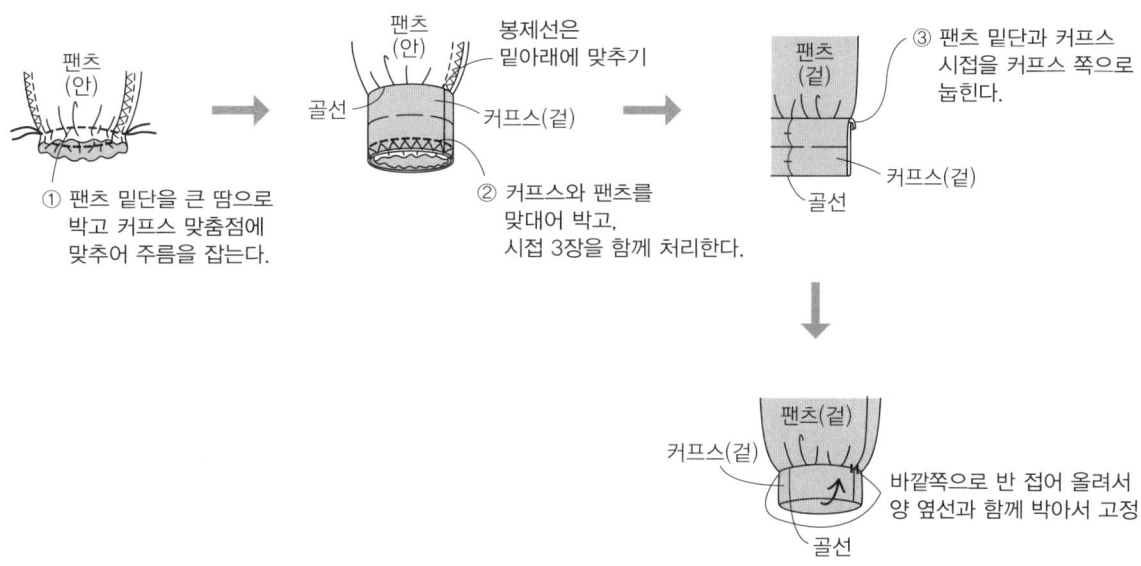

10 허리벨트를 단다.

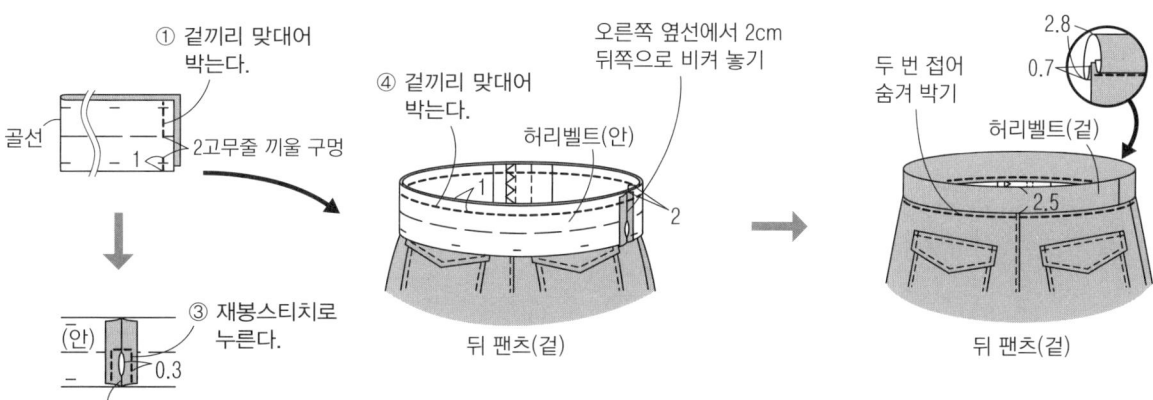

PHOTO p.25

헌팅캡

완성 치수(S/M/L)	머리둘레 52/54/56cm
재료	트윌(보라색) 60×50cm TC교직 스트라이프(검은색) 50×50cm, 하드 접착심지 30×30cm, 폭 2.5cm 사이즈 테이프 54/56/58cm, 두꺼운 종이 적당히
실물 크기 패턴 A면 E	1 톱크라운, 2 사이드크라운, 3 브림

how to make

재단 배치도

트윌(보라색)
- 브림(2장)
- 톱크라운(1장)
- 사이드크라운(1장)
- 50 (공통)
- 60

TC교직 스트라이프(검은색)
- 톱크라운 안감(1장)
- 사이드크라운 안감(1장)
- 50 (공통)
- 50

※ 지정 이외의 시접은 모두 1cm.
※ ▦ 는 하드 접착심지를 붙인다.

봉제 순서

1. 재단 배치도를 참조해서 원단을 재단한다.
2. 톱크라운의 다트를 박는다.
3. 브림을 만든다.
4. 사이드크라운을 원으로 박는다.
5. 톱크라운과 사이드크라운을 맞대어 박는다.
6. 겉감과 안감을 겹친다.
7. 사이드크라운에 브림을 단다.
8. 사이즈 테이프를 붙인다.

※ 2, 4~5는 안감도 같은 방법으로 만든다.

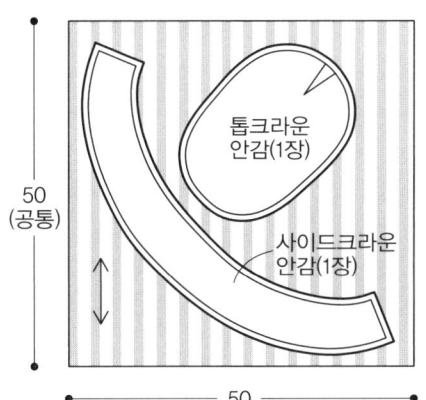

2 톱크라운의 다트를 박는다.

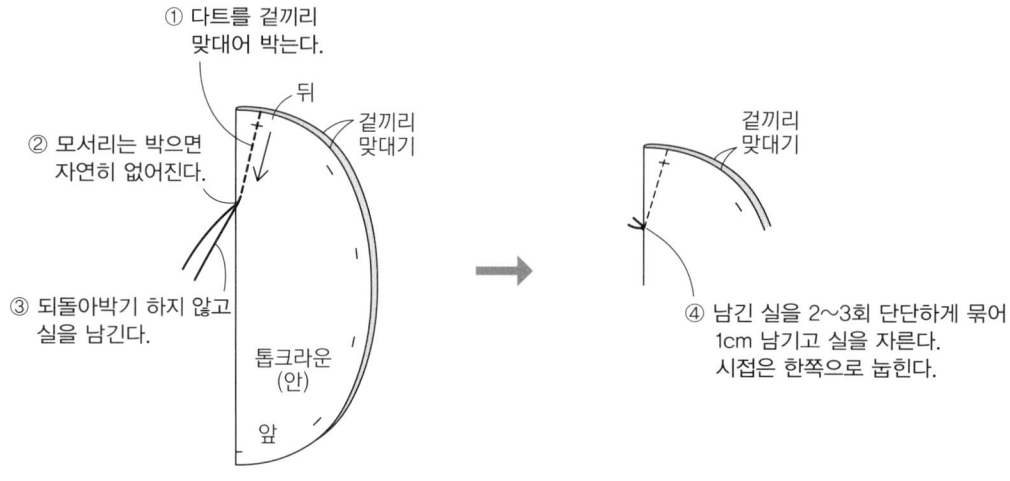

3 브림을 만든다.

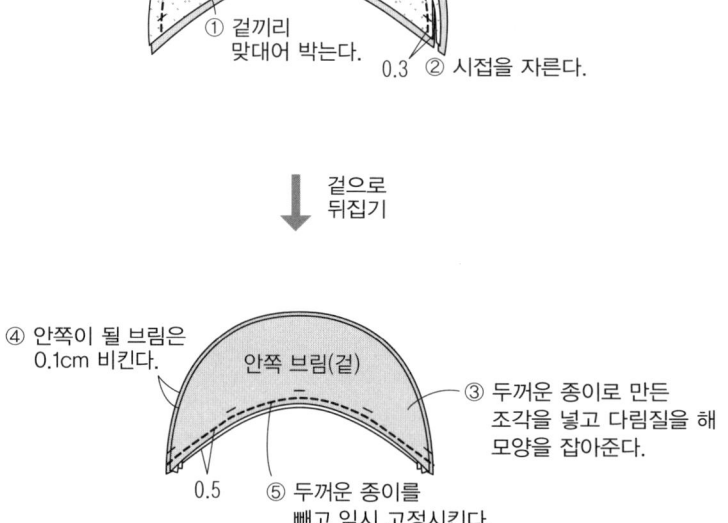

4 사이드크라운을 원으로 박는다.

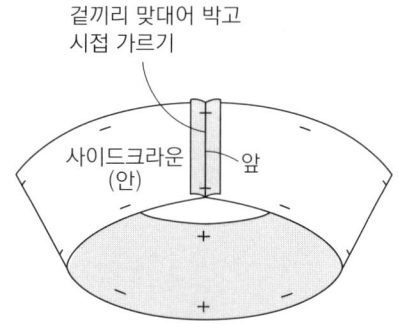

5 톱크라운과 사이드크라운을 맞대어 박는다.

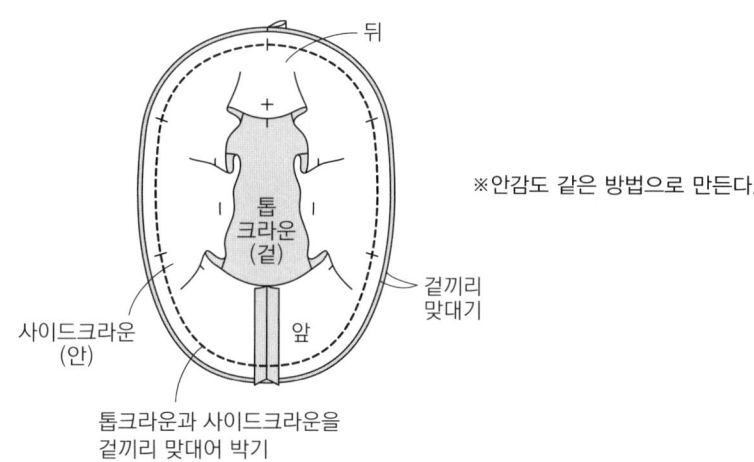

6 겉감과 안감을 겹친다.

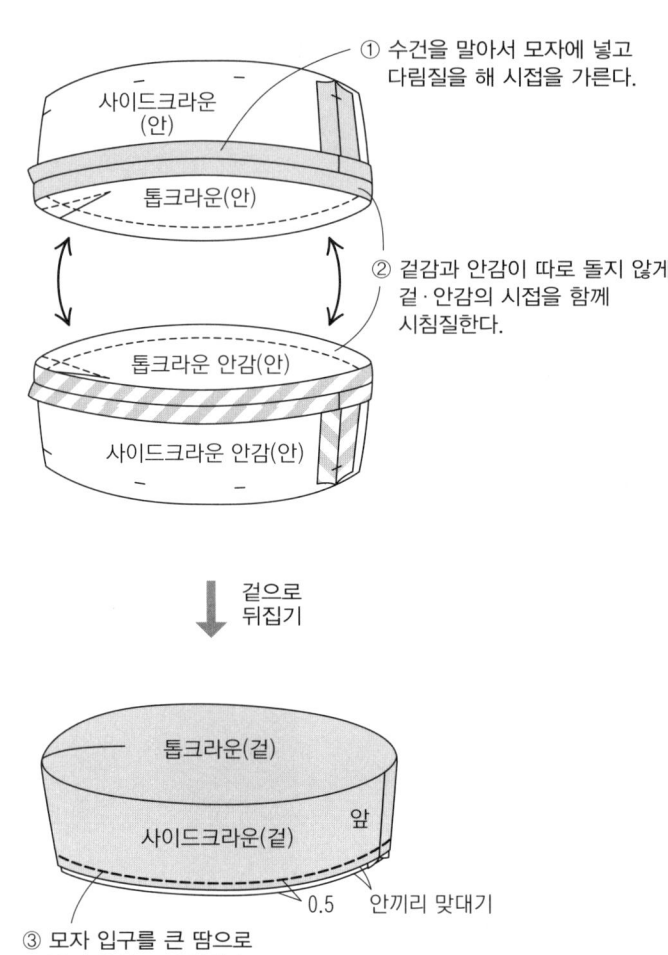

7 사이드크라운에 브림을 단다.

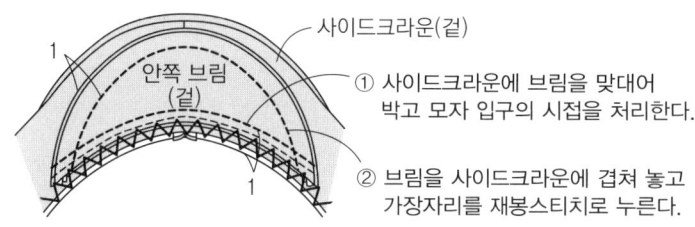

8 사이즈 테이프를 붙인다.

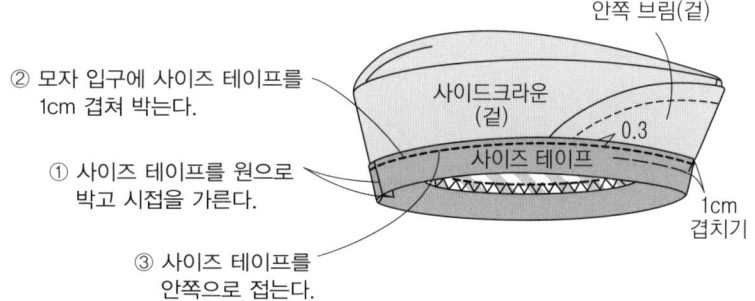

13 PHOTO p.26 / p.29

턱 원피스
평상복 원피스

완성치수(100/110/120/130)	가슴둘레 62/66/70/74cm 옷기장 55.2/62.2/69.2/75.2cm
재료	라미 와셔 무지 텀블러(감색) 또는 스퀘어 프린트(클래식 꽃무늬 레드) 110cm 폭×150/160/170/180cm, 접착심지 25×90cm, 폭 1cm 늘어남 방지테이프 40cm, 지름 1.5cm 단추 1개, 브로치핀 1개(턱 원피스만)
실물 크기 패턴 C면 L	1 앞 몸판, 2 뒤 몸판, 3 앞뒤 스커트, 4 앞 안단, 5 뒤 안단

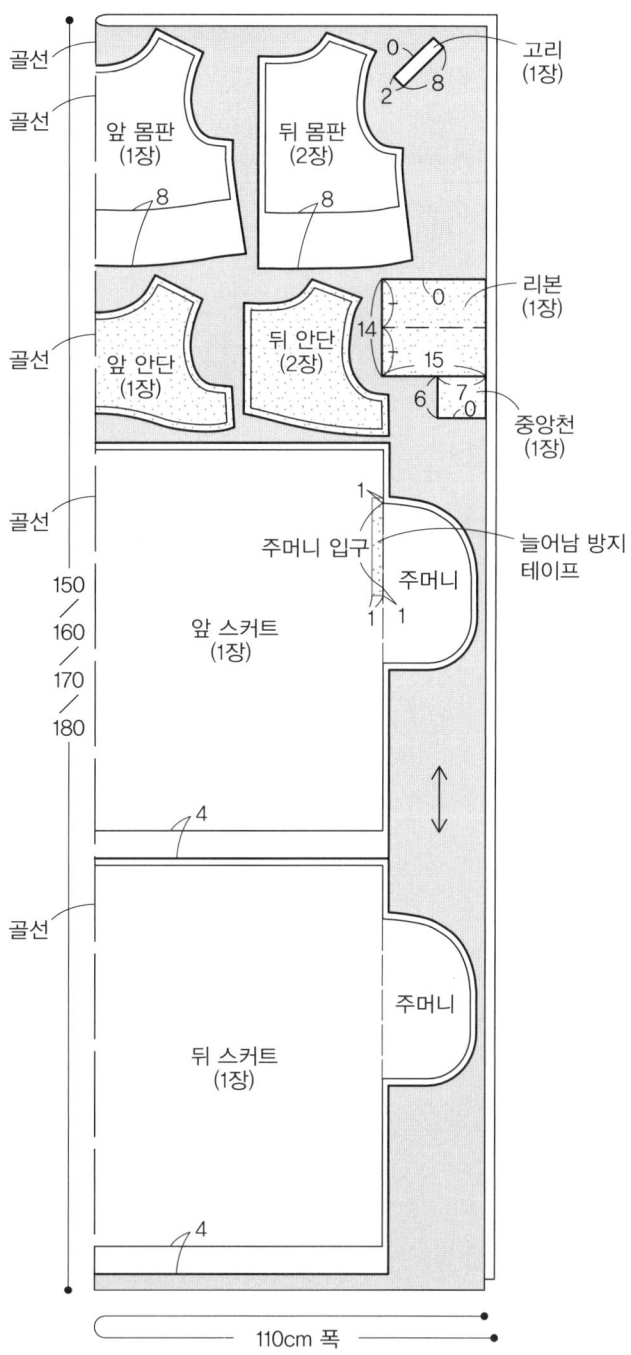

재단 배치도

턱 원피스 라미 와셔 무지 텀블러(감색)
평상복 원피스 스퀘어 프린트(클래식 꽃무늬 레드)

※ 지정 이외의 시접은 모두 1cm.
※ ▧는 접착심지 또는 늘어남 방지테이프를 붙인다.
※ 리본과 리본 중앙천은 턱 원피스용만 재단한다.

봉제 순서

턱 원피스

1 재단 배치도를 참조해서 원단을 재단한다.
3 몸판·안단의 어깨를 각각 박는다.
4 목둘레를 박는다.
5 진동둘레를 박는다.
6 옆선을 박는다.
· 취향에 맞는 리본 만들어 달기
10 몸판과 스커트를 맞대어 박고, 플랩을 접어서 박는다.
8 주머니를 만들면서 옆선을 박는다.
9 밑단을 두 번 접어 박는다.
2 스커트의 턱을 박는다.
· 플랩이 뜨는 경우에는 옆선을 박아서 고정

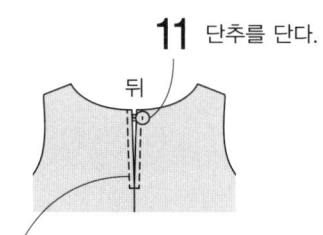

11 단추를 단다.
7 고리를 끼우면서 뒤트임을 만들고, 뒤 중심을 박는다.
(스티치는 평상복 원피스에만 넣는다.)

평상복 원피스

2 스커트에 주름을 잡아둔다.
· 플랩이 뜨는 경우에는 옆선을 박아서 고정

※2를 제외하고 턱 원피스와 같은 방법으로 만든다.

2 스커트의 턱을 박는다.

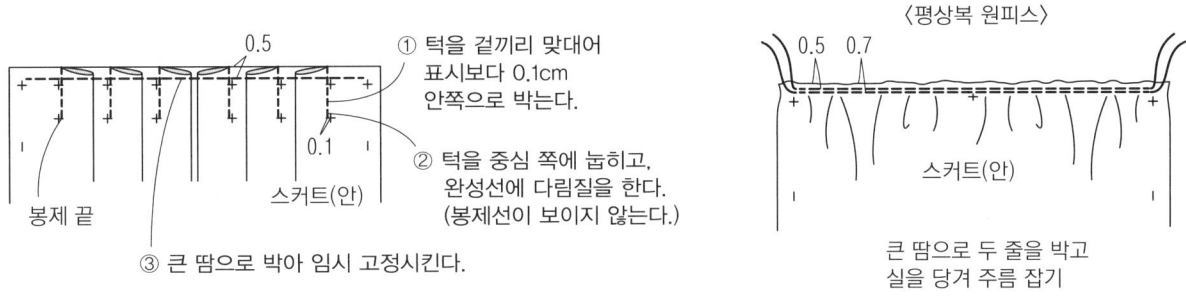

리본 만드는 방법

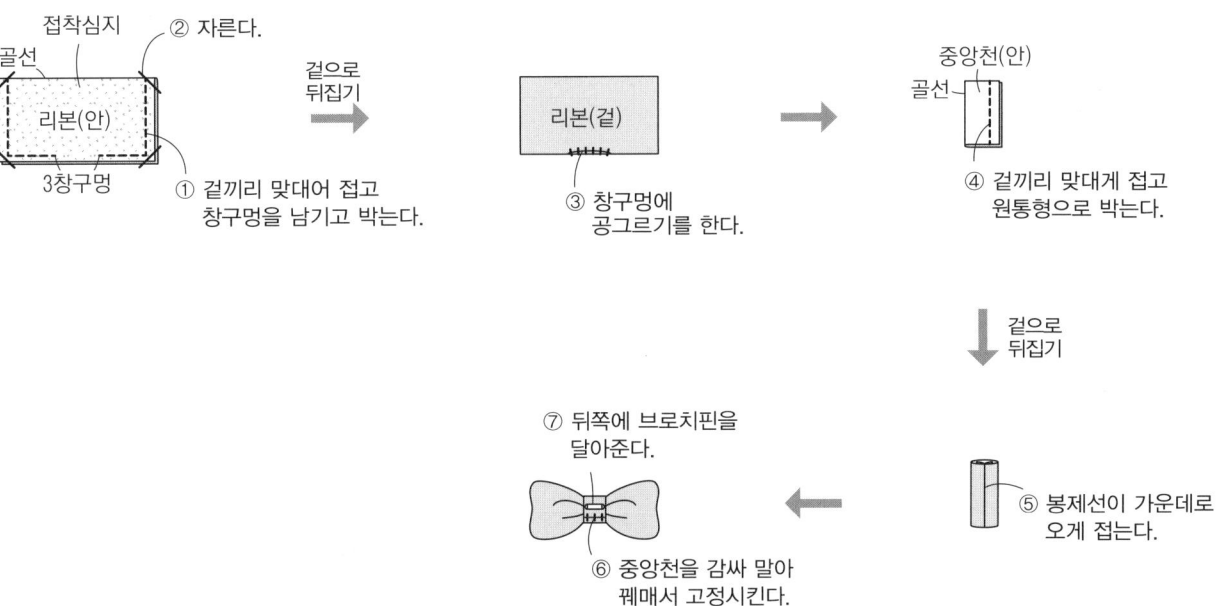

3 몸판·안단의 어깨를 각각 박는다.

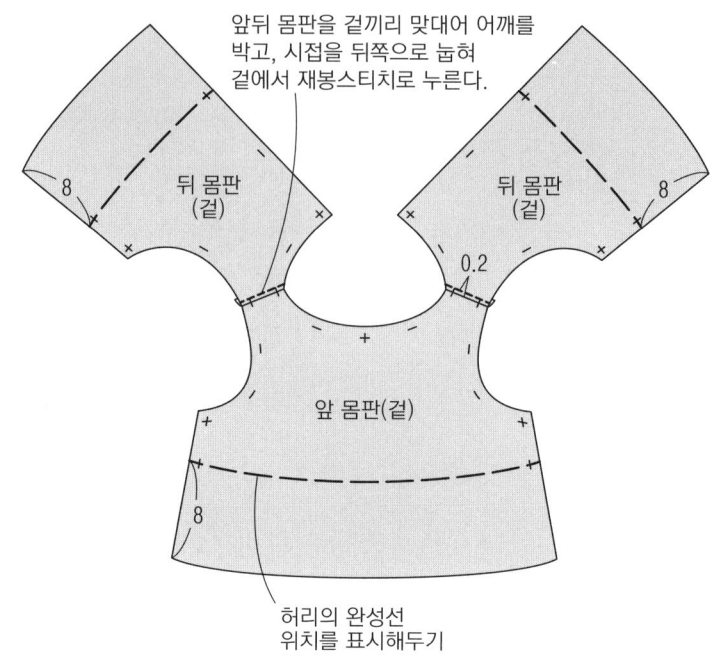

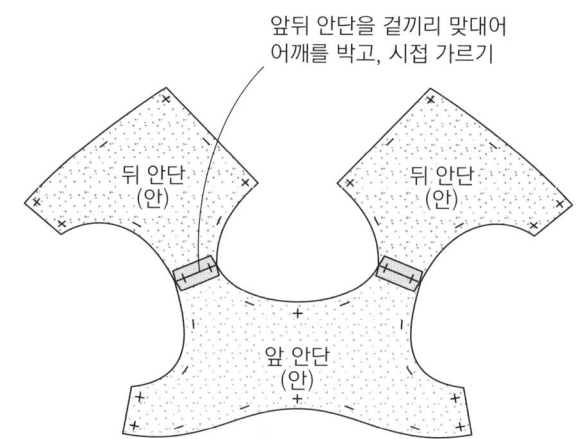

4 목둘레를 박는다.

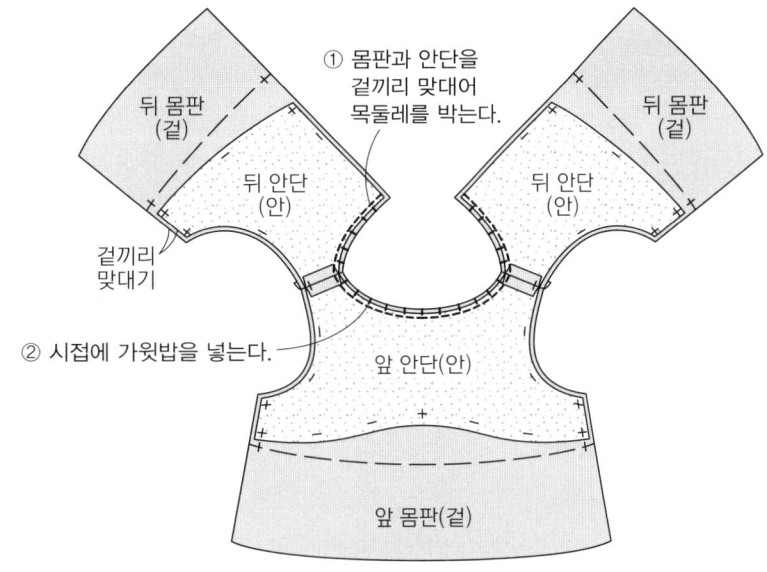

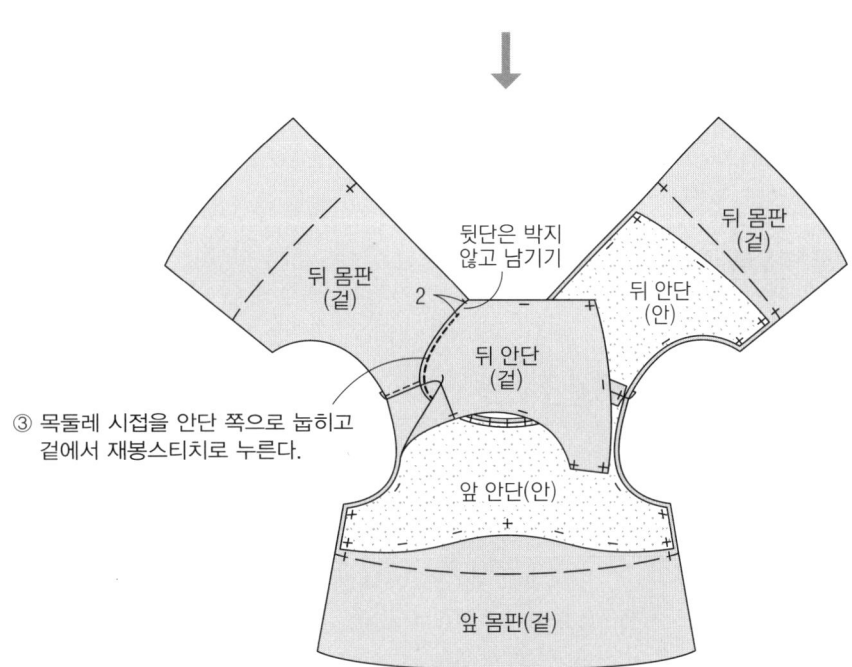

5 진동둘레를 박는다.

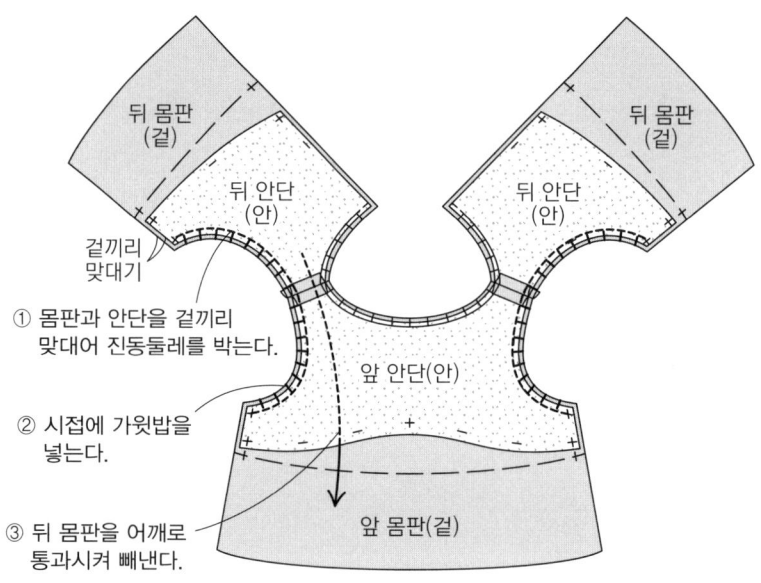

6 옆선을 박는다.

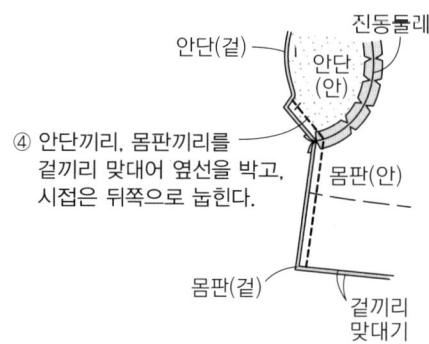

7 고리를 끼우면서 뒤트임을 만들고, 뒤 중심을 박는다.

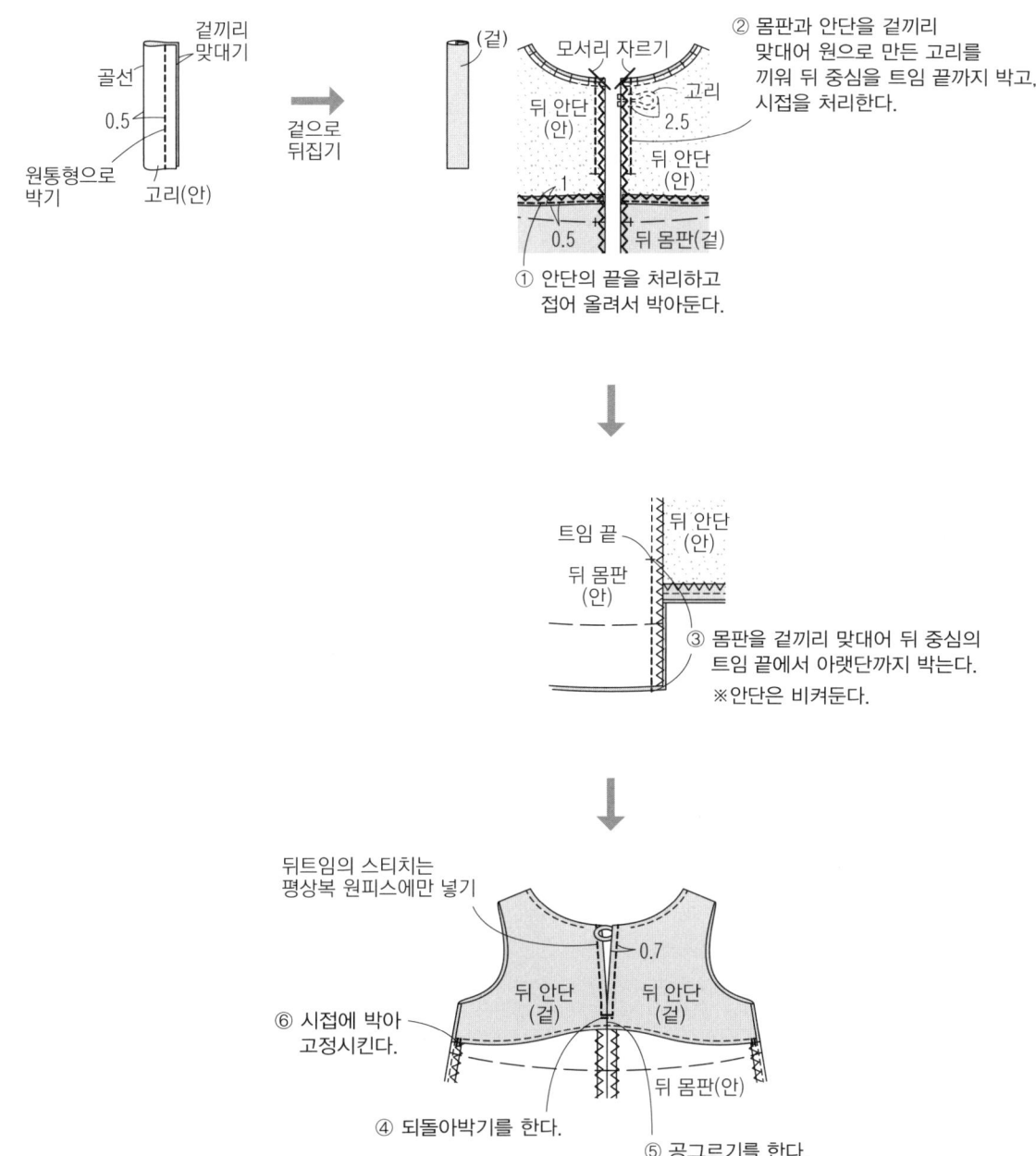

8 주머니를 만들면서 옆선을 박는다.

9 밑단을 두 번 접어 박는다.

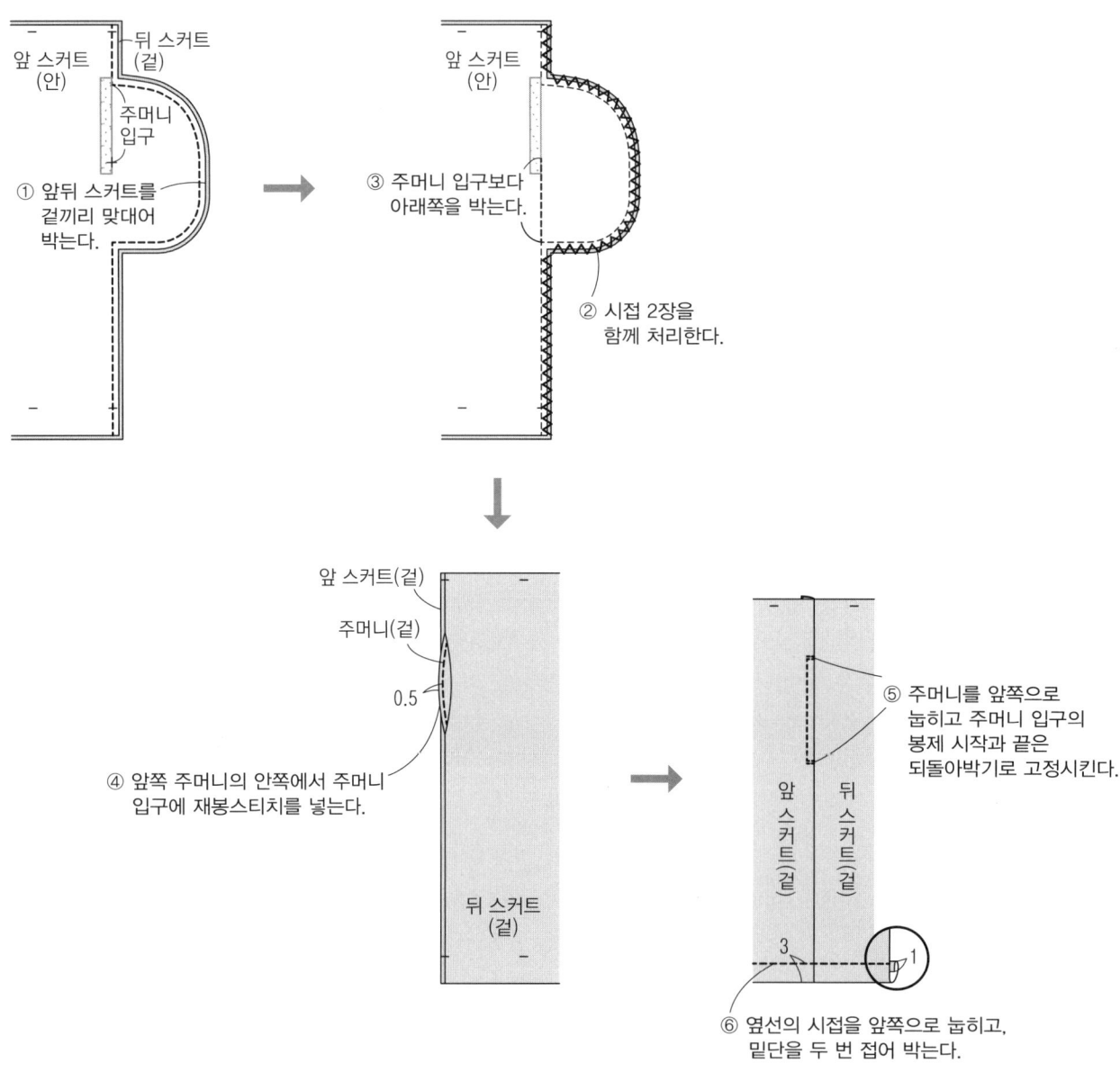

10 몸판과 스커트를 맞대어 박고, 플랩을 접어서 박는다.

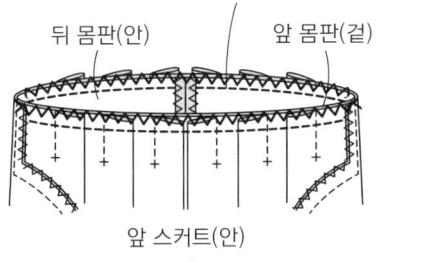

① 몸판과 스커트를 겉끼리 맞대어 허리를 박고, 시접 2장을 함께 처리한다.

겉으로 뒤집기

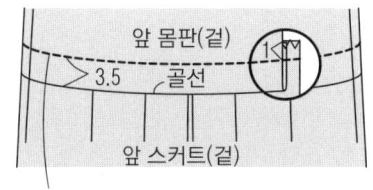

② 플랩을 접어서 초크펜 표시 부분에 재봉스티치를 넣는다.

<평상복 원피스>

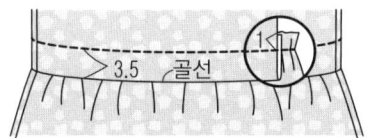

PHOTO p.26

볼레로

완성 치수(100/110/120/130)	가슴둘레 65.5/69.5/73.5/77.5cm
	옷기장 20/23/26/29cm
재료	트윌(베이지) 110cm 폭×50/60/65/70cm
	스퀘어 프린트(에스닉무늬 베이지) 110cm 폭×50/60/65/70cm, 스프링 호크(소) 1쌍
실물 크기 패턴 C면 M	1 앞 몸판, 2 뒤 몸판, 3 소매

재단 배치도

트윌(베이지)

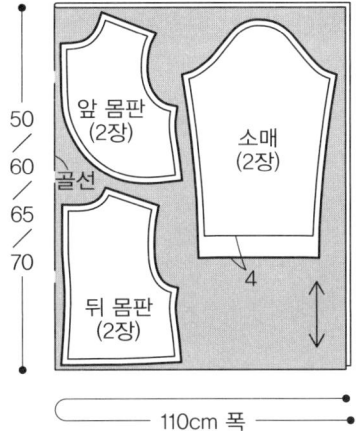

50/60/65/70

앞 몸판(2장)
골선
뒤 몸판(2장)
소매(2장)
4

110cm 폭

스퀘어 프린트(에스닉무늬 베이지)

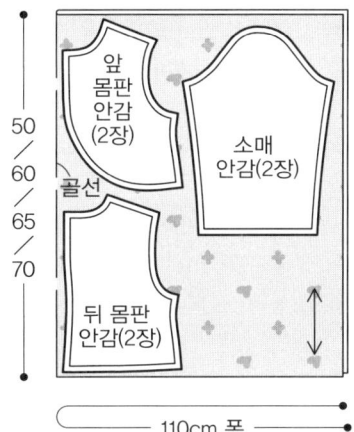

50/60/65/70

앞 몸판 안감(2장)
골선
뒤 몸판 안감(2장)
소매 안감(2장)

110cm 폭

※지정 이외의 시접은 모두 1cm.

봉제 순서

1 재단 배치도를 참조해서 원단을 재단한다.

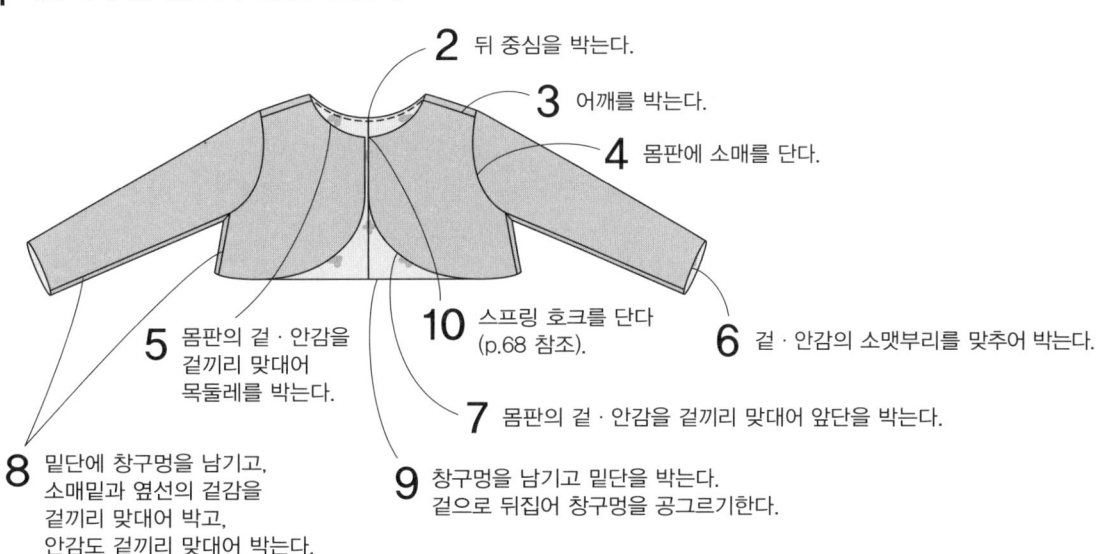

2 뒤 중심을 박는다.
3 어깨를 박는다.
4 몸판에 소매를 단다.
5 몸판의 겉·안감을 겉끼리 맞대어 목둘레를 박는다.
6 겉·안감의 소맷부리를 맞추어 박는다.
7 몸판의 겉·안감을 겉끼리 맞대어 앞단을 박는다.
8 밑단에 창구멍을 남기고, 소매밑과 옆선의 겉감을 겉끼리 맞대어 박고, 안감도 겉끼리 맞대어 박는다.
9 창구멍을 남기고 밑단을 박는다. 겉으로 뒤집어 창구멍을 공그르기한다.
10 스프링 호크를 단다 (p.68 참조).

※2~4는 안감도 같은 방법으로 만든다.

2 뒤 중심을 박는다.　　**3** 어깨를 박는다.　　**4** 몸판에 소매를 단다.

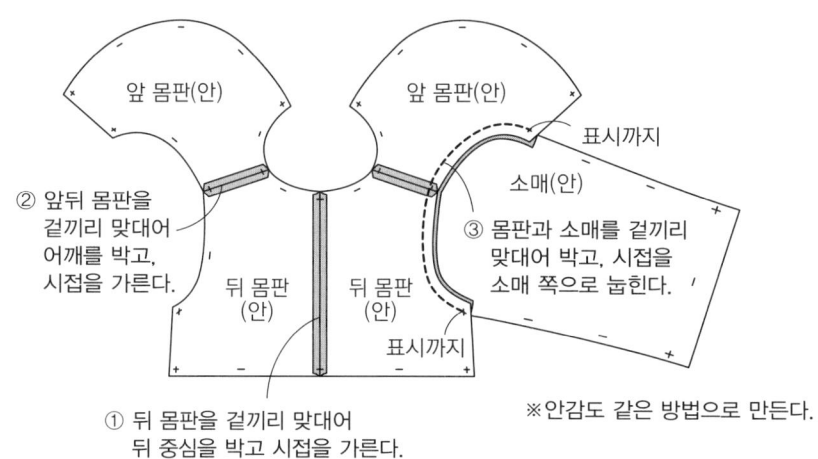

5 몸판의 겉·안감을 겉끼리 맞대어 목둘레를 박는다.

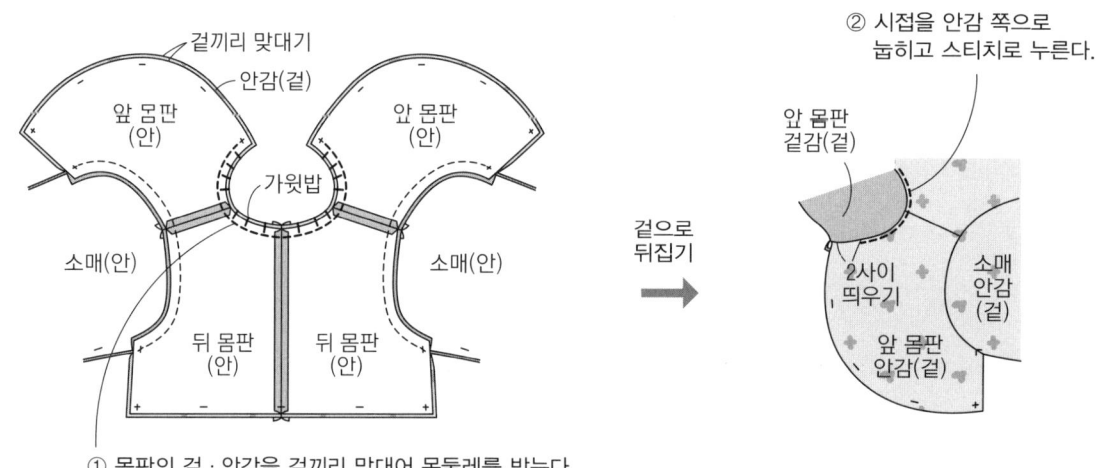

6 겉·안감의 소맷부리를 맞추어 박는다.

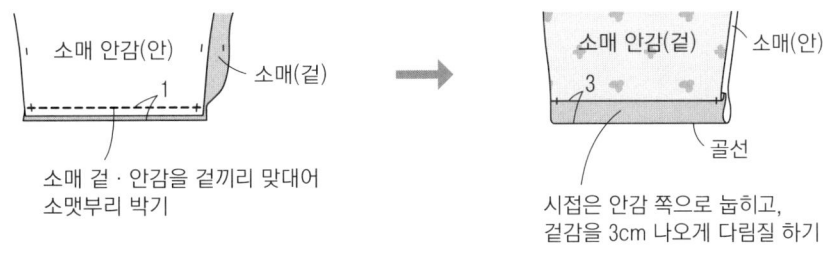

7 몸판의 겉·안감을 겉끼리 맞대어 앞단을 박는다.

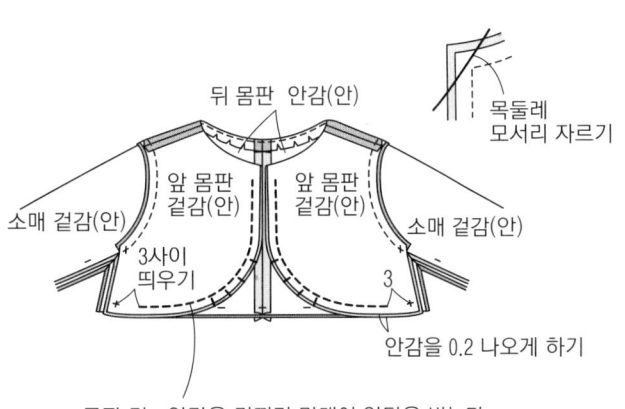

8 밑단에 창구멍을 남기고,
   소매밑과 옆선의 겉감을 겉끼리 맞대어 박고,
   안감도 겉끼리 맞대어 박는다.

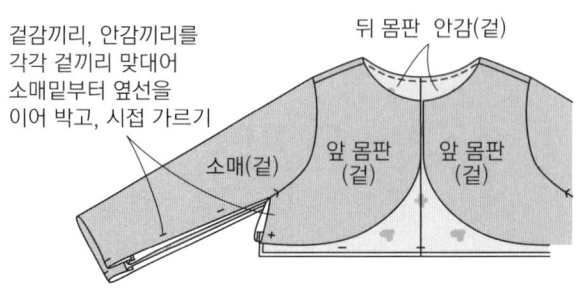

9 창구멍을 남기고 밑단을 박는다.
   겉으로 뒤집어 창구멍을 공그르기한다.

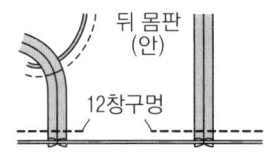

# PHOTO p.26

글렌체크 베스트

완성 치수(100/110/120/130)	가슴둘레 68/72/76/80cm 옷기장 23.2/26.2/29.2/32.2cm
재료	면마 캔버스 기모(글렌체크) 106cm 폭×75/80/85/95cm 시팅(진녹색) 110cm 폭×35/40/45/50cm, 지름 1.8cm 단추 3개, 접착심지 50×45cm
실물 크기 패턴 C면 N	1 앞 몸판, 2 뒤 몸판, 3 앞 안단, 4 뒤 안단, 5 앞 몸판 안감, 6 뒤 몸판 안감

재단 배치도

면마 캔버스 기모(글렌체크)

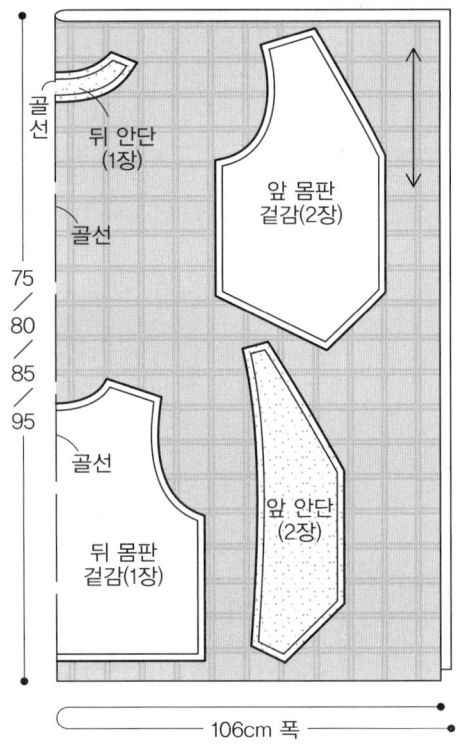

- 뒤 안단 (1장)
- 앞 몸판 겉감(2장)
- 앞 안단 (2장)
- 뒤 몸판 겉감(1장)
- 골선
- 75 / 80 / 85 / 95
- 106cm 폭

시팅(진녹색)

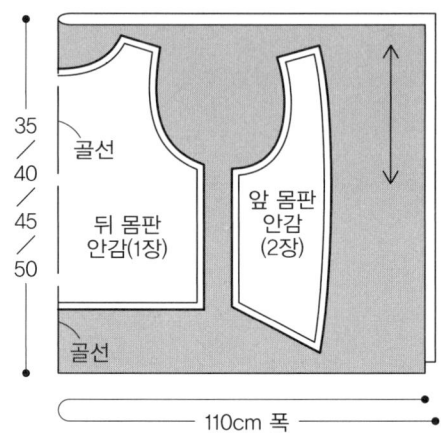

- 뒤 몸판 안감(1장)
- 앞 몸판 안감(2장)
- 골선
- 35 / 40 / 45 / 50
- 110cm 폭

※ 지정 이외의 시접은 모두 1cm.
※ ▦ 는 접착심지를 붙인다.

봉제 순서

1. 재단 배치도를 참조해서 원단을 재단한다.
2. 몸판 안감과 안단을 박는다.
3. 몸판의 어깨를 박는다.
   ※안감도 같은 방법으로 만든다.
4. 몸판의 겉감과 안감을 겉끼리 맞대어 진동둘레·목둘레·앞단을 박는다.
5. 몸판 겉감과 안감의 옆선을 이어 박는다.
6. 밑단을 맞추어 공그르기한다.
7. 단춧구멍을 만들고, 단추를 단다.

2 몸판 안감과 안단을 박는다.

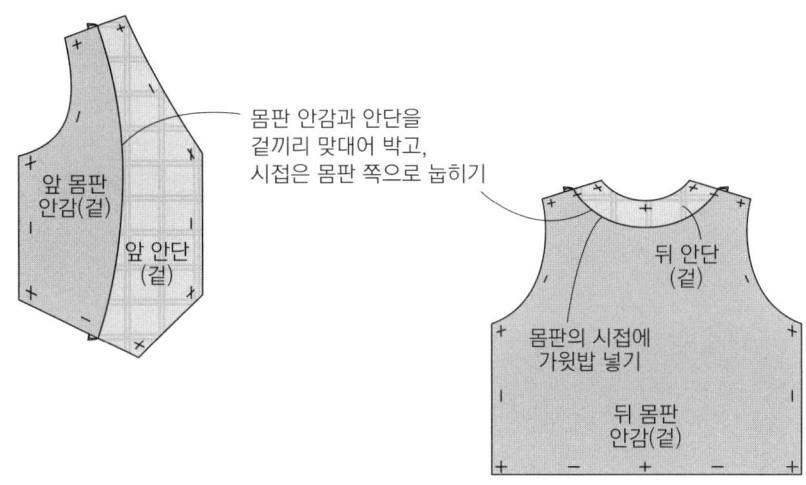

3 몸판의 어깨를 박는다.

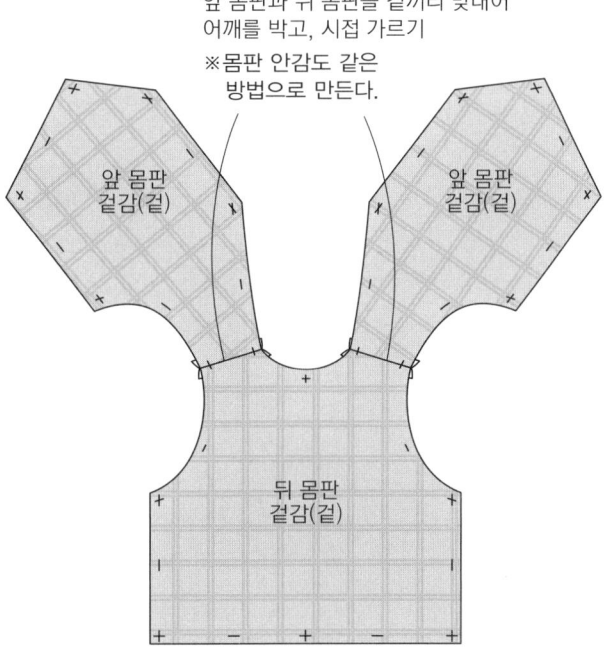

4 몸판의 겉감과 안감을 겉끼리 맞대어
진동둘레 · 목둘레 · 앞단을 박는다.

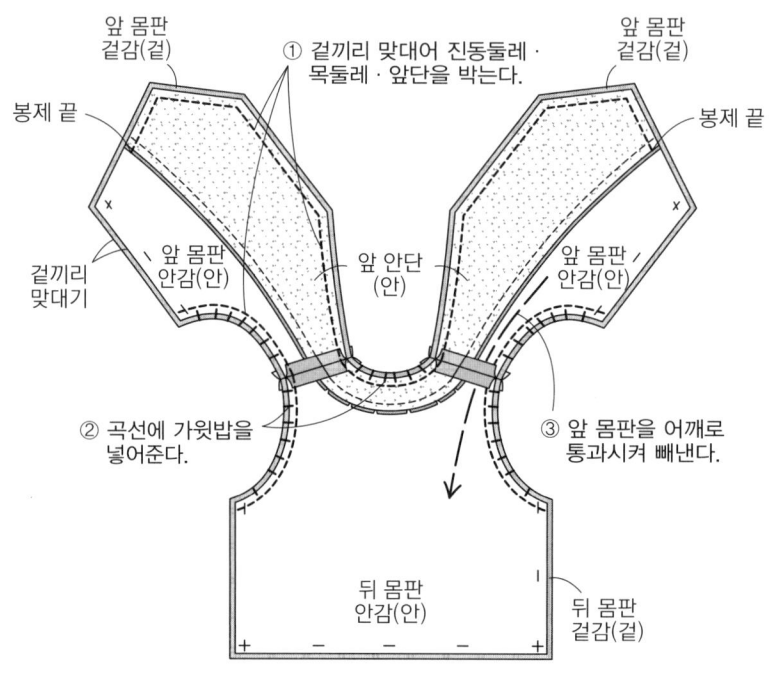

5 몸판 겉감과 안감의 옆선을 이어 박는다.

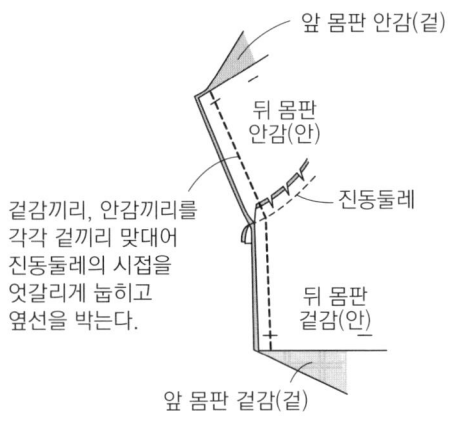

6 밑단을 맞추어 공그르기한다.

7 단춧구멍을 만들고, 단추를 단다.

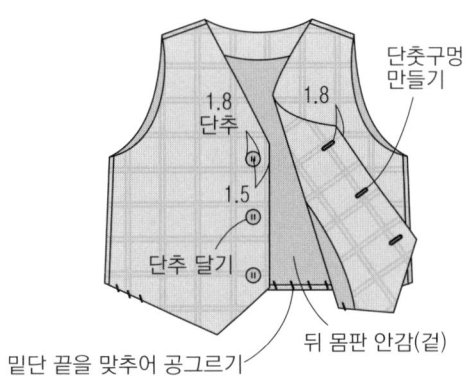

16 PHOTO p.26 / p.29

글렌체크 반바지
평상복 팬츠

완성 치수(100/110/120/130)	**반바지** 바지기장 36.5/40.5/44.5/48.5cm **평상복 팬츠** 바지기장 32/36/40/44cm
재료	**반바지** 면마 캔버스 기모(글렌체크) 106cm 폭×70/70/75/75cm **평상복 팬츠** TC교직 깅엄(네이비) 112cm 폭×55/60/60/65cm **공통** 접착심지 15×5cm, 폭 2cm 고무줄 49/51/54/56cm
실물 크기 패턴 C면 O	1 앞 팬츠, 2 뒤 팬츠, 3 안단, 4 주머니

재단 배치도

반바지
면마 캔버스 기모(글렌체크)

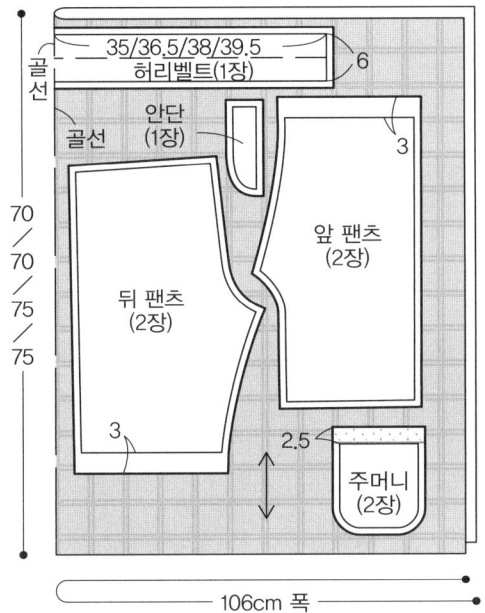

평상복 팬츠
TC교직 깅엄(네이비)

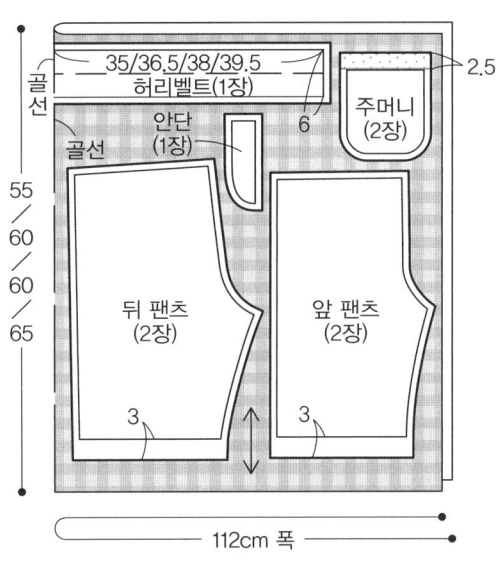

※지정 이외의 시접은 모두 1cm.
※ 는 접착심지를 붙인다.

봉제 순서

1 재단 배치도를 참조해서 원단을 재단한다.

2 옆선과 안단의 시접을 처리한다.

3 주머니를 만들고 박아 고정시킨다.

8 허리벨트에 고무줄을 끼운다.

7 허리벨트를 만들고 팬츠와 맞대어 박는다.

5 안단을 달면서 밑위를 박는다.

6 밑단을 한 번 접어 박는다.

4 옆선 · 밑아래를 맞추어 박는다.

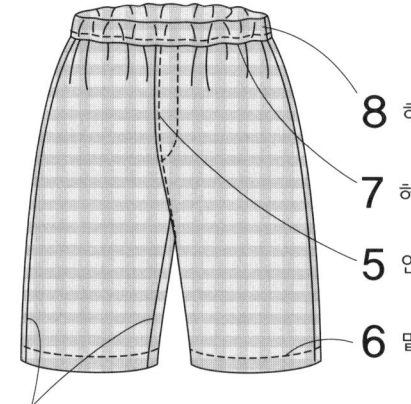

2 옆선과 안단의 시접을 처리한다.

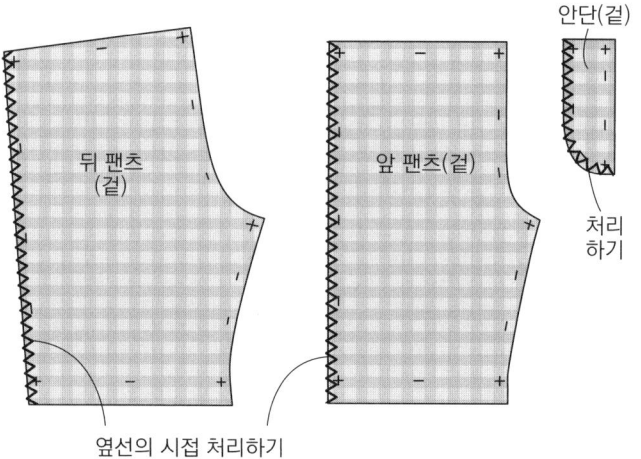

옆선의 시접 처리하기
※다른 1쌍도 같은 방법으로 만든다.

3 주머니를 만들고 박아 고정시킨다.

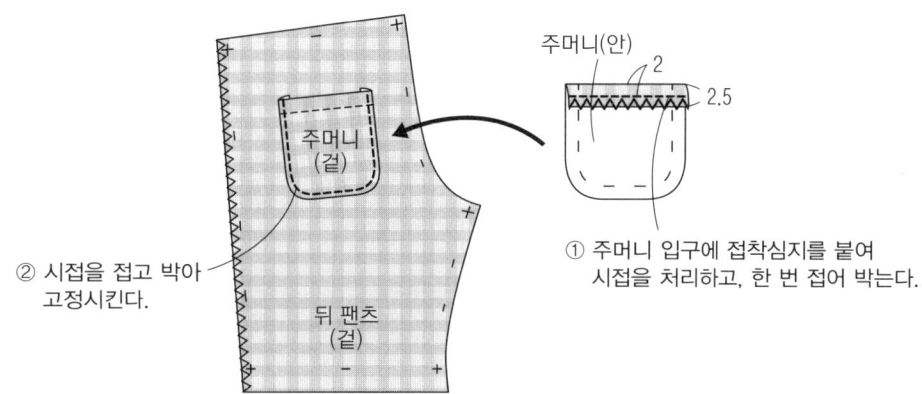

※오른쪽 뒤 팬츠도 같은 방법으로 만든다.

4 옆선·밑아래를 맞추어 박는다.

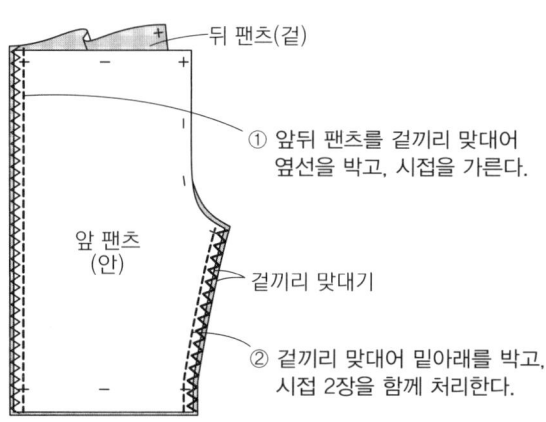

5 안단을 달면서 밑위를 박는다.

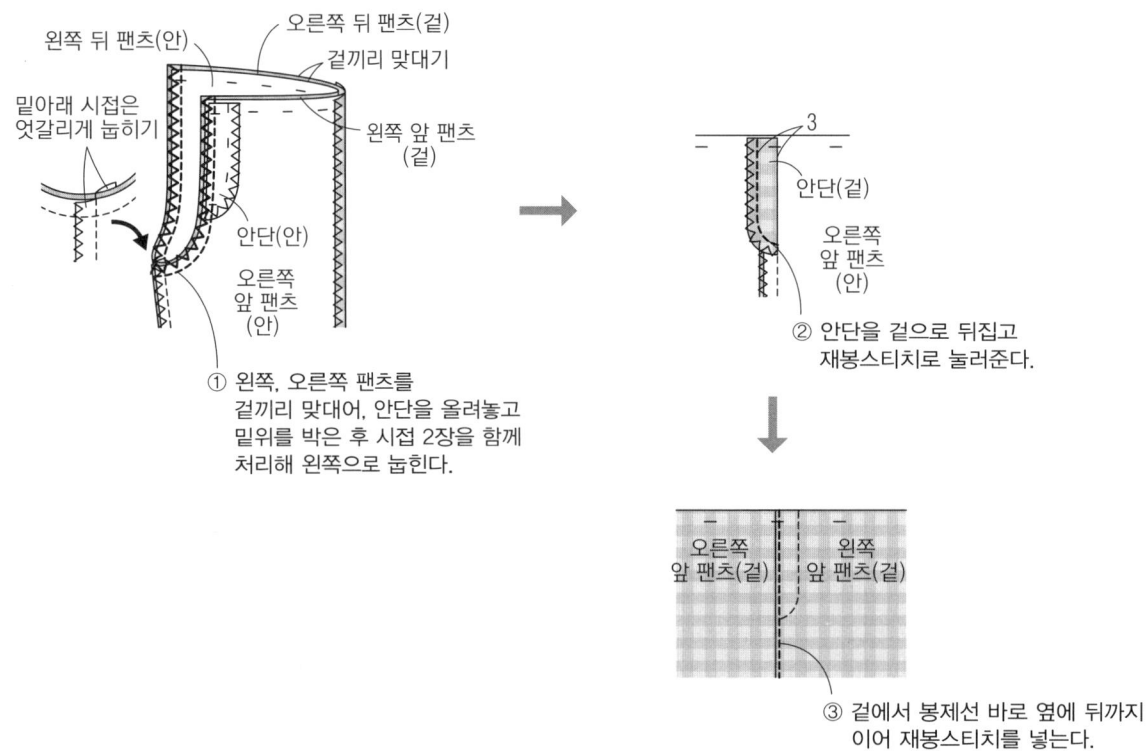

6 밑단을 한 번 접어 박는다.

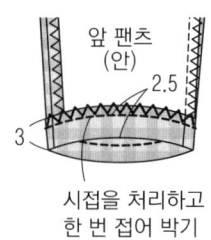

7 허리벨트를 만들고 팬츠와 맞대어 박는다.

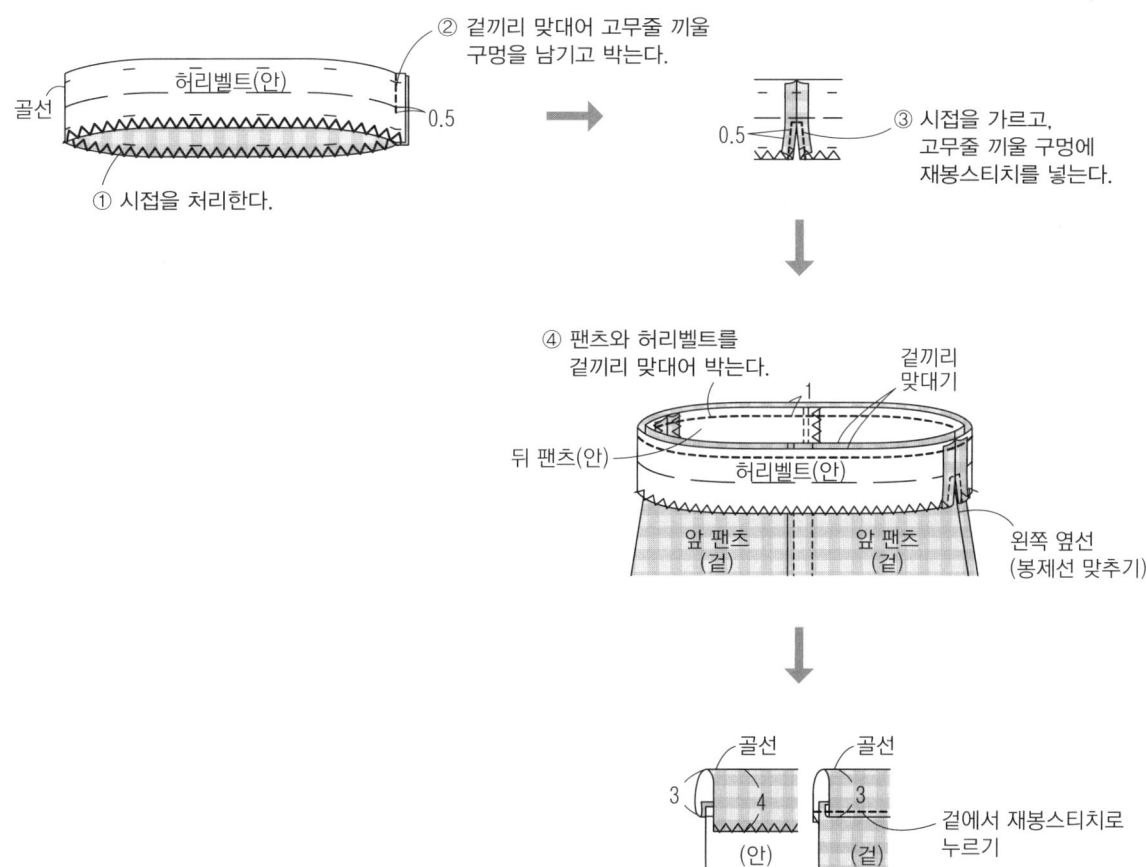

17

PHOTO p.26

넥타이

완성 치수	폭 약 7cm×길이 약 28cm
재료	**프린트 새틴(작은 도트무늬 녹색)** 110cm 폭×20cm, 접착심지 45×20cm, 폭 0.7cm 고무줄(검은색) 30cm
실물 크기 패턴 A면 F	1 본체, 2 안감, 3 매듭

재단 배치도

프린트 새틴(작은 도트무늬 녹색)

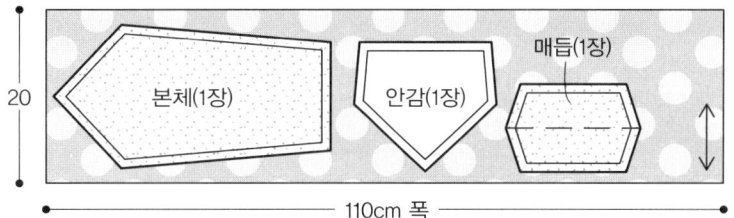

※ 지정 이외의 시접은 모두 1cm.
※ ▨는 접착심지를 붙인다.

봉제 순서

1. 재단 배치도를 참조해서 원단을 재단한다.

5. 원으로 만든 고무줄을 끼운다.
4. 매듭을 만들고, 본체와 맞대어 박는다.
3. 원통형으로 박는다.
2. 안감과 맞대어 끝을 박는다.

2 안감과 맞대어 끝을 박는다.

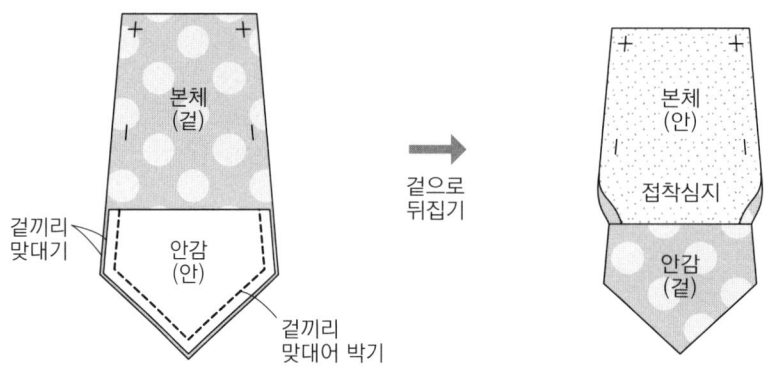

3 원통형으로 박는다.

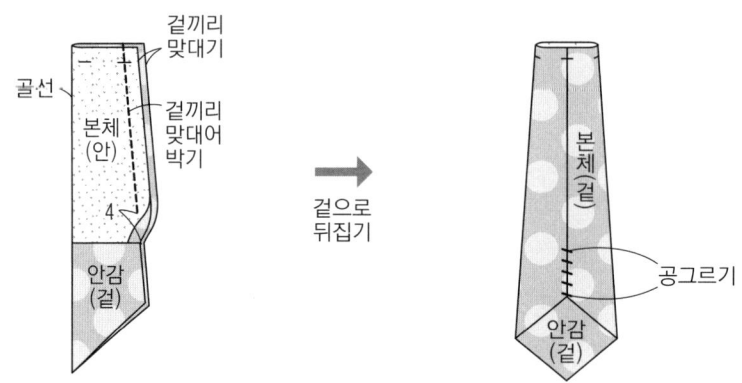

4 매듭을 만들고, 본체와 맞대어 박는다.

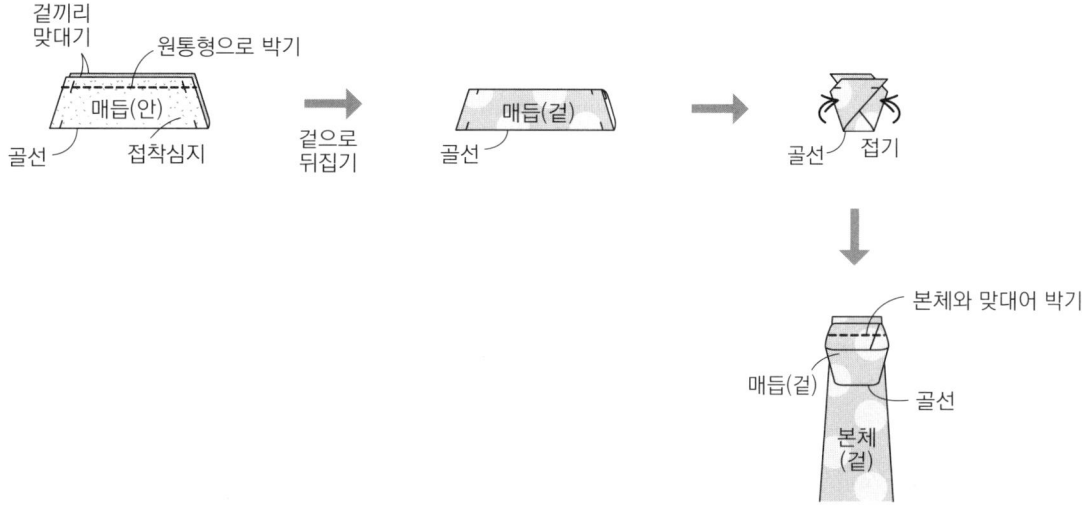

5 원으로 만든 고무줄을 끼운다.

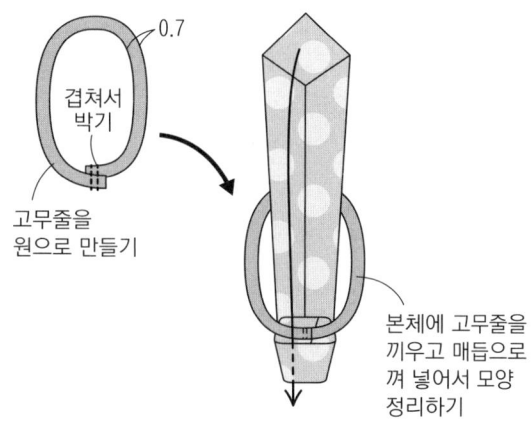

소녀 마녀 모자

PHOTO p.38

완성 치수(S/M/L)	**머리둘레** 53/55/57cm
재료	프린트 새틴(별무늬 오렌지×검은색) 110cm 폭×90cm, 하드 접착심지 100×50cm, 폭 2.4cm 한 면 새틴 리본(검은색) 70cm
실물 크기 패턴 A면 G	1 크라운

| 재단 배치도 |

프린트 새틴(별무늬 오렌지×검은색)

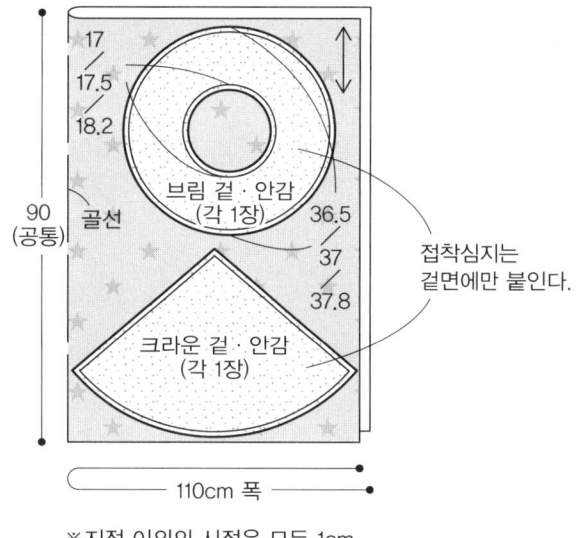

※ 지정 이외의 시접은 모두 1cm.
※ ▨는 하드 접착심지를 붙인다.

| 봉제 순서 |

1 재단 배치도를 참조해서 원단을 재단한다.

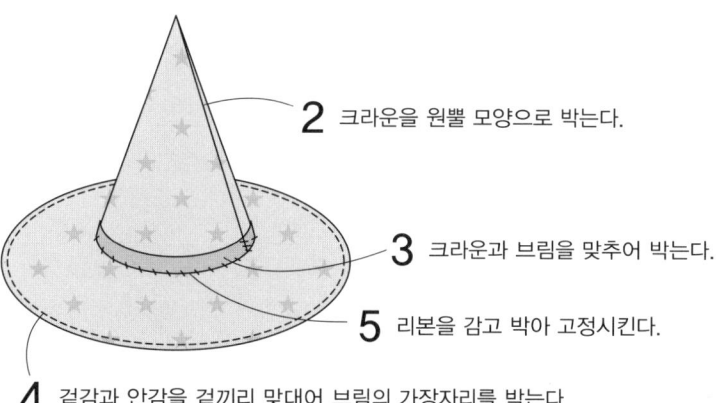

2 크라운을 원뿔 모양으로 박는다.

3 크라운과 브림을 맞추어 박는다.

5 리본을 감고 박아 고정시킨다.

4 겉감과 안감을 겉끼리 맞대어 브림의 가장자리를 박는다.

※ 2~3은 안감 조각도 같은 방법으로 만든다.

2 크라운을 원뿔 모양으로 박는다.

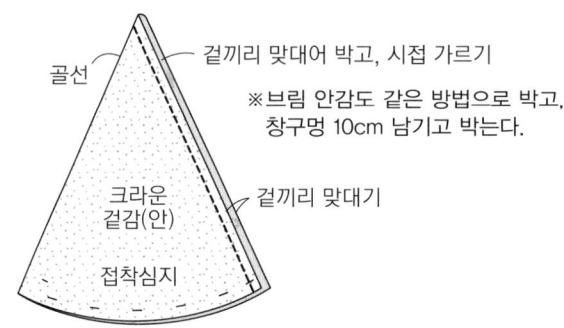

3 크라운과 브림을 맞추어 박는다.

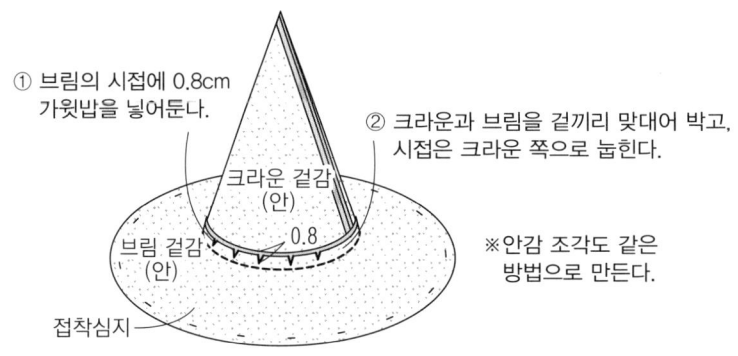

4 겉감과 안감을 겉끼리 맞대어 브림의 가장자리를 박는다.

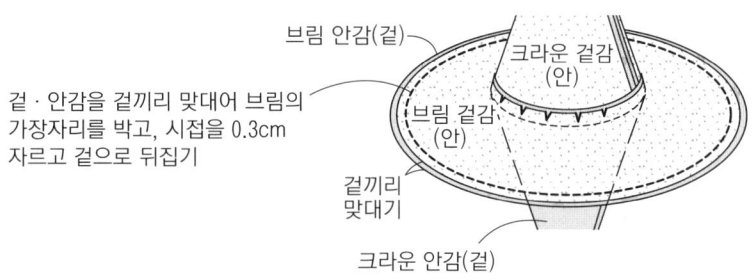

5 리본을 감고 박아 고정시킨다.

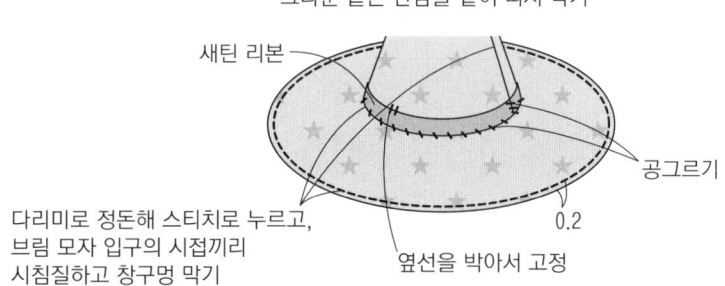

PHOTO p.38

박쥐 망토

완성 치수(100/110/120/130)	옷기장 37.5/40.5/43.5/46.5cm
재료	프린트 새틴(별무늬 검은색×보라색) 110cm 폭×105/110/115/120cm, 접착심지 110cm 폭×50/55/60/65cm, 폭 1.2cm 양면 새틴 리본(그레이) 100cm
실물 크기 패턴 C면 P	1 앞 몸판, 2 뒤 몸판, 3 앞 안단, 4 앞 목둘레 안단, 5 뒤 목둘레 안단, 6 앞 밑단 안단, 7 뒤 밑단 안단

재단 배치도

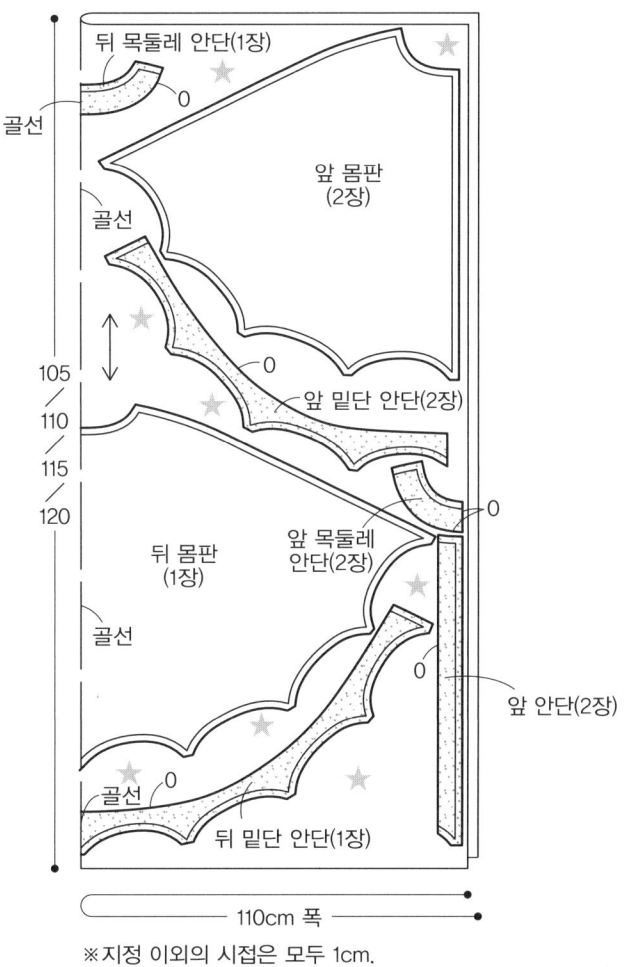

프린트 새틴(별무늬 검은색×보라색)

- 뒤 목둘레 안단(1장)
- 앞 몸판(2장)
- 앞 밑단 안단(2장)
- 뒤 몸판(1장)
- 앞 목둘레 안단(2장)
- 앞 안단(2장)
- 뒤 밑단 안단(1장)

골선
105 / 110 / 115 / 120
110cm 폭

※ 지정 이외의 시접은 모두 1cm.
※ 는 접착심지를 붙인다.

봉제 순서

1 재단 배치도를 참조해서 원단을 재단한다.
2 앞뒤 몸판의 어깨를 박는다.
3 앞뒤 몸판의 목둘레와 밑단의 안단을 각각 박는다.
4 앞단에 리본을 끼워 안단으로 처리한다.

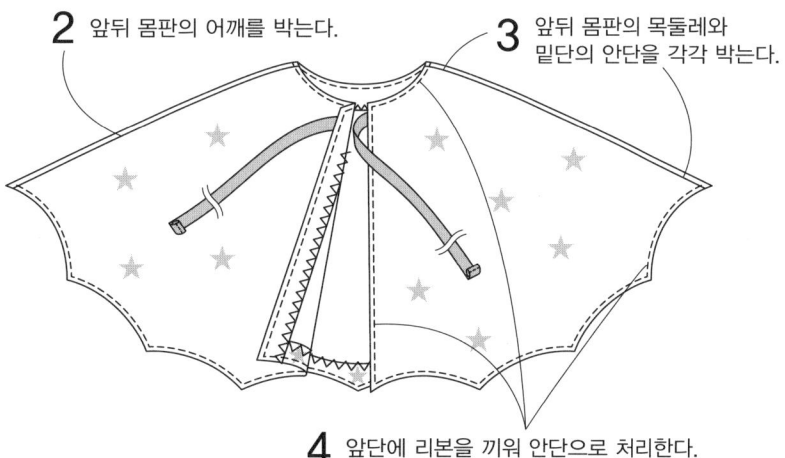

2 앞뒤 몸판의 어깨를 박는다.

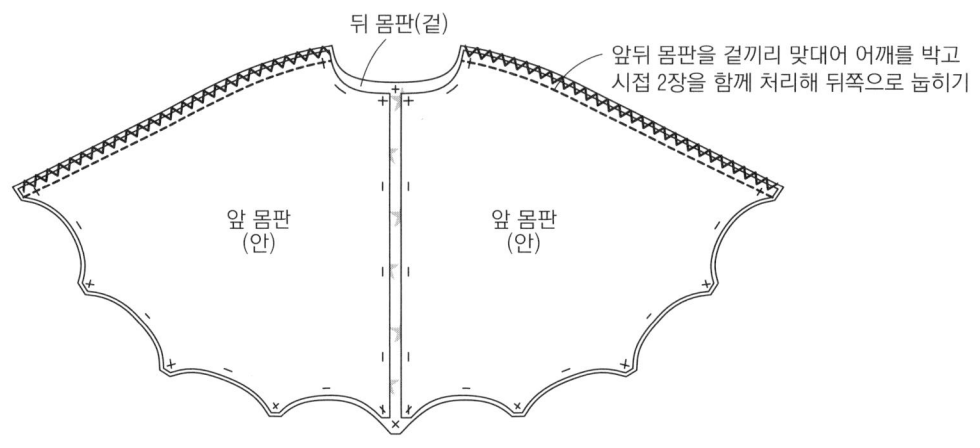

3 앞뒤 몸판의 목둘레와 밑단의 안단을 각각 박는다.

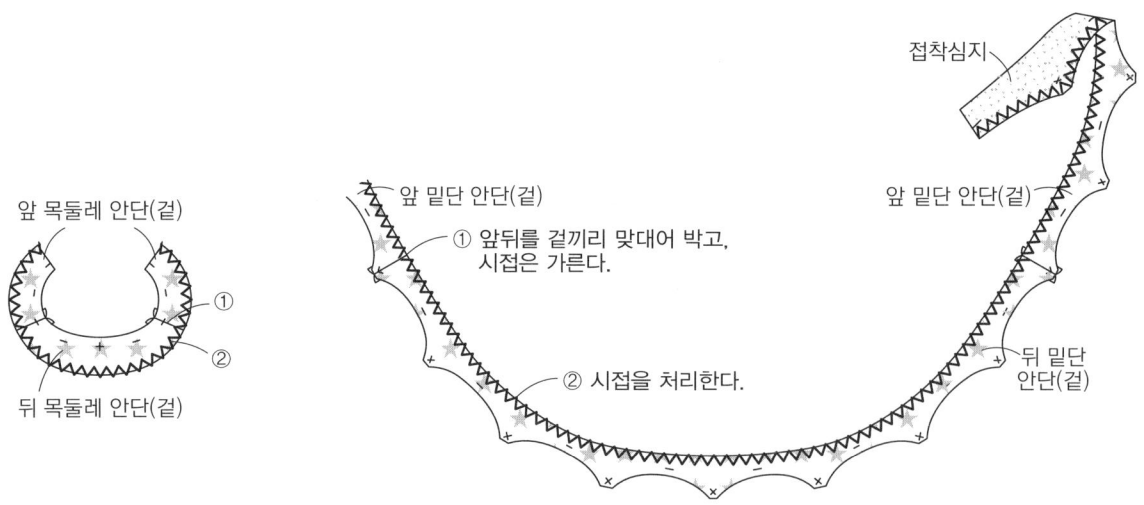

4 앞단에 리본을 끼워 안단으로 처리한다.

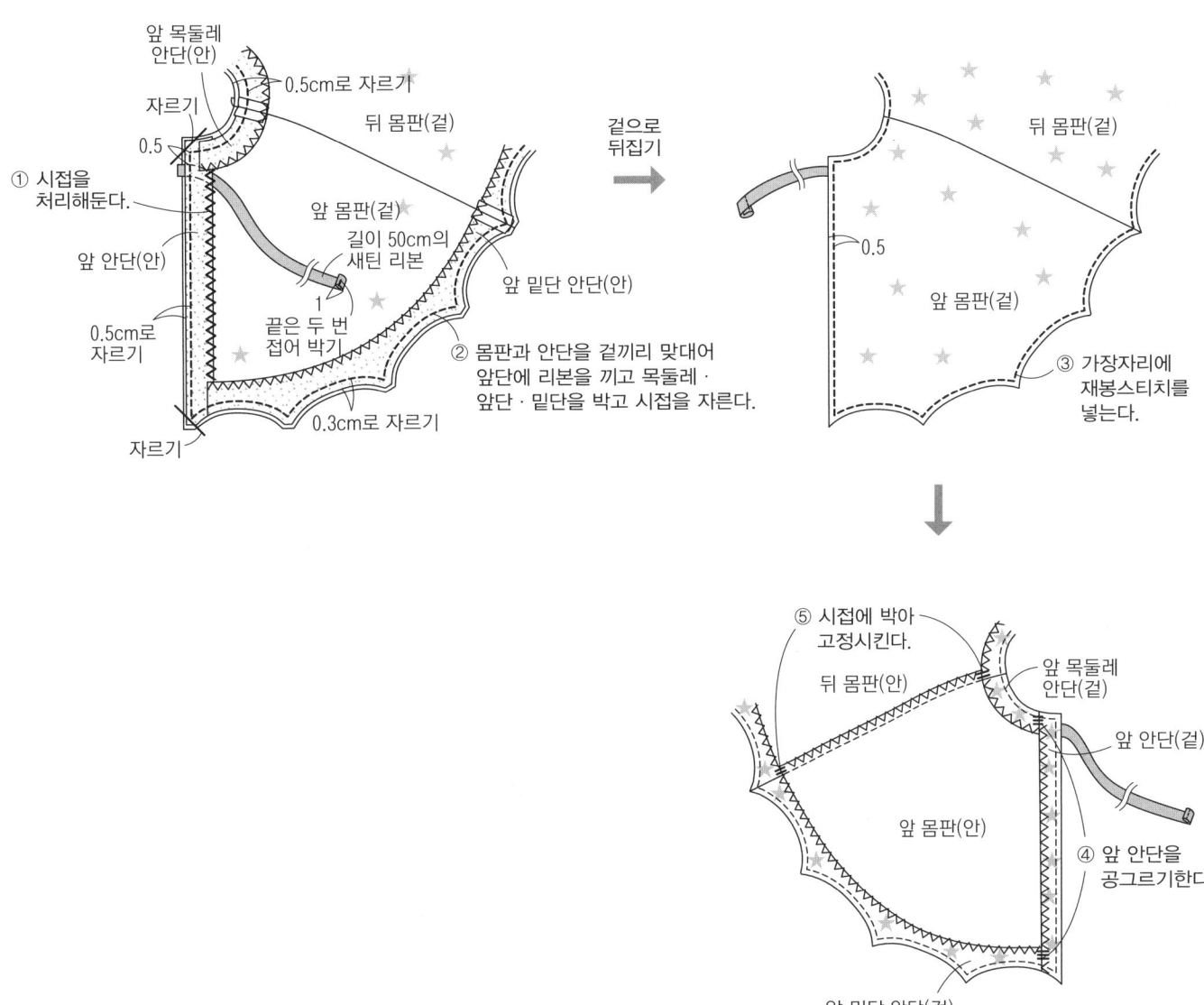

산타 걸 케이프

PHOTO p.39

완성 치수(100/110/120/130)	옷기장 36/39/42/45cm
재료	폴리에스테르 새틴(빨간색) 122cm 폭×75/80/85/90cm 브로드클로스(흰색) 148cm 폭×30/35/40/45cm, 폭 2.4cm 양면 새틴 리본(크림색) 100cm
실물 크기 패턴 C면 Q	1 앞 몸판, 2 뒤 몸판, 3 앞 칼라천, 4 뒤 칼라천, 5 앞 밑단천, 6 뒤 밑단천

재단 배치도

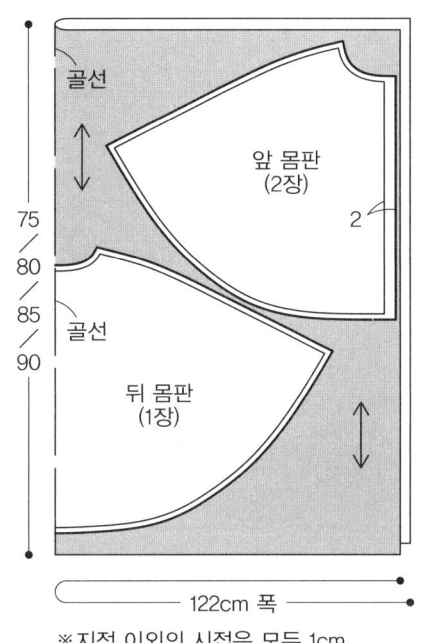

폴리에스테르 새틴(빨간색)

- 골선
- 앞 몸판 (2장)
- 골선
- 뒤 몸판 (1장)

75 / 80 / 85 / 90

122cm 폭

브로드클로스(흰색)

- 골선
- 앞 칼라천 (2장)
- 골선
- 뒤 칼라천(1장)
- 뒤 밑단천(1장)
- 앞 밑단천(2장)

30 / 35 / 40 / 45

148cm 폭

※ 지정 이외의 시접은 모두 1cm.

봉제 순서

1. 재단 배치도를 참조해서 원단을 재단한다.
2. 앞뒤 몸판의 어깨를 박는다.
3. 앞단을 두 번 접어 박는다.
4. 칼라천·밑단천의 어깨와 옆선을 각각 박고, 시접은 가른다.
5. 몸판에 칼라천·밑단천을 단다. (칼라천에는 리본을 끼운다.)

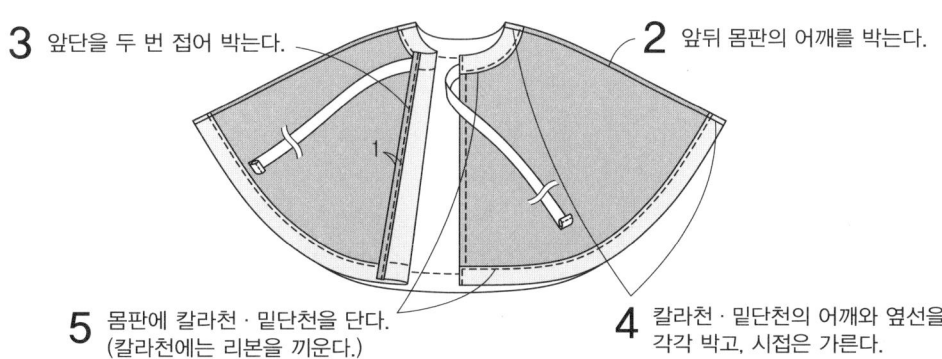

2 앞뒤 몸판의 어깨를 박는다.

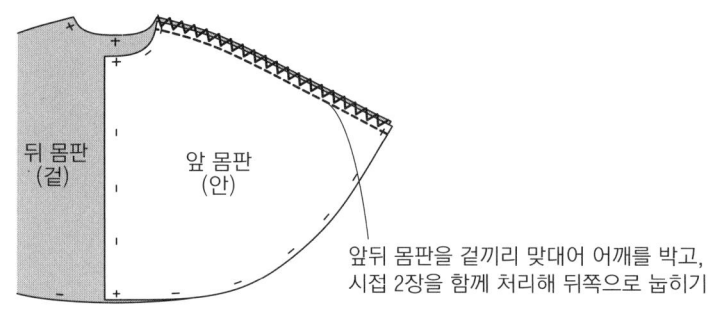

5 몸판에 칼라천·밑단천을 단다.

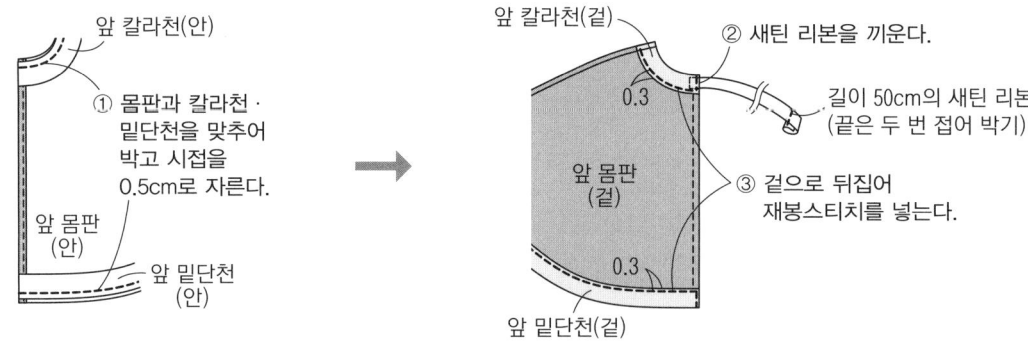

21 산타 모자

PHOTO p.39

완성 치수(S/M/L)	**머리둘레** 53/55/57cm
재료	폴리에스테르 새틴(빨간색) 122cm 폭×40cm 브로드클로스(흰색) 폭 70×20cm, 솜 적당히
실물 크기 패턴 A면 G	1 크라운, 2 띠

재단 배치도

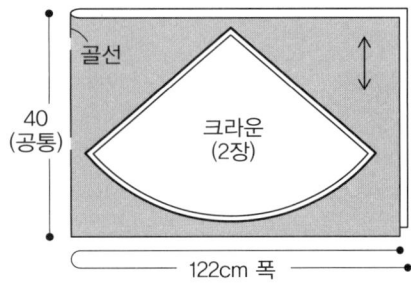
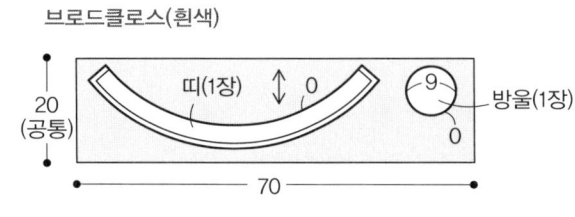

※지정 이외의 시접은 모두 1cm.

봉제 순서

1 재단 배치도를 참조해서 원단을 재단한다.

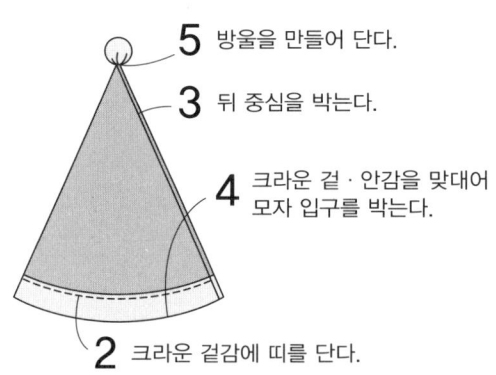

2 크라운 겉감에 띠를 단다.
3 뒤 중심을 박는다.
4 크라운 겉·안감을 맞대어 모자 입구를 박는다.
5 방울을 만들어 단다.

2 크라운 겉감에 띠를 단다.

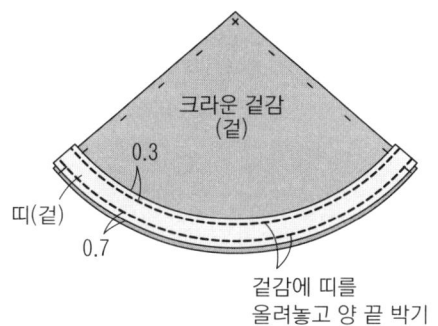

3 뒤 중심을 박는다.

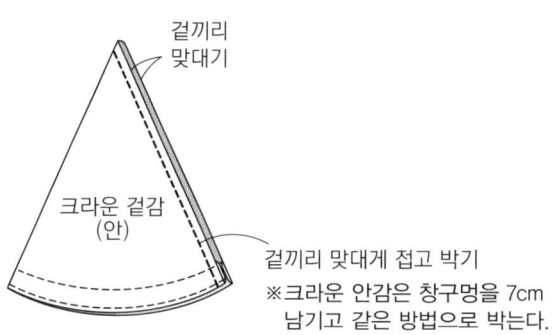

4 크라운 겉·안감을 맞대어 모자 입구를 박는다.

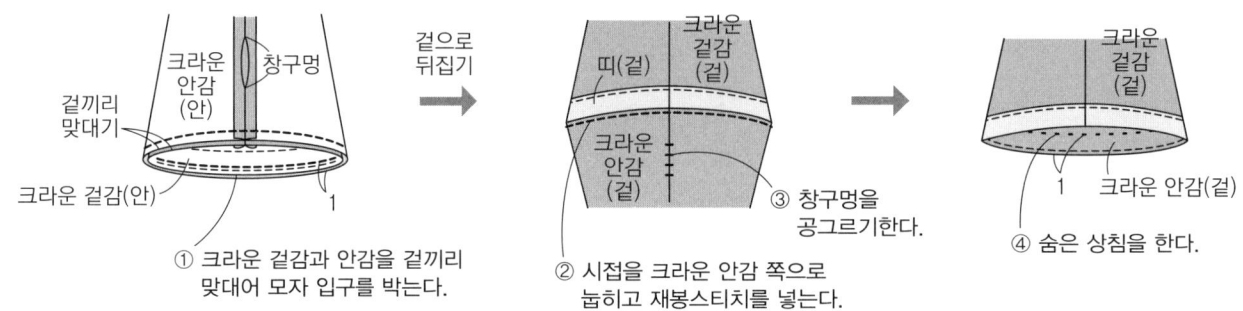

5 방울을 만들어 단다.

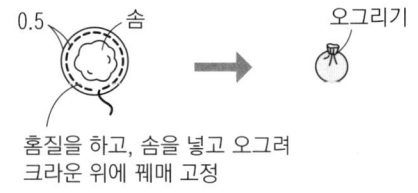

22

PHOTO p.39

산타 옷

| 완성 치수(100/110/120/130) | **가슴둘레** 72/76/80/84cm
옷기장 37/40/43/46cm |

| 재료 | **폴리에스테르 새틴(빨간색)** 122cm 폭×85/90/95/100cm
브로드클로스(흰색) 70×40/45/45/50cm, 접착심지 10×40/45/45/50cm,
지름 1.4cm 스냅단추 5쌍 |

| 실물 크기 패턴 D면 S | 1 앞 몸판, 2 뒤 몸판, 3 소매, 4 앞 칼라천, 5 뒤 칼라천, 6 앞단천, 7 앞 밑단천, 8 뒤 밑단천,
9 소맷부리천 |

재단 배치도

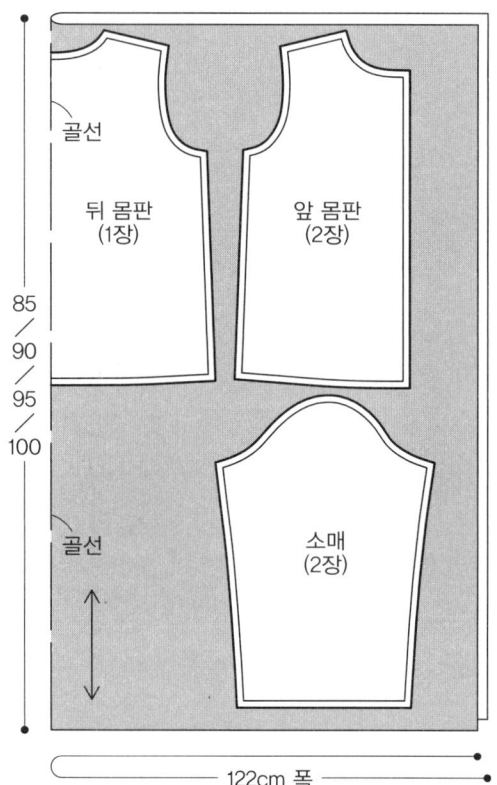

폴리에스테르 새틴(빨간색)

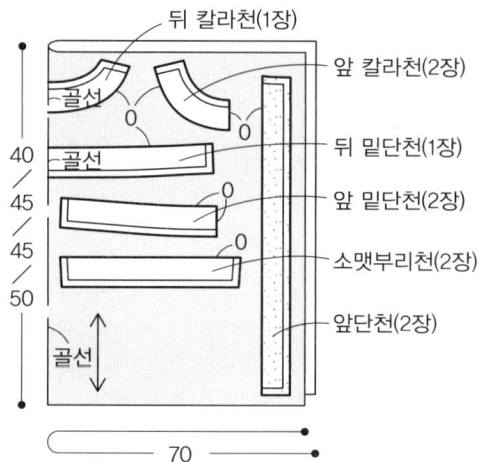

브로드클로스(흰색)

※지정 이외의 시접은 모두 1cm.
※▭는 접착심지를 붙인다.

봉제 순서

1 재단 배치도를 참조해서 원단을 재단한다.

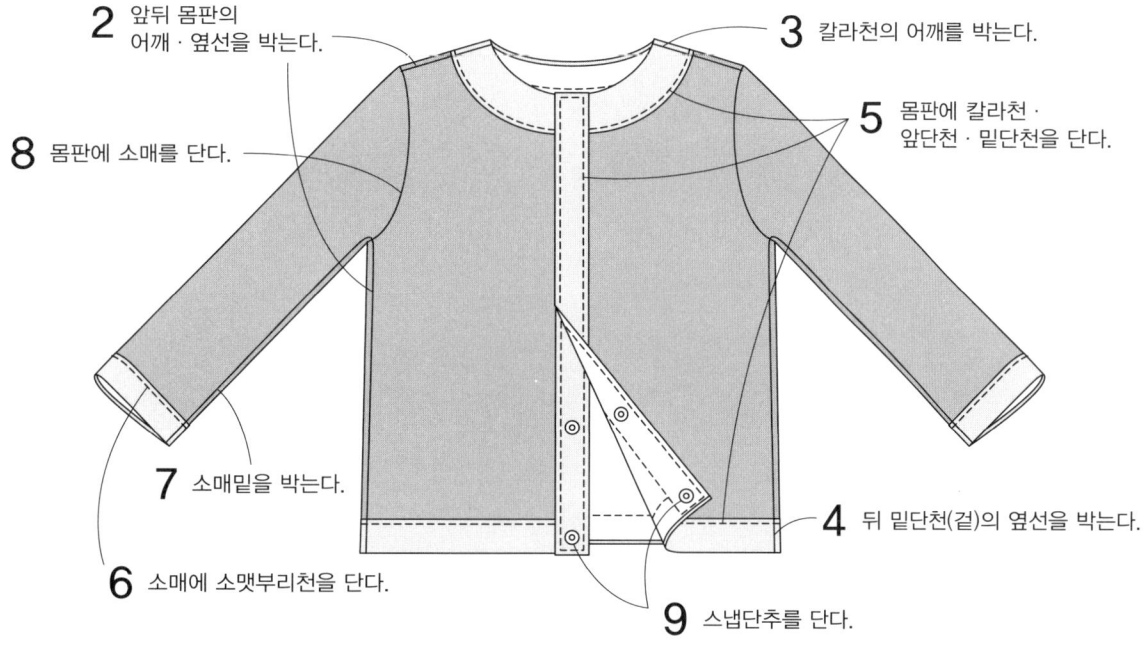

2 앞뒤 몸판의 어깨·옆선을 박는다.
3 칼라천의 어깨를 박는다.
5 몸판에 칼라천·앞단천·밑단천을 단다.
8 몸판에 소매를 단다.
7 소매밑을 박는다.
4 뒤 밑단천(겉)의 옆선을 박는다.
6 소매에 소맷부리천을 단다.
9 스냅단추를 단다.

2 앞뒤 몸판의 어깨·옆선을 박는다.

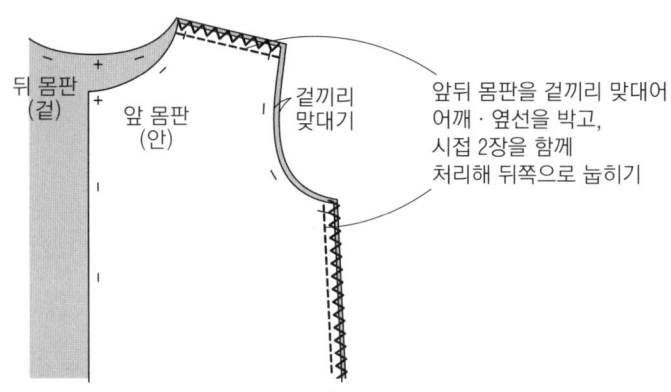

3 칼라천의 어깨를 박는다.

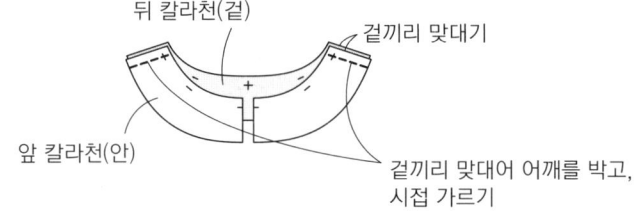

4 뒤 밑단천(겉)의 옆선을 박는다.

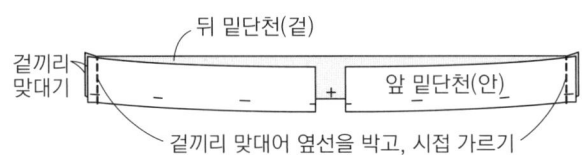

5 몸판에 칼라천 · 앞단천 · 밑단천을 단다.

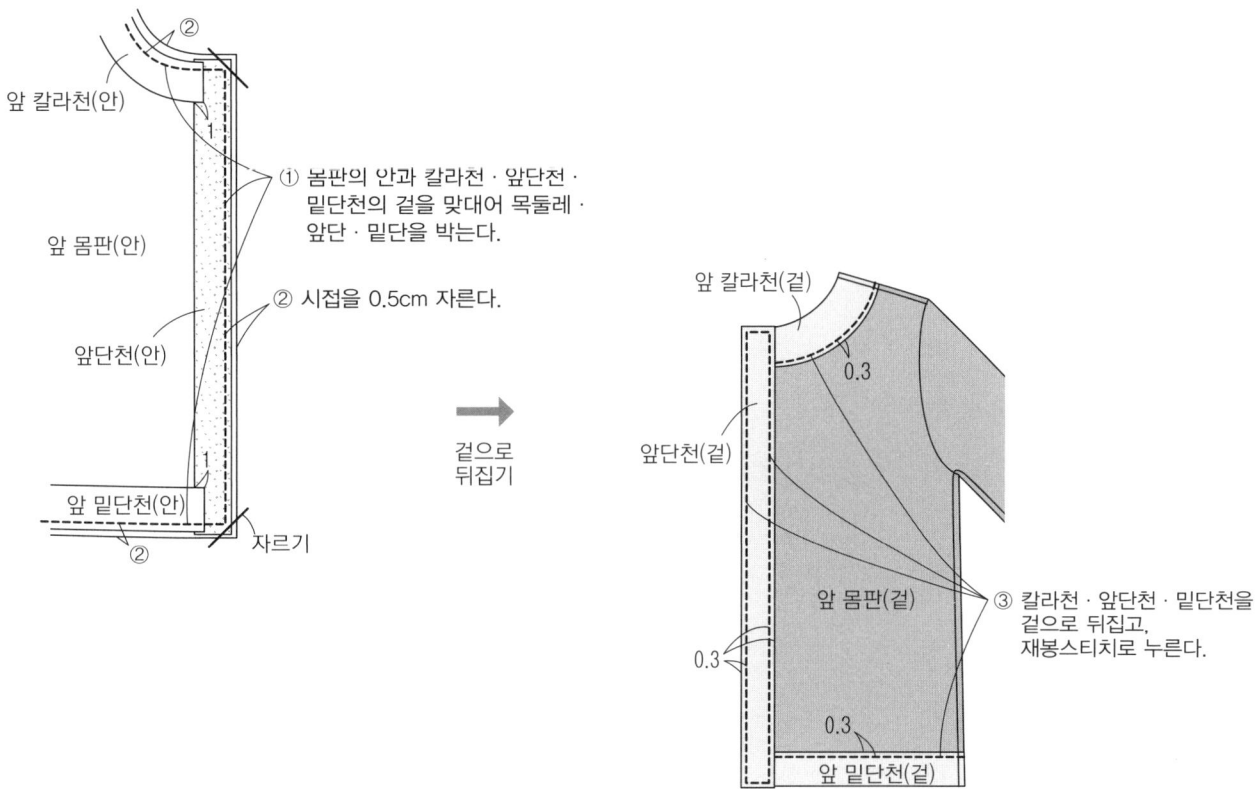

6 소매에 소맷부리천을 단다.

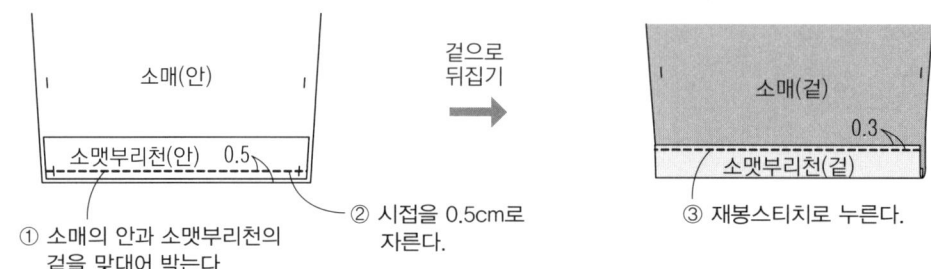

7 소매밑을 박는다.

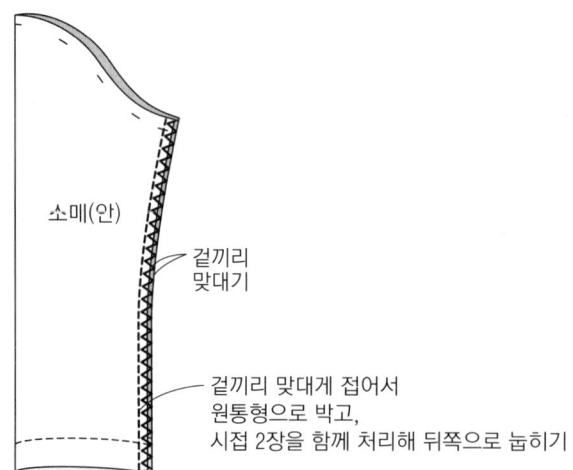

8 몸판에 소매를 단다.

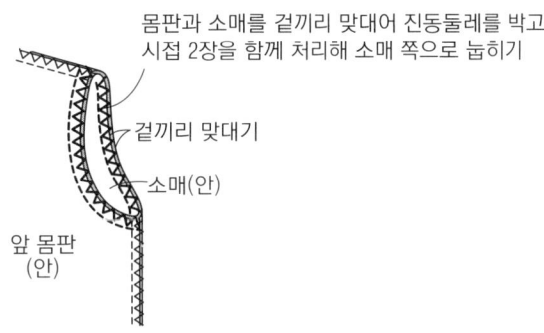

몸판과 소매를 겉끼리 맞대어 진동둘레를 박고,
시접 2장을 함께 처리해 소매 쪽으로 눕히기

겉끼리 맞대기

소매(안)

앞 몸판
(안)

9 스냅단추를 단다.

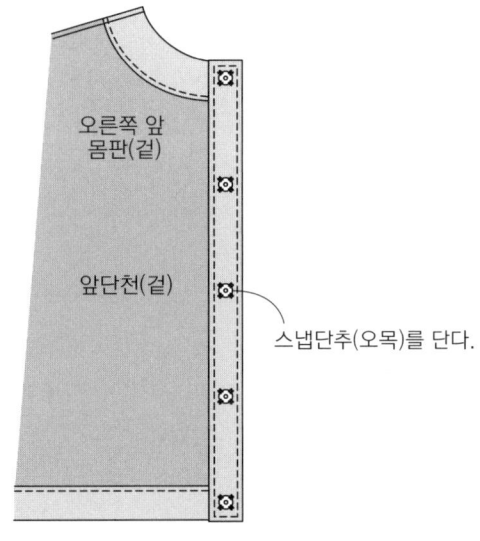

오른쪽 앞
몸판(겉)

앞단천(겉)

스냅단추(오목)를 단다.

※왼쪽 앞 몸판은 몸판의 안쪽에 스냅단추(볼록)를 단다.

23 PHOTO p.38~39
가랜드

완성 치수	가로 약 130×세로 약 15cm
재료	**할로윈** 폴리에스테르 새틴(보라색) 122cm 폭×20cm 프린트 새틴(별무늬 오렌지×검은색) 110cm 폭×20cm, 폭 1.1 바이어스테이프 더블폴드(검은색) 230cm **크리스마스** 폴리에스테르 새틴(빨간색) 122cm 폭×20cm 프린트 새틴(별무늬 녹색) 110cm 폭×20cm, 폭 1.1 바이어스테이프 더블폴드(흰색) 230cm

재단 배치도

폴리에스테르 새틴 · 프린트 새틴

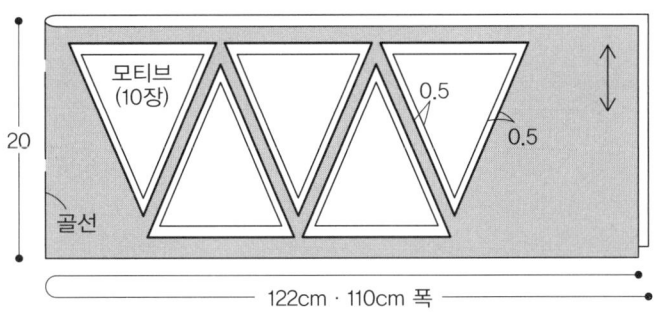

할로윈
폴리에스테르 새틴(보라색)
프린트 새틴(별무늬 오렌지×검은색)

크리스마스
폴리에스테르 새틴(빨간색)
프린트 새틴(별무늬 녹색)

※지정 이외의 시접은 모두 1cm.

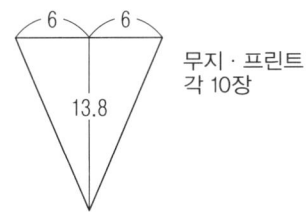

무지 · 프린트
각 10장

봉제 순서

1 재단 배치도를 참조해서 원단을 재단한다.

2 삼각형 모티브를 만든다.

3 모티브를 나열하고, 모티브 위를 바이어스테이프 사이에 끼운다.

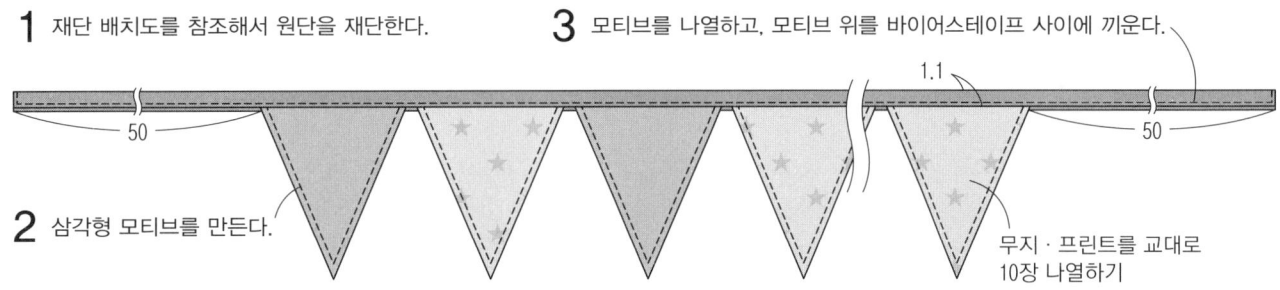

무지 · 프린트를 교대로 10장 나열하기

2 삼각형 모티브를 만든다.

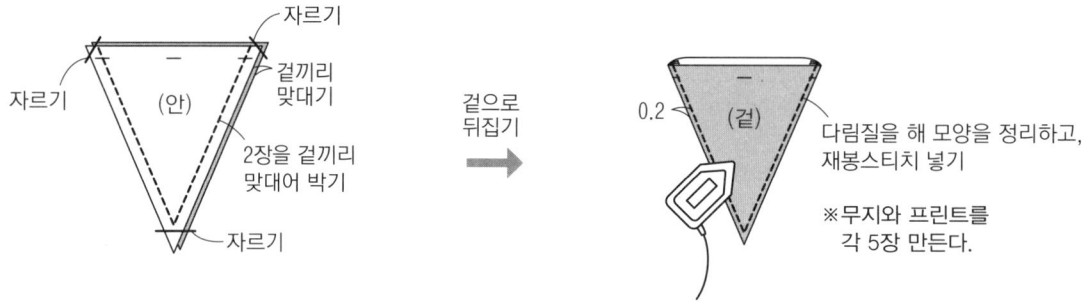

3 모티브를 나열하고, 모티브 위를 바이어스테이프 사이에 끼운다.

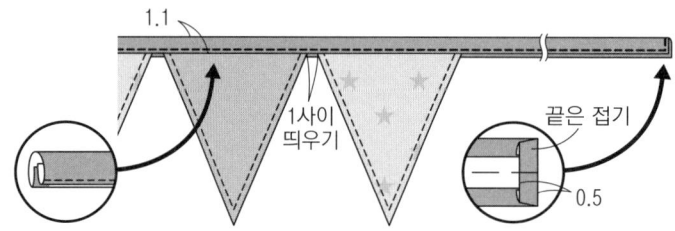

24 PHOTO p.24 / p.38 / p.39

튈 스커트
펌프킨 컬러 스커트
산타 걸 스커트

완성 치수(100/110/120/130)	스커트 기장 31.5/34.5/37.5/40.5cm
재료	**튈 스커트** 브로드클로스(핑크베이지) 110cm 폭×115/120/130/140cm **펌프킨 컬러 스커트** 프린트 새틴(별무늬 오렌지×검은색) 110cm 폭×115/120/130/140cm **산타 걸 스커트** 폴리에스테르 새틴(빨간색) 122cm 폭×115/120/130/140cm **공통** 소프트 튈(핑크베이지 또는 검은색 또는 흰색) 122cm 폭×115/120/130/140cm, 폭 2cm 고무줄 49/51/54/56cm
실물 크기 패턴 C면 R	1 앞 스커트, 2 뒤 스커트, 3 앞 튈스커트, 4 뒤 튈스커트

재단 배치도

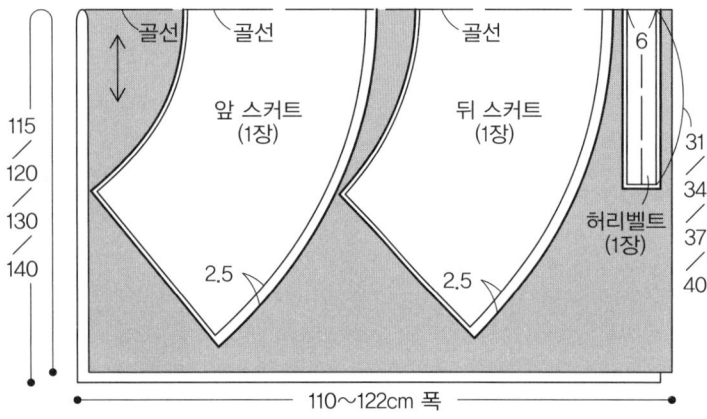

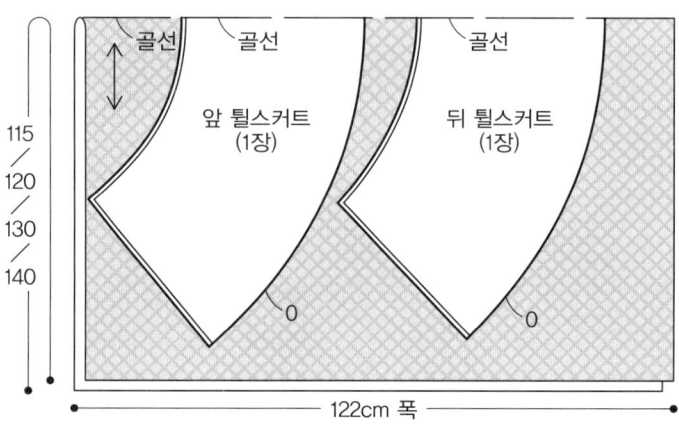

how to make

봉제 순서

1 재단 배치도를 참조해서 원단을 재단한다.
2 앞뒤 스커트의 옆선을 박는다.
3 밑단을 두 번 접어 박는다.
4 허리벨트를 만든다.
5 스커트의 허리에 주름을 잡고, 허리벨트를 맞대어 박는다.
6 허리벨트에 고무줄을 끼운다.

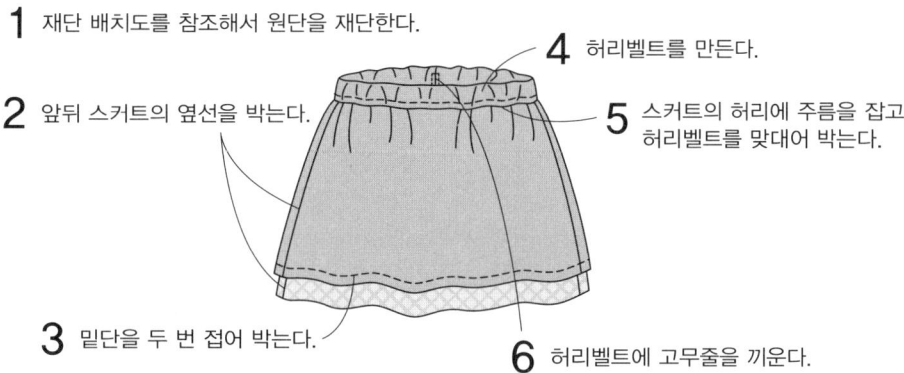

2 앞뒤 스커트의 옆선을 박는다.

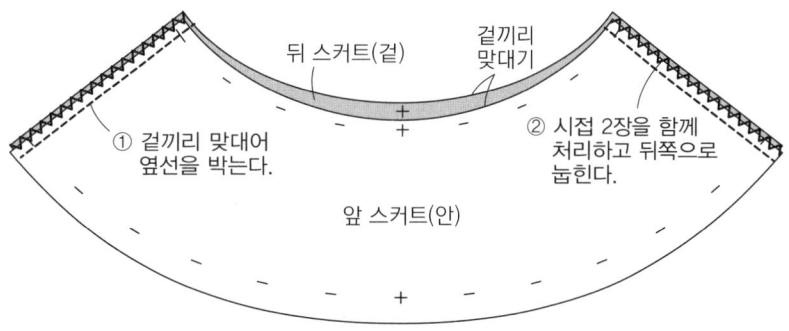

※소프트 튈도 같은 방법으로 옆선을 박고, 시접은 처리하지 않고 가른다.

183

3 밑단을 두 번 접어 박는다.

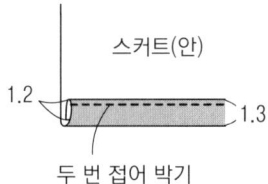

※소프트 튈의 밑단은 자른 채로 둔다.

4 허리벨트를 만든다.

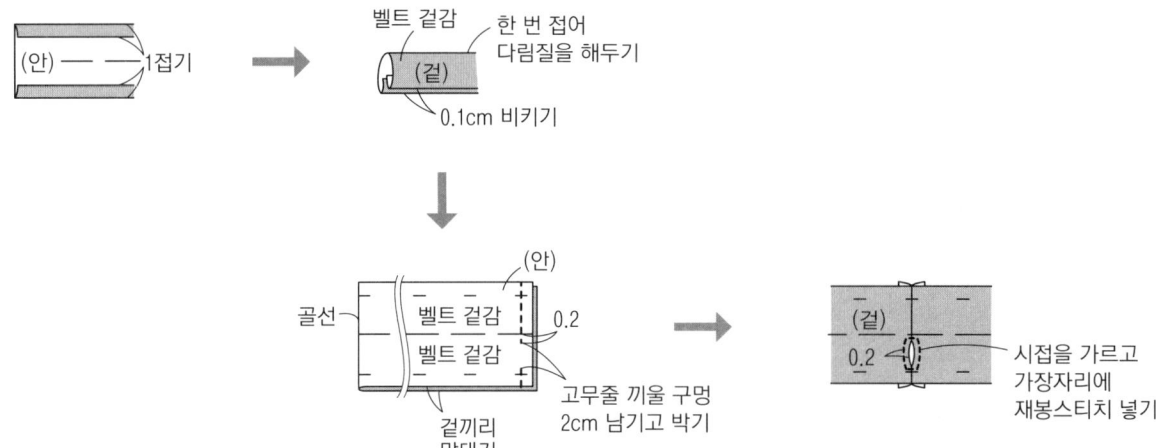

5 스커트의 허리에 주름을 잡고, 허리벨트를 맞대어 박는다.

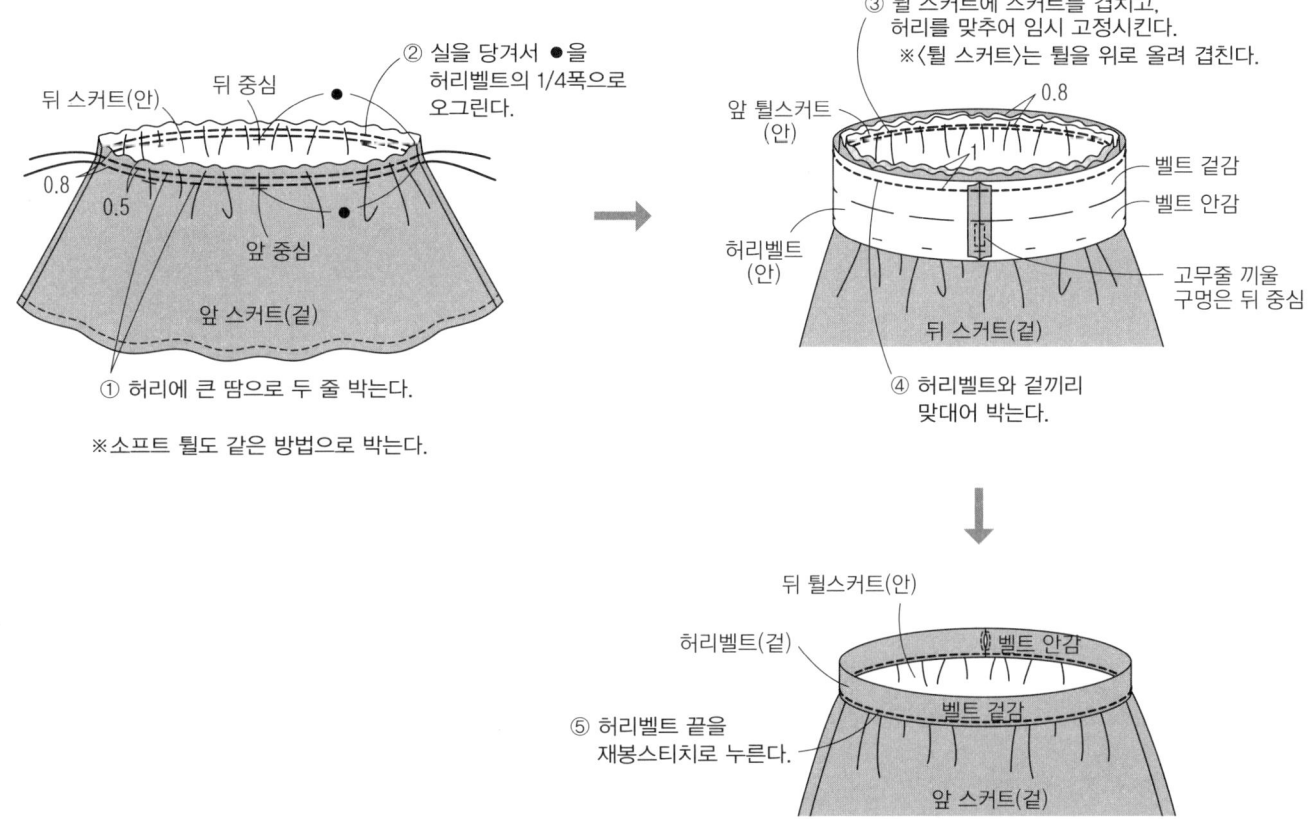

25 PHOTO p.40 / p.44

앨리스풍 칼라 원피스
미니 도트 칼라 원피스

완성 치수(100/110/120/130)	가슴둘레 58/62/66/70cm 옷기장 50.5/57.5/64.5/71.5cm
재료	**앨리스풍 칼라 원피스** 폴리에스테르 새틴(하늘색) 122cm 폭×130/140/150/160cm 폭 1.1cm 레이스(흰색) 65cm, 지름 1.2cm 싸개단추 1개 **미니 도트 칼라 원피스** 프린트 새틴(작은 도트무늬 검은색×흰색) 110cm 폭× 150/170/185/200cm, 폭 3.5cm 양면 새틴 리본(흰색) 70cm, 브로치핀 1개, 지름 2cm 싸개단추 1개 **공통** 폴리에스테르 새틴(흰색) 122cm 폭×25cm, 접착심지 30×50cm
실물 크기 패턴 D면 T	1 앞 몸판, 2 뒤 몸판, 3 소매, 4 칼라, 5 앞뒤 스커트, 6 앞 안단, 7 뒤 안단

how to make

재단 배치도

앨리스풍 칼라 원피스
폴리에스테르 새틴(하늘색)

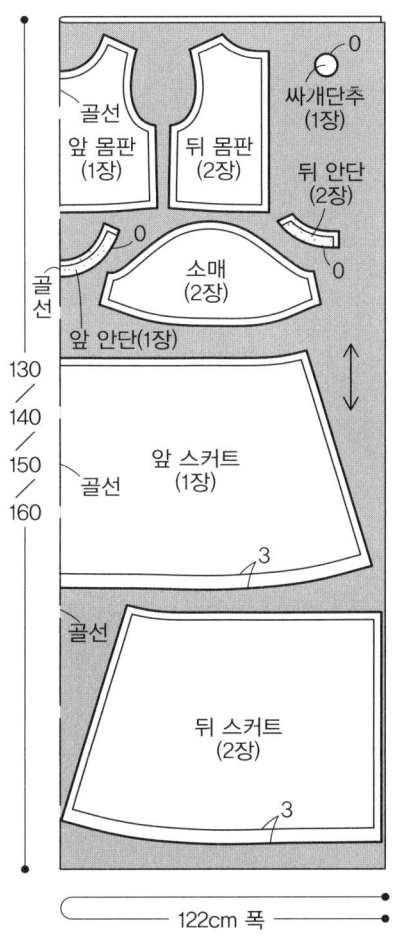

〈앨리스풍 칼라 원피스 · 미니 도트 칼라 원피스 공통〉

폴리에스테르 새틴(흰색)

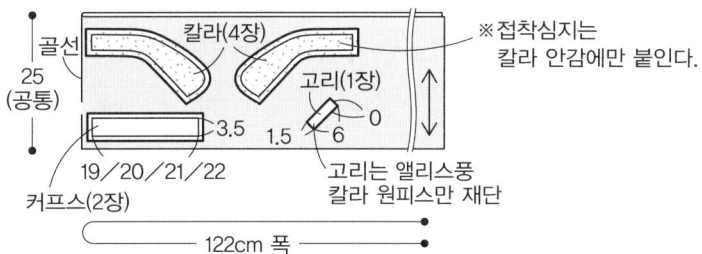

※지정 이외의 시접은 모두 1cm.
※ 는 접착심지를 붙인다.

재단 배치도

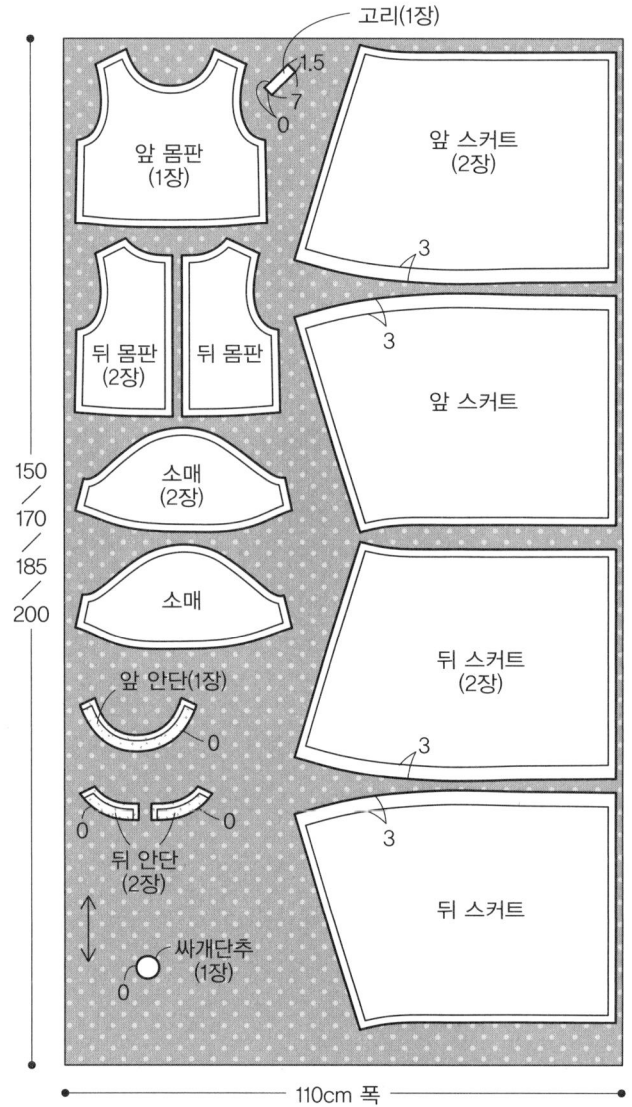

미니 도트 칼라 원피스
프린트 새틴(작은 도트무늬 검은색×흰색)

※2장을 만드는 패턴은 좌우대칭으로 재단한다.

봉제 순서

앨리스풍 칼라 원피스

1 재단 배치도를 참조해서 원단을 재단한다.
2 앞뒤 몸판과 안단의 어깨를 각각 박는다.
3 소매를 만든다.
7 칼라를 단다.
4 몸판에 소매를 단다.
6 칼라를 만든다.
5 소매밑~옆선을 이어 박는다.
9 스커트 옆선·뒤 중심을 박는다.
11 스커트의 허리에 주름을 잡아서 몸판과 맞추어 박는다.
10 밑단을 박는다.

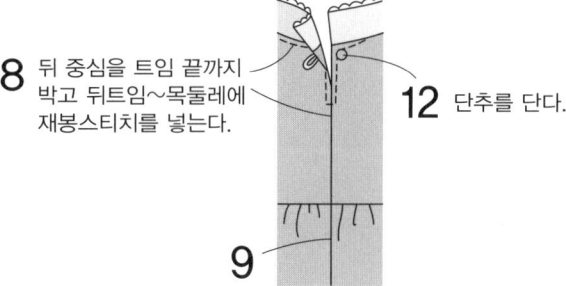

8 뒤 중심을 트임 끝까지 박고 뒤트임~목둘레에 재봉스티치를 넣는다.
12 단추를 단다.

미니 도트 칼라 원피스 브로치 만드는 방법

새틴 리본 묶기

리본 끝을 삼각형으로 자르고 올풀림 방지액 바르기

뒤에 브로치핀을 꿰매 고정

봉제 순서

미니 도트 칼라 원피스

※ **1~8, 10~12**는 앨리스풍 칼라 원피스와 같은 방법으로 만든다.

13 리본을 단다.

9 스커트 옆선, 앞뒤 중심을 박는다.

2 앞뒤 몸판과 안단의 어깨를 각각 박는다.

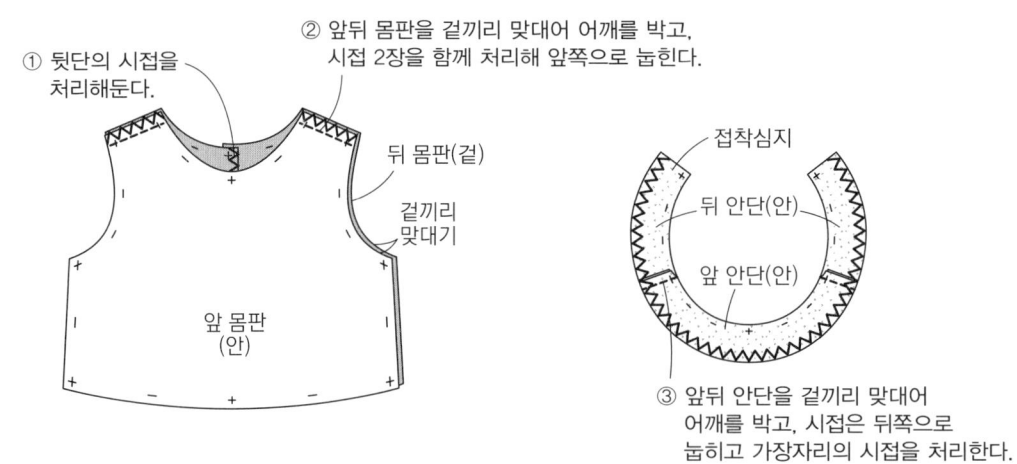

① 뒷단의 시접을 처리해둔다.

② 앞뒤 몸판을 겉끼리 맞대어 어깨를 박고, 시접 2장을 함께 처리해 앞쪽으로 눕힌다.

③ 앞뒤 안단을 겉끼리 맞대어 어깨를 박고, 시접은 뒤쪽으로 눕히고 가장자리의 시접을 처리한다.

3 소매를 만든다.

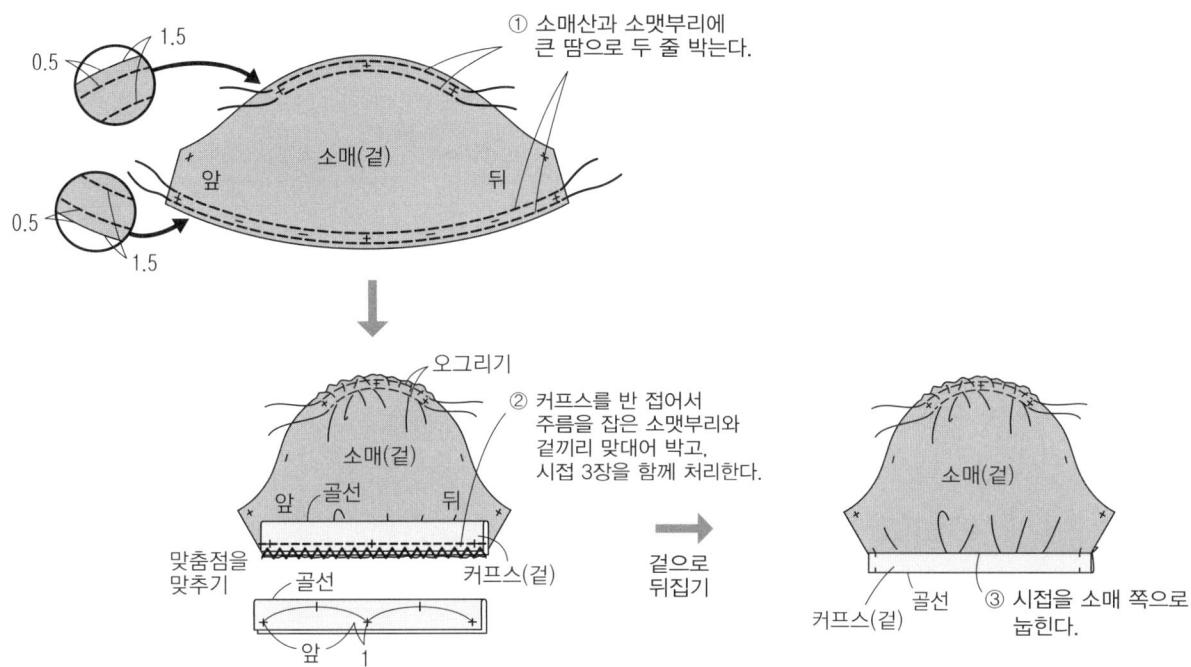

4 몸판에 소매를 단다.

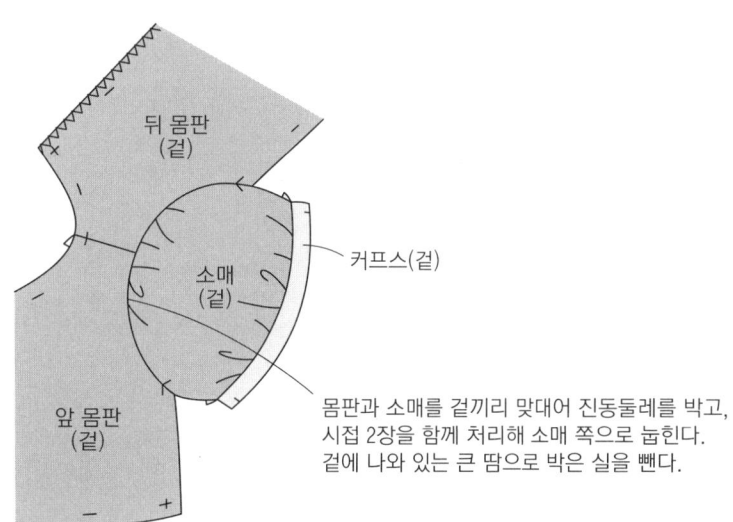

5 소매밑~옆선을 이어 박는다.

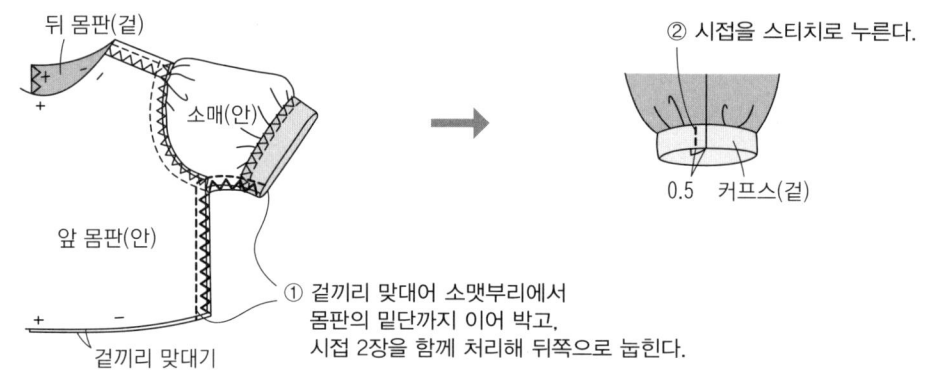

6 칼라를 만든다.

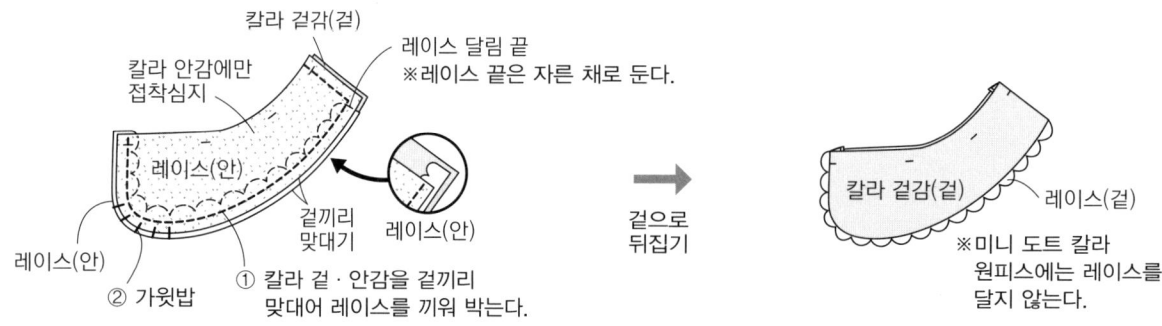

7 칼라를 단다.

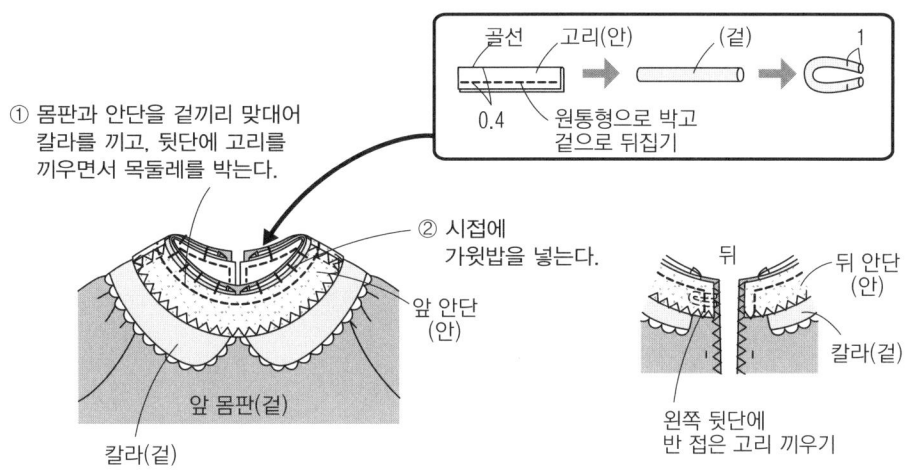

8 뒤 중심을 트임 끝까지 박고 뒤트임~목둘레에 재봉스티치를 넣는다.

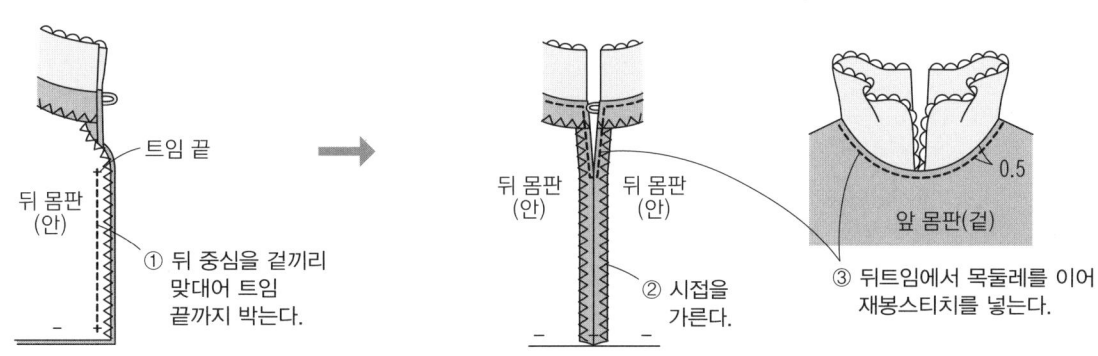

9 스커트 옆선·뒤 중심을 박는다.　**10** 밑단을 박는다.

11 스커트의 허리에 주름을 잡아서 몸판과 맞추어 박는다.

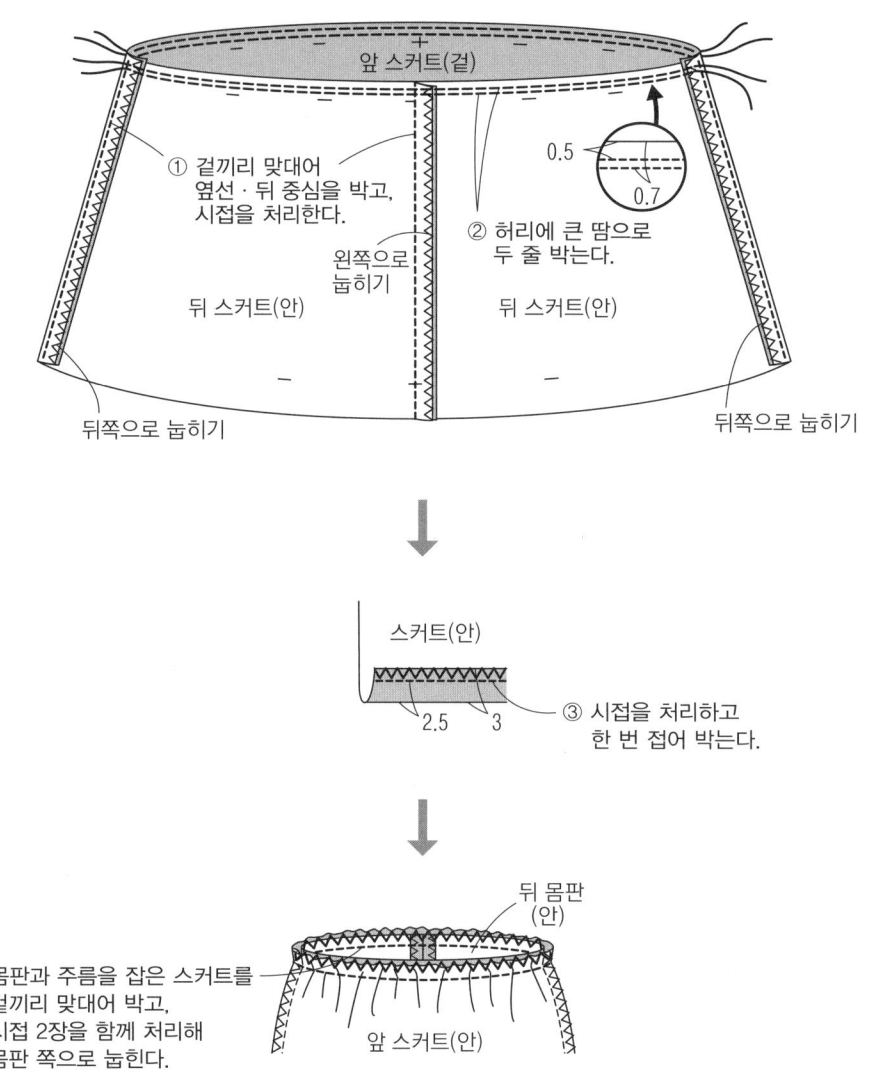

PHOTO p.40

앨리스풍 에이프런

완성 치수(100/110/120/130)	기장 34.5/39.5/44.5/49.5cm(몸판 위 윗단에서 밑단까지 길이)
재료	폴리에스테르 새틴(흰색) 122cm 폭×35/40/45/55cm, 폭 3.5cm 새틴 리본(흰색) 230/250/260/280cm, 폭 1.1cm 레이스(흰색) 100/110/115/120cm

재단 배치도

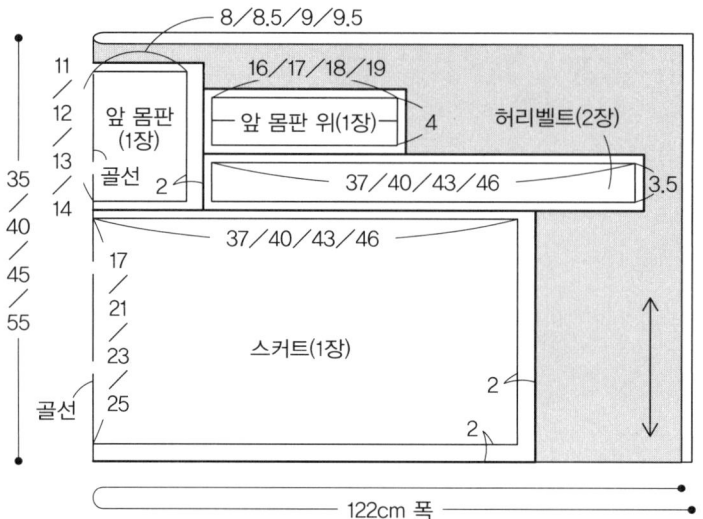

폴리에스테르 새틴(흰색)

※지정 이외의 시접은 모두 1cm.
※120·130사이즈는 위의 재단 배치에는 들어가지 않으므로 주의한다.

봉제 순서

1 재단 배치도를 참조해서 원단을 재단한다.
2 어깨 리본을 달면서 앞 몸판을 만든다.
3 허리벨트에 앞 몸판을 끼워서 박는다.
4 스커트의 끝을 박고, 허리에 주름을 잡는다.
5 스커트와 허리벨트를 맞대어 박는다.
6 허리 리본을 단다.
7 밑단을 두 번 접어 박고, 레이스를 단다.

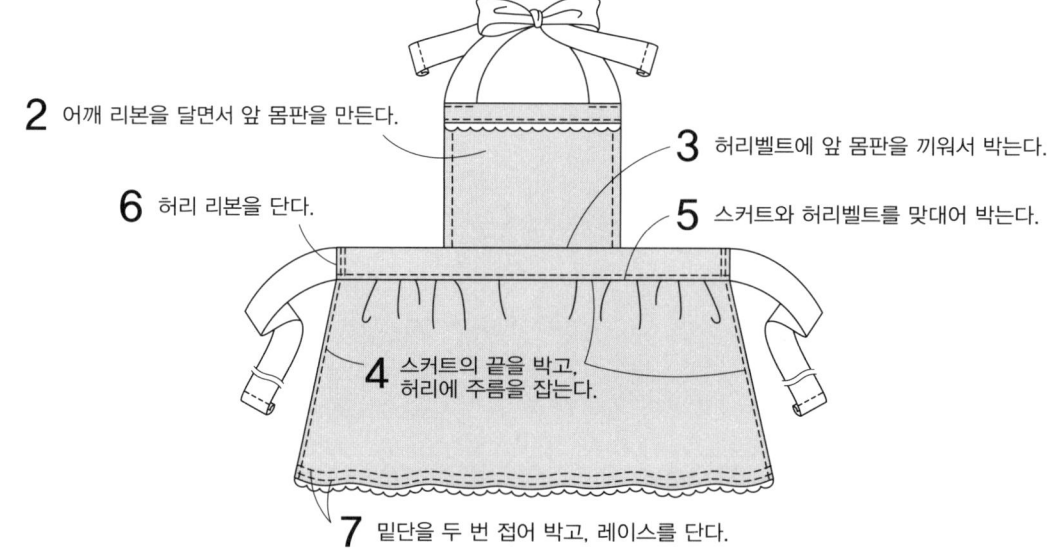

2 어깨 리본을 달면서 앞 몸판을 만든다.

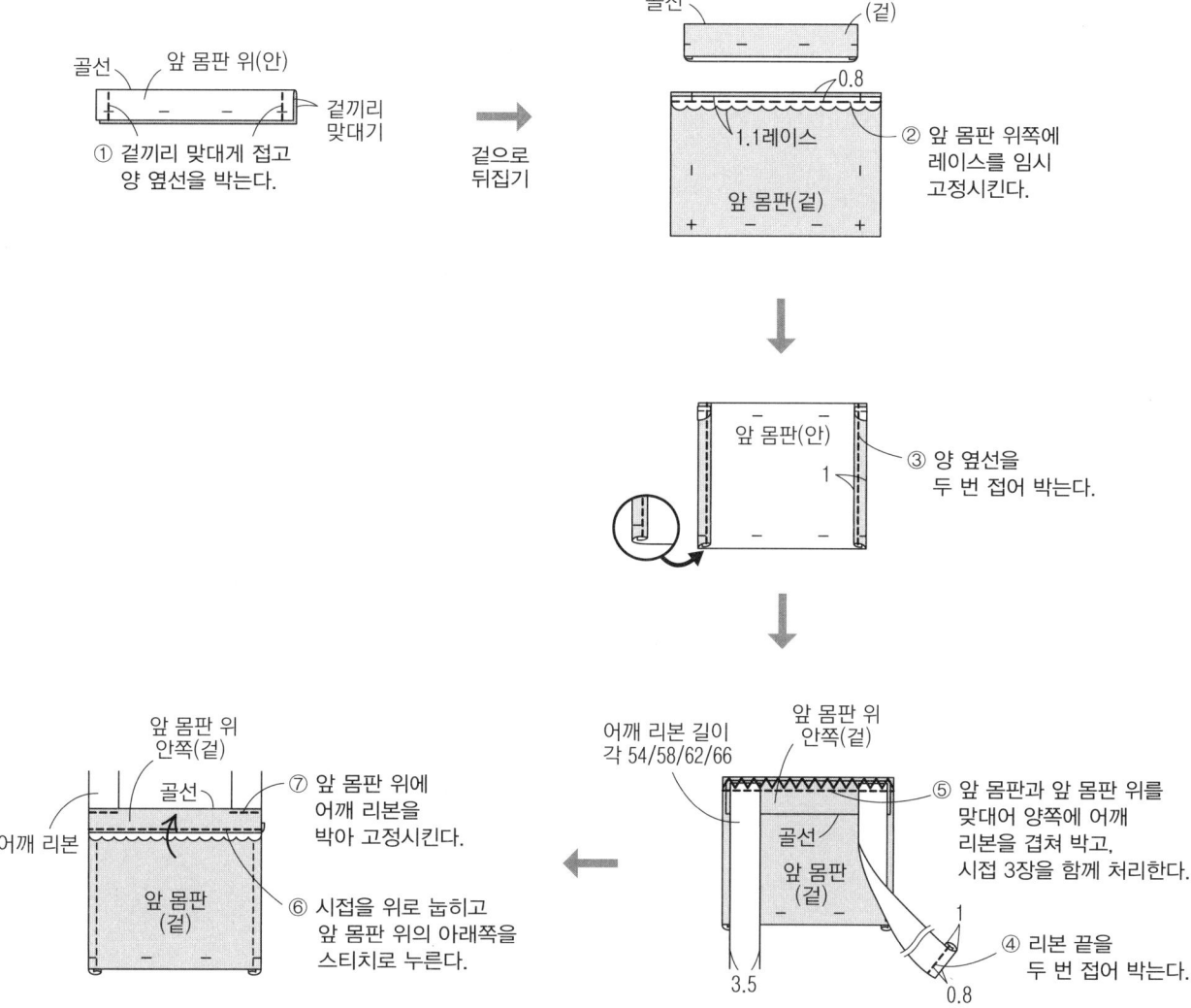

3 허리벨트에 앞 몸판을 끼워서 박는다.

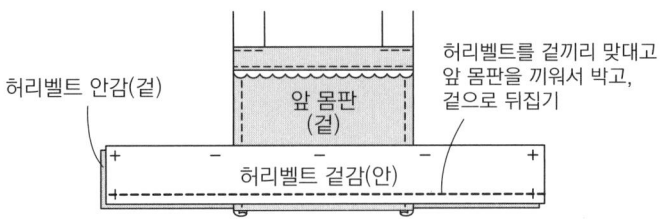

4 스커트의 끝을 박고, 허리에 주름을 잡는다.

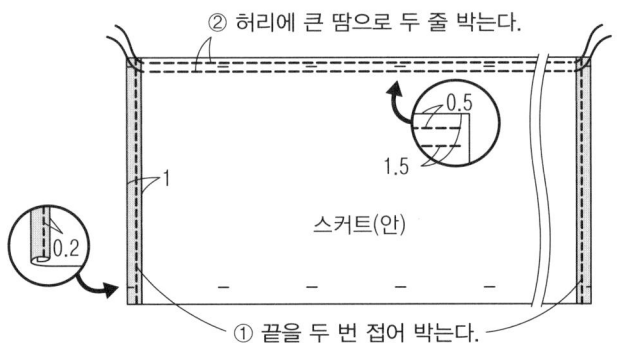

5 스커트와 허리벨트를 맞대어 박는다.

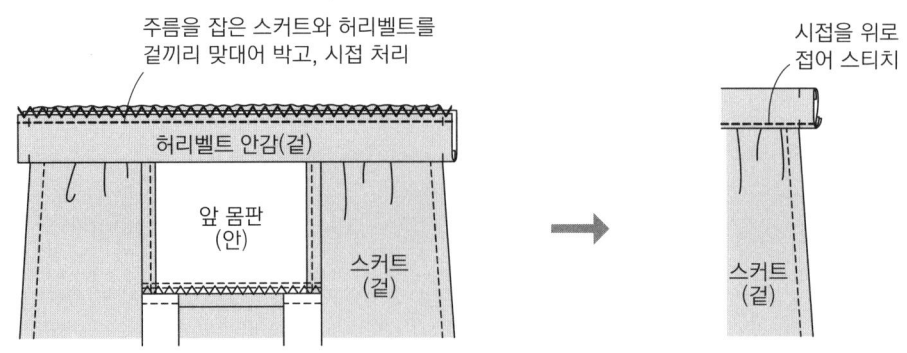

6 허리 리본을 단다.

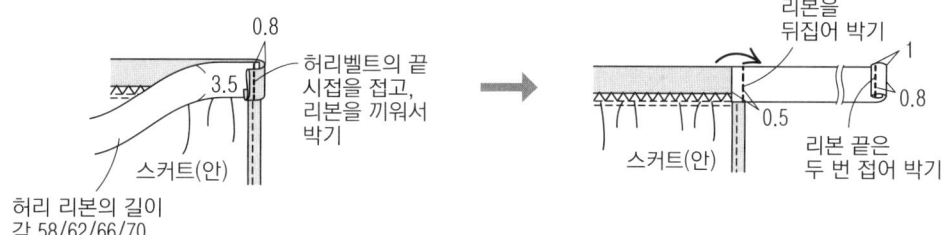

7 밑단을 두 번 접어 박고, 레이스를 단다.

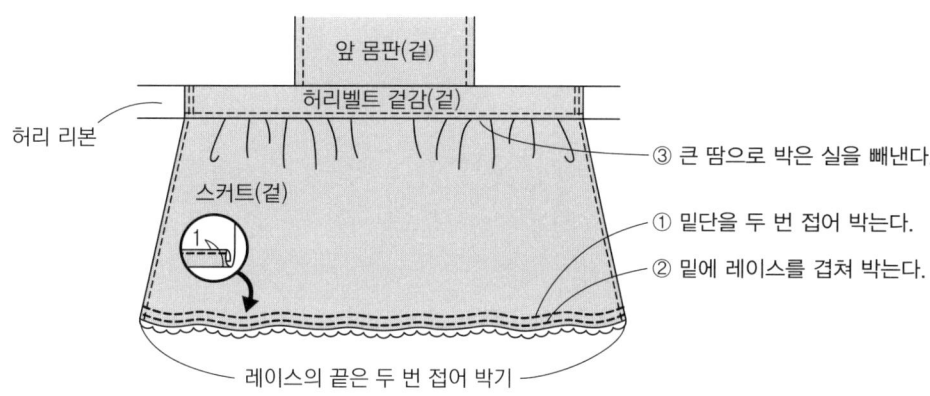

PHOTO p.42

스노플레이크 드레스

완성 치수(100/110/120/130)	**가슴둘레** 68/71/75/80cm **옷기장** 62.5/73.2/81.2/89.2cm
재료	**폴리에스테르 새틴(하늘색)** 122cm 폭×55/75/130/140cm, **스팽글 튈(흰색)** 50×90cm **튈(눈무늬)** 135cm 폭×140/150/160/180cm, 폭 1cm 케미컬레이스(흰색) 105/110/115/120cm, 폭 2.5cm 바이어스테이프(흰색) 50cm, 지름 0.8cm 스냅단추 4쌍. 15×7mm, 스와로브스키 스톤 3개, 타원형 큐빅 지르코니아 4개
실물 크기 패턴 D면 U	1 앞 요크, 2 뒤 요크, 3 앞 몸판, 4 뒤 몸판, 5 소매, 6 오버몸판 A·B(A☆과 B★을 연결)

재단 배치도

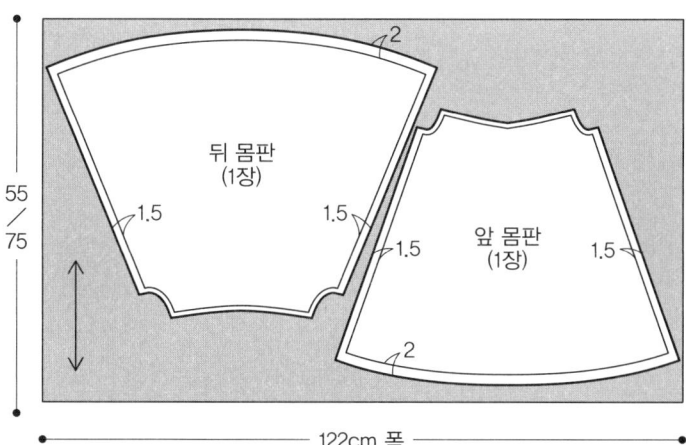

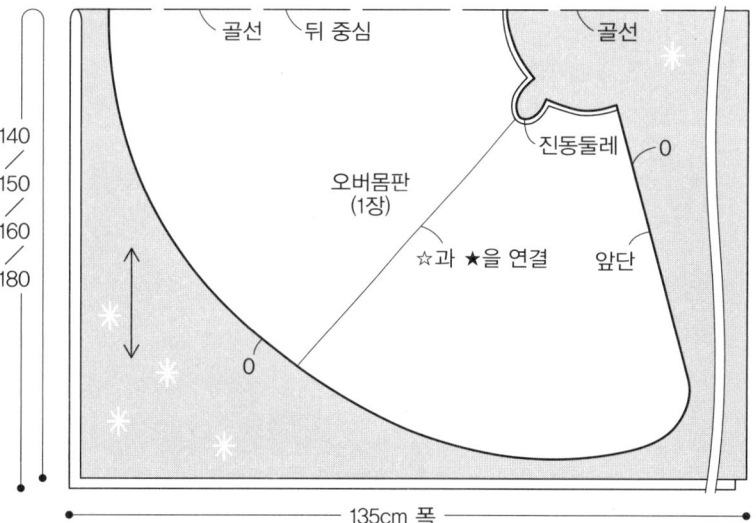

| 재단 배치도 |

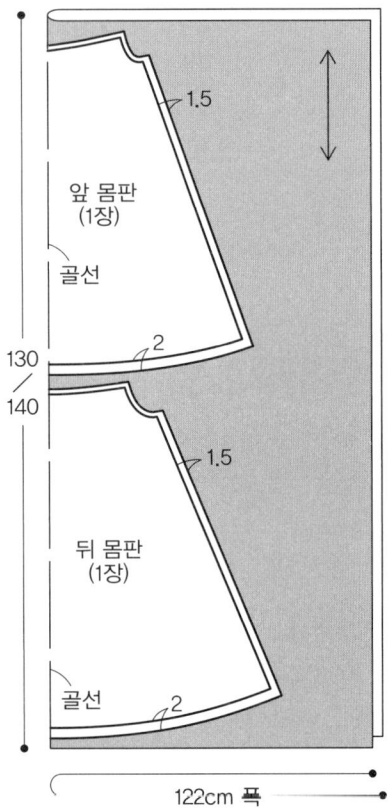

폴리에스테르 새틴(하늘색, 120·130사이즈)

130
140
122cm 폭

※지정 이외의 시접은 모두 1cm.

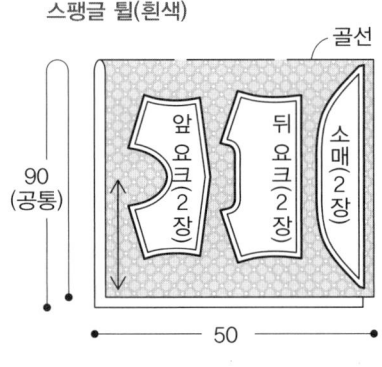

스팽글 튈(흰색)

90 (공통)
50

봉제 순서

1 재단 배치도를 참조해서 원단을 재단한다.
2 앞뒤 요크를 만든다.
3 앞뒤 몸판의 옆선을 박고, 밑단을 두 번 접어 박는다.
4 몸판과 오버몸판을 겹치고, 시접을 박아 고정시킨다.
5 요크와 몸판을 맞대어 박고, 앞쪽에 레이스를 단다.
6 소매를 만든다.
7 요크와 몸판에 소매를 달고, 진동둘레를 처리한다.
8 어깨 트임에 스냅단추를 단다. (반대쪽도 같은 방법으로 만든다.)
9 앞쪽에 스와로브스키 스톤과 타원형 큐빅 지르코니아를 단다.

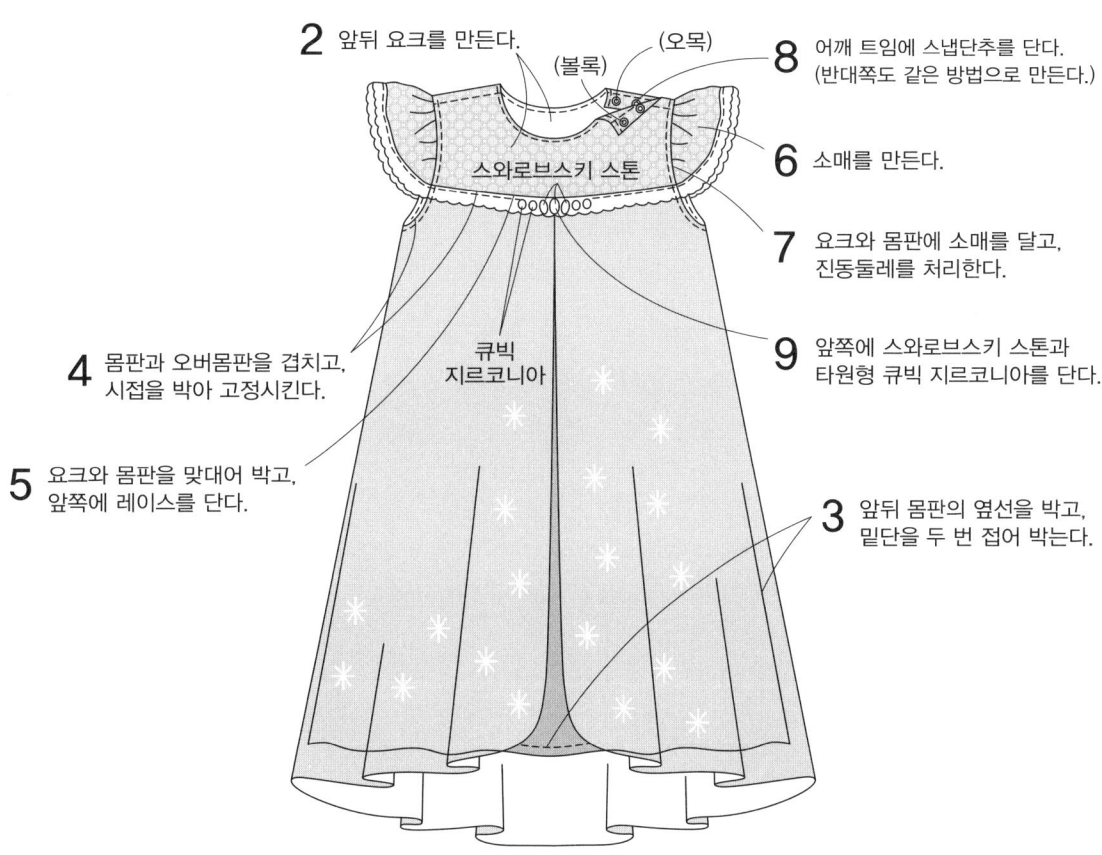

2 앞뒤 요크를 만든다. ※스팽글 퀼은 다림질 금지

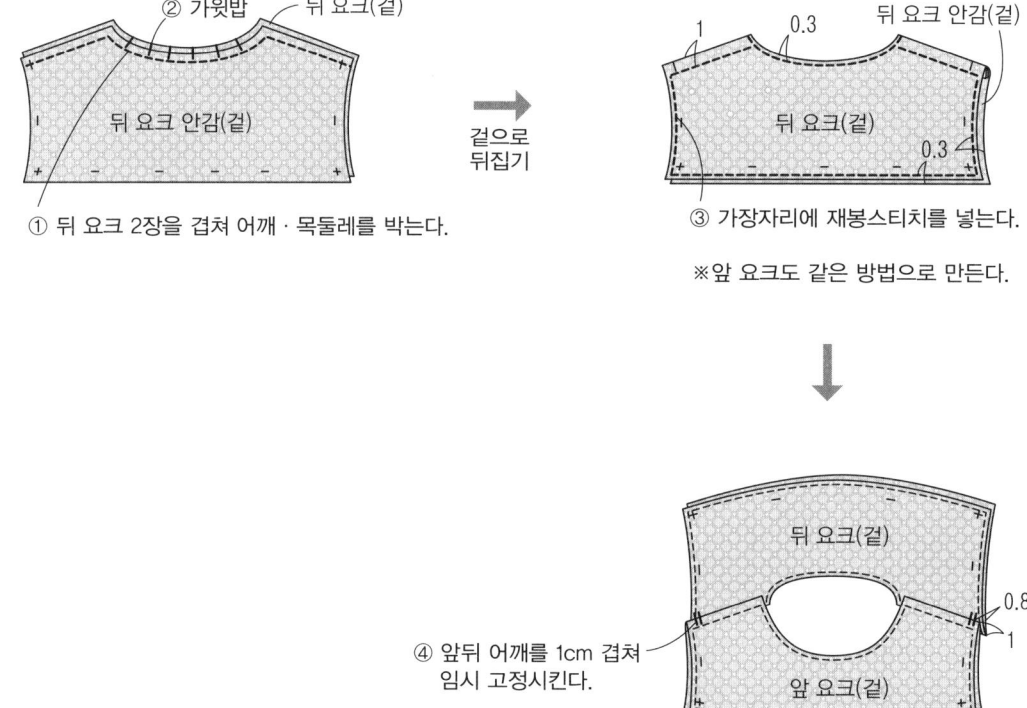

3 앞뒤 몸판의 옆선을 박고, 밑단을 두 번 접어 박는다.

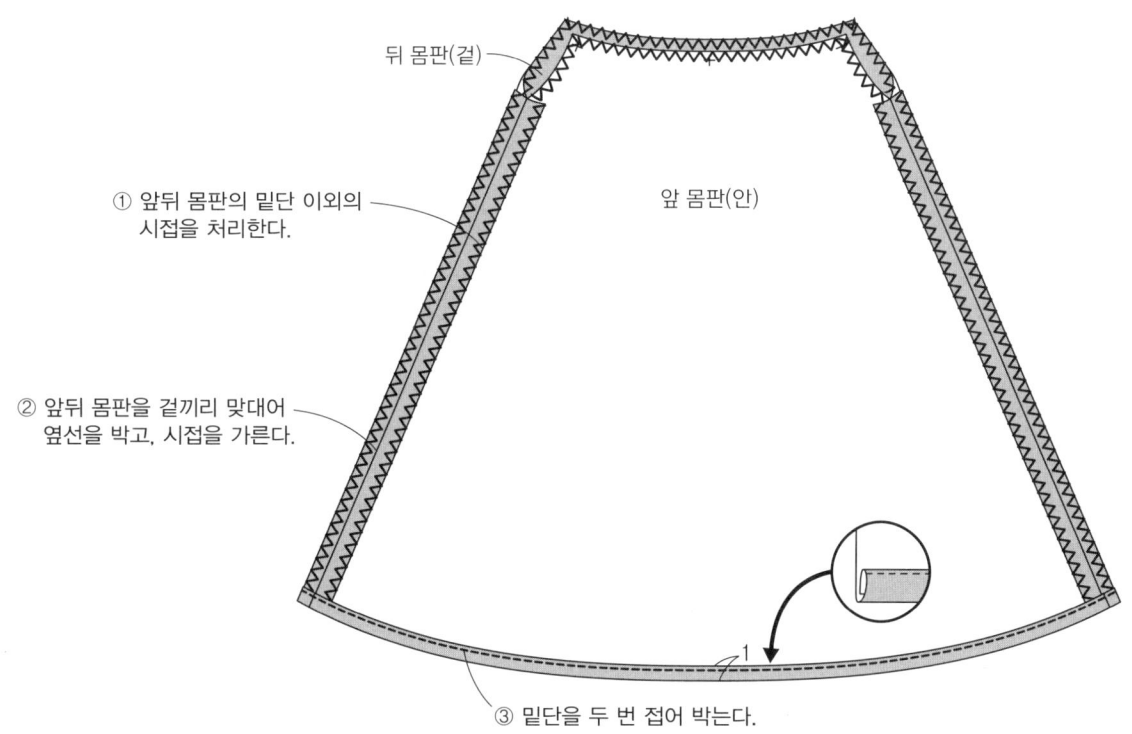

4 몸판과 오버몸판을 겹치고, 시접을 박아 고정시킨다.

※튈은 다림질 금지

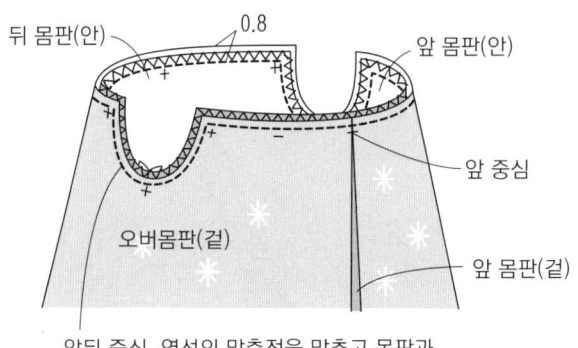

5 요크와 몸판을 맞대어 박고, 앞쪽에 레이스를 단다.

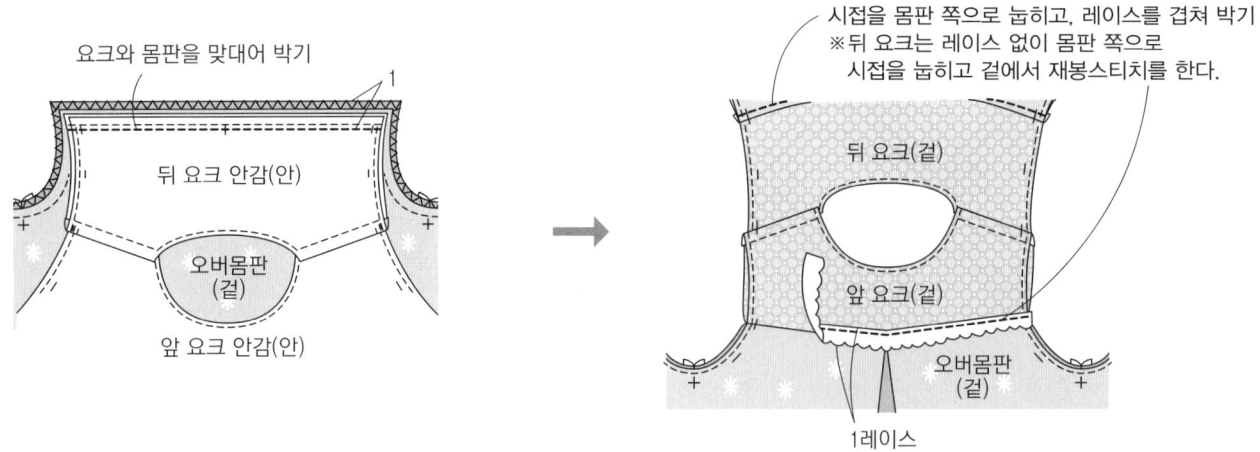

6 소매를 만든다.

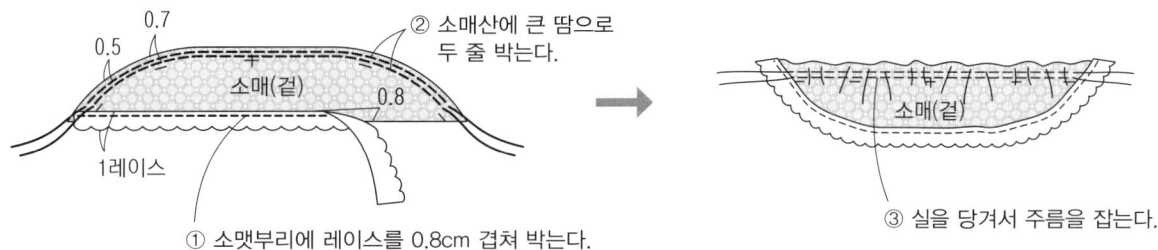

7 요크와 몸판에 소매를 달고, 진동둘레를 처리한다.

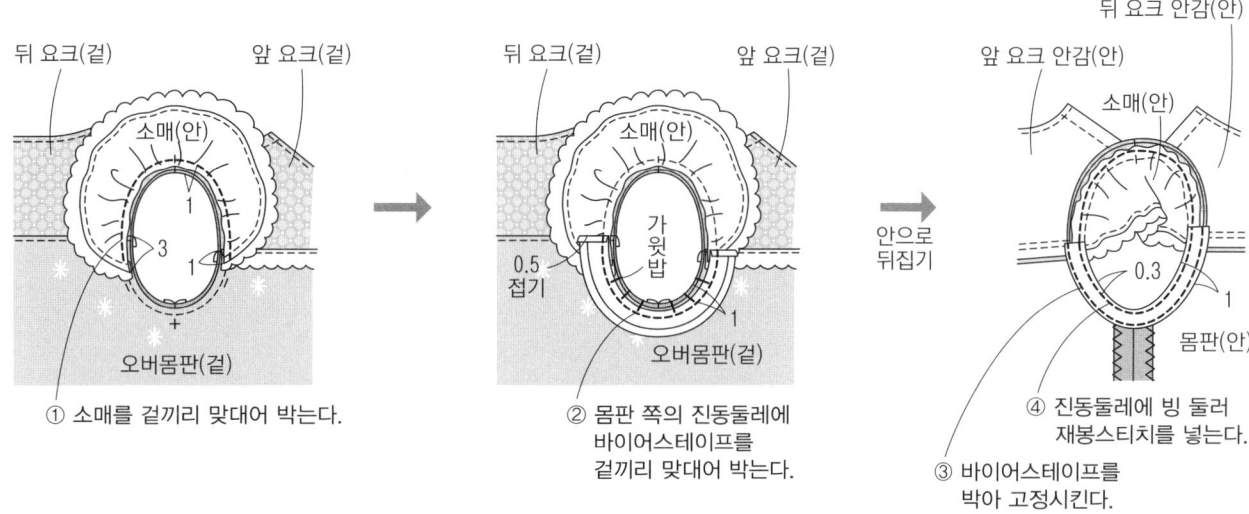

28 PHOTO p.43
공주님 무도회 드레스

완성 치수(100/110/120/130)	**가슴둘레** 60/64/68/72cm **옷기장** 73.5/80/86.5/93cm
재료	폴리에스테르 새틴(로즈핑크) 122cm 폭×240/255/275/305cm 라메 오건디(옅은 핑크) 145cm 폭×240/260/280/300cm, 접착심지 적당히, 스냅단추(소) 6쌍, 지름 1cm 펄비즈 45개
실물 크기 패턴 D면 V	1 앞 몸판, 2 뒤 몸판, 3 앞 스커트·오버스커트, 4 뒤옆 스커트·오버스커트 A·B(A♥과 B♡을 연결)

재단 배치도

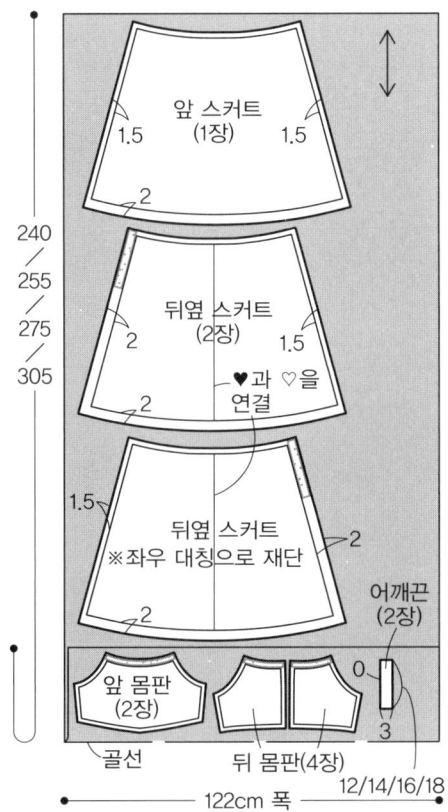

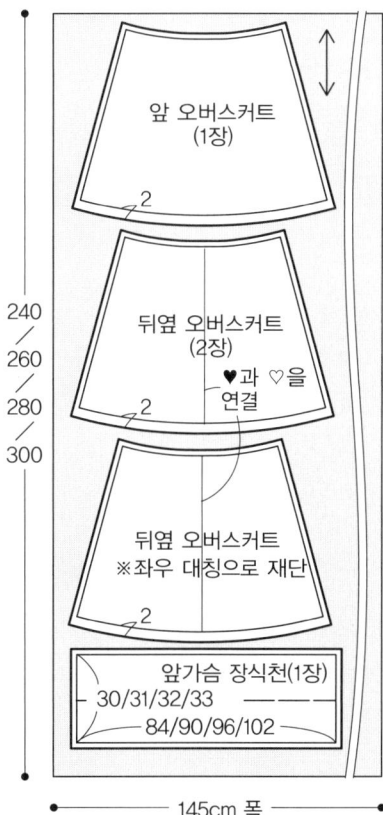

※지정 이외의 시접은 모두 1cm.
※ 는 접착심지를 붙인다.

봉제 순서

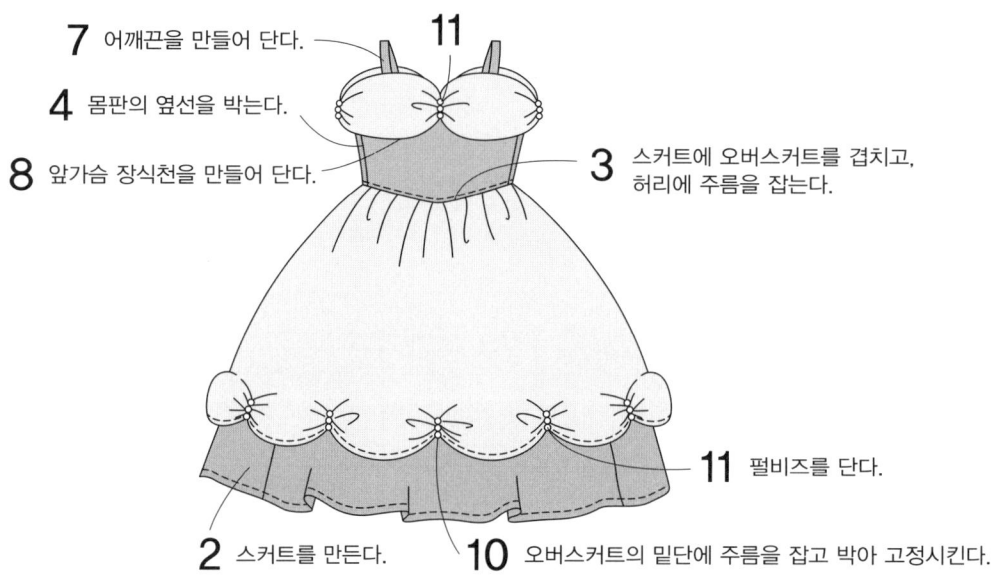

1 재단 배치도를 참조해서 원단을 재단한다.
7 어깨끈을 만들어 단다.
4 몸판의 옆선을 박는다.
8 앞가슴 장식천을 만들어 단다.
3 스커트에 오버스커트를 겹치고, 허리에 주름을 잡는다.
2 스커트를 만든다.
10 오버스커트의 밑단에 주름을 잡고 박아 고정시킨다.
11 펄비즈를 단다.

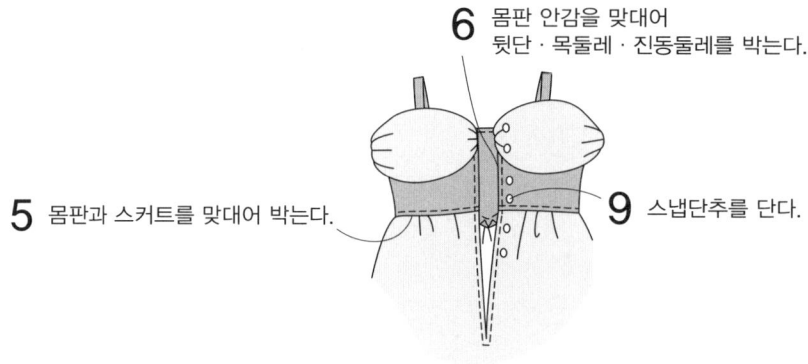

6 몸판 안감을 맞대어 뒷단·목둘레·진동둘레를 박는다.
5 몸판과 스커트를 맞대어 박는다.
9 스냅단추를 단다.

2 스커트를 만든다.

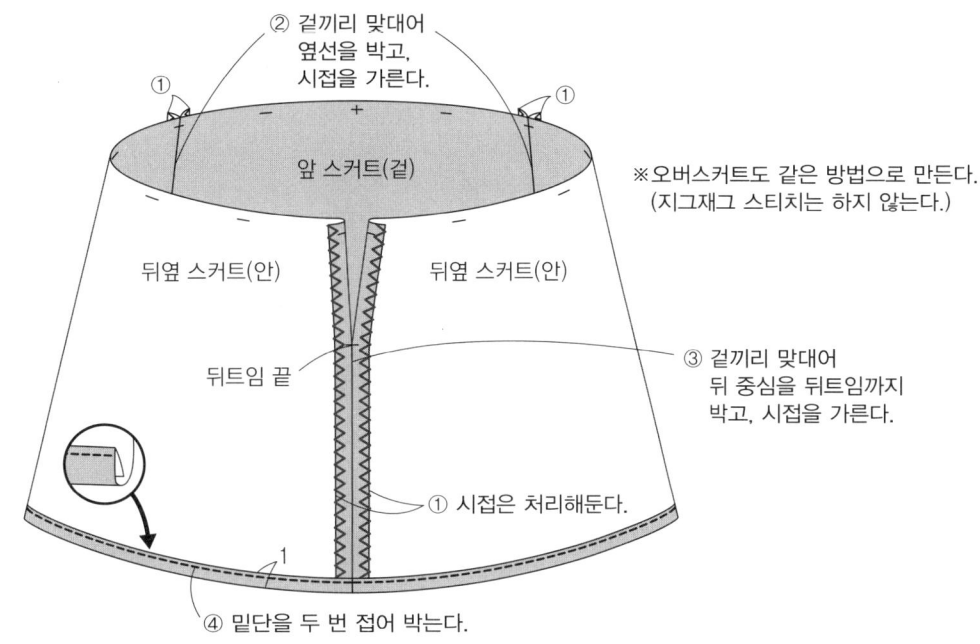

3 스커트에 오버스커트를 겹치고, 허리에 주름을 잡는다.

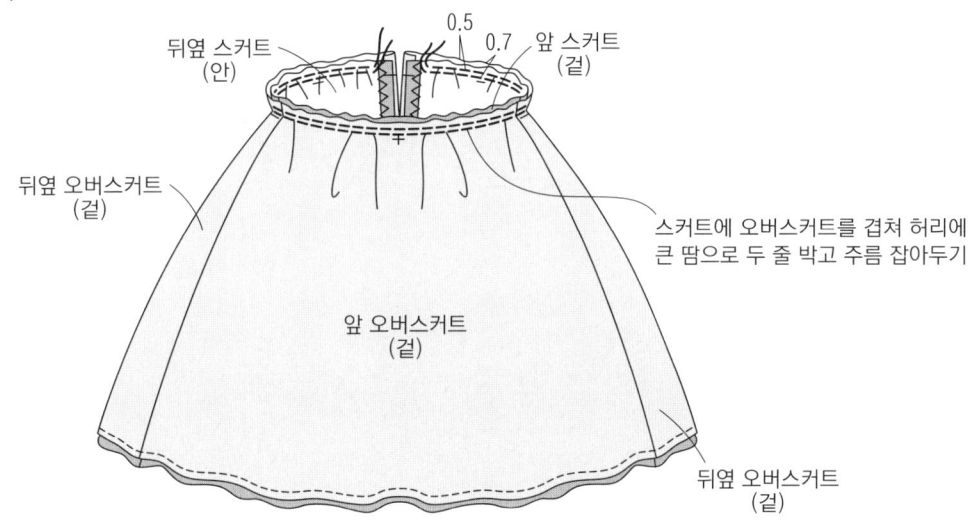

4 몸판의 옆선을 박는다.

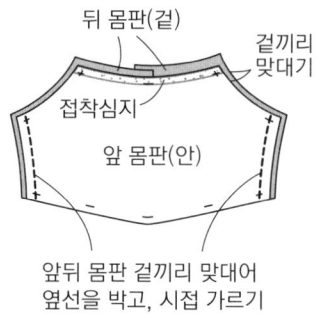

5 몸판과 스커트를 맞대어 박는다.

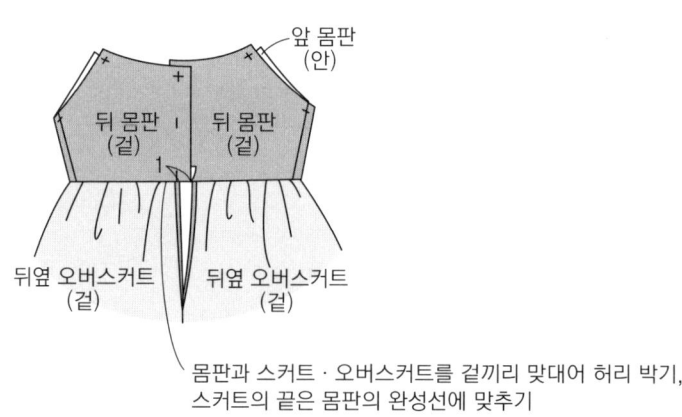

6 몸판 안감을 맞대어 뒷단·목둘레·진동둘레를 박는다.

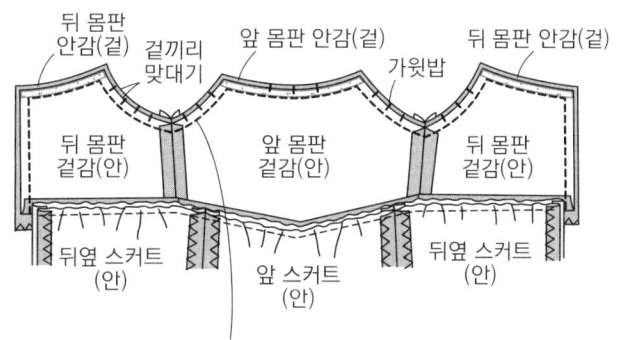

몸판 겉·안감을 겉끼리 맞대어 뒷단·목둘레·진동둘레를 박고, 시접의 곡선에 가윗밥을 넣은 후 겉으로 뒤집기

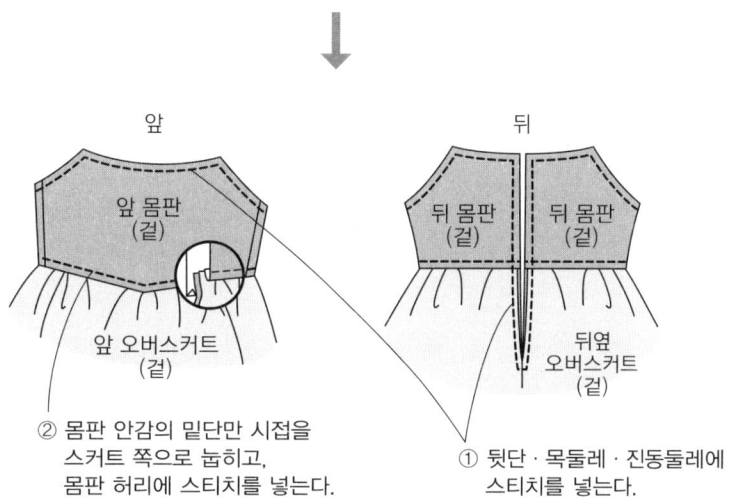

② 몸판 안감의 밑단만 시접을 스커트 쪽으로 눕히고, 몸판 허리에 스티치를 넣는다.

① 뒷단·목둘레·진동둘레에 스티치를 넣는다.

7 어깨끈을 만들어 단다.

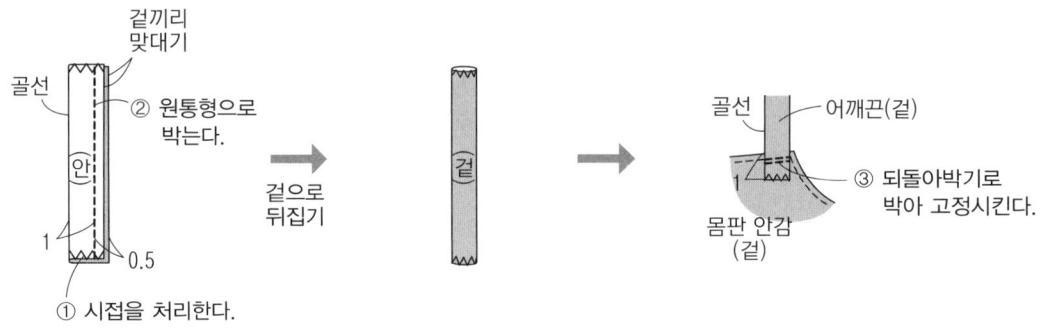

8 앞가슴 장식천을 만들어 단다.

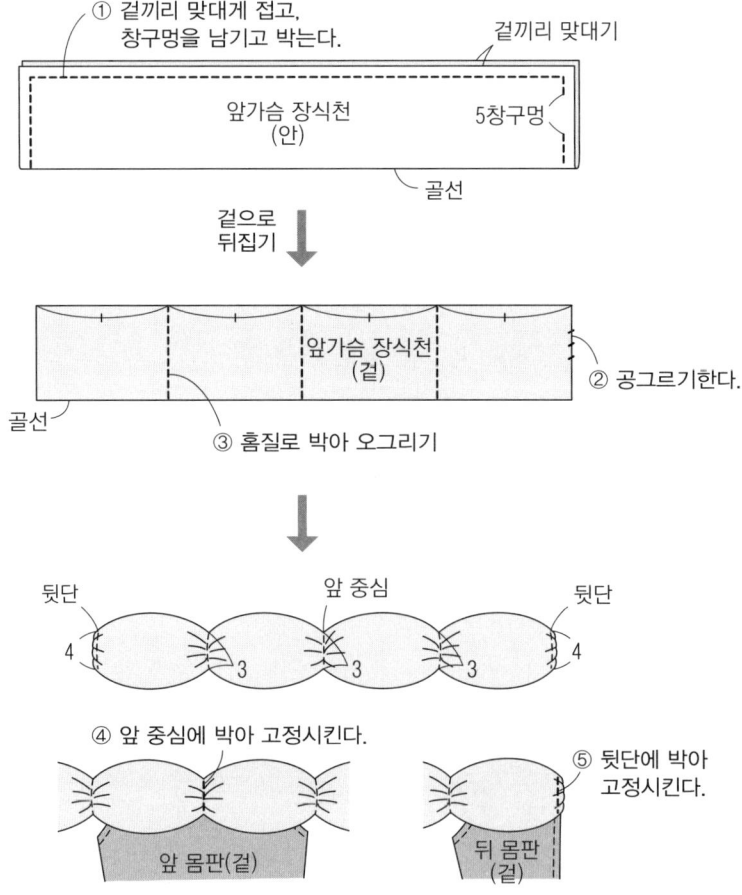

10 오버스커트의 밑단에 주름을 잡고 박아 고정시킨다.

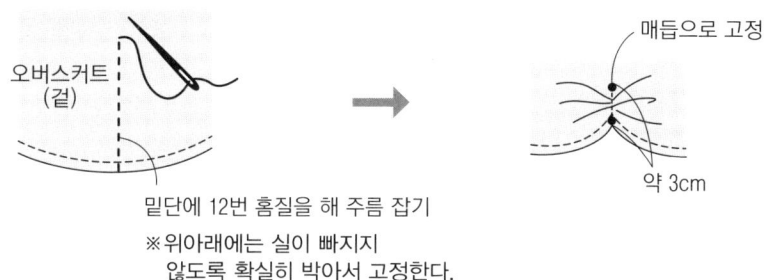

11 펄비즈를 단다.

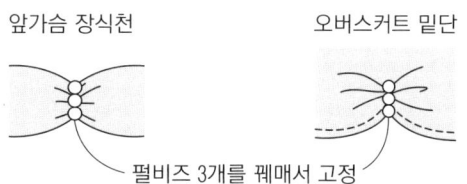

29 롱 파니에

PHOTO p.43

완성 치수(100/110/120/130)	스커트 기장 59/62/65/68cm
재료	폴리에스테르 새틴(흰색) 122cm 폭×65/70/75/75cm 30D 튈(흰색) 115cm 폭×200/205/210/215cm, 폭 2cm 고무줄 49/51/54/56cm

재단 배치도

폴리에스테르 새틴(흰색)

- 3.5
- 스커트(1장) 10
- 오버스커트 다는 위치
- 65／70／75／75
- 59／62／65／68
- 1.5
- 슬릿 트임 끝
- 48.5／50／51.5／53
- 20
- 2
- 122cm 폭

30D 튤(흰색)

- 1.5
- 뒤 중심
- 200／205／210／215
- 97／100／103／106
- 오버스커트(1장)
- 92／98／104／110
- 115cm 폭
- 골선

※ 지정 이외의 시접은 모두 1cm.

봉제 순서

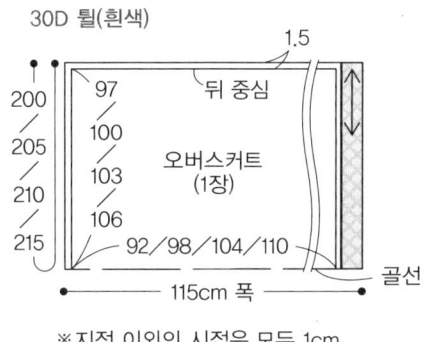

1 재단 배치도를 참조해서 원단을 재단한다.
5 허리를 두 번 접어 박는다.
6 고무줄을 끼운다.
3 슬릿을 만들면서 뒤 중심을 겉끼리 맞대어 박는다.
4 오버스커트를 만들고, 본체에 박아 고정시킨다.
2 스커트 밑단을 두 번 접어 박는다.

2 스커트 밑단을 두 번 접어 박는다.
3 슬릿을 만들면서 뒤 중심을 겉끼리 맞대어 박는다.

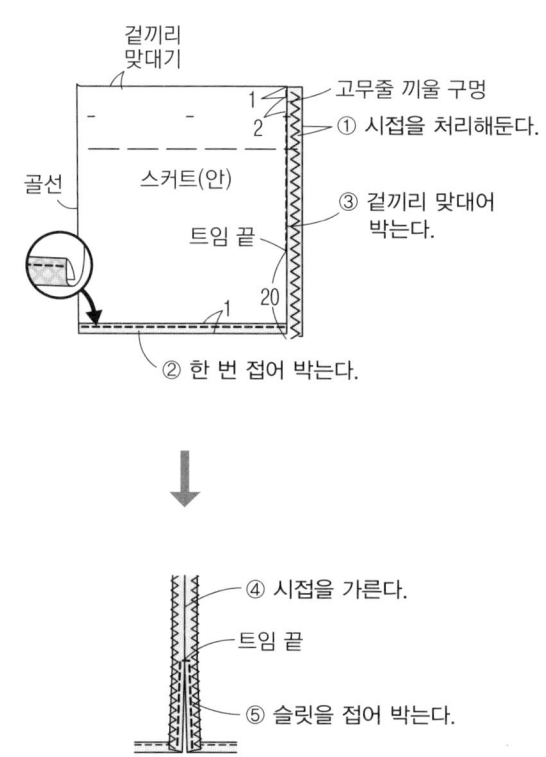

4 오버스커트를 만들고, 본체에 박아 고정시킨다.

5 허리를 두 번 접어 박는다.

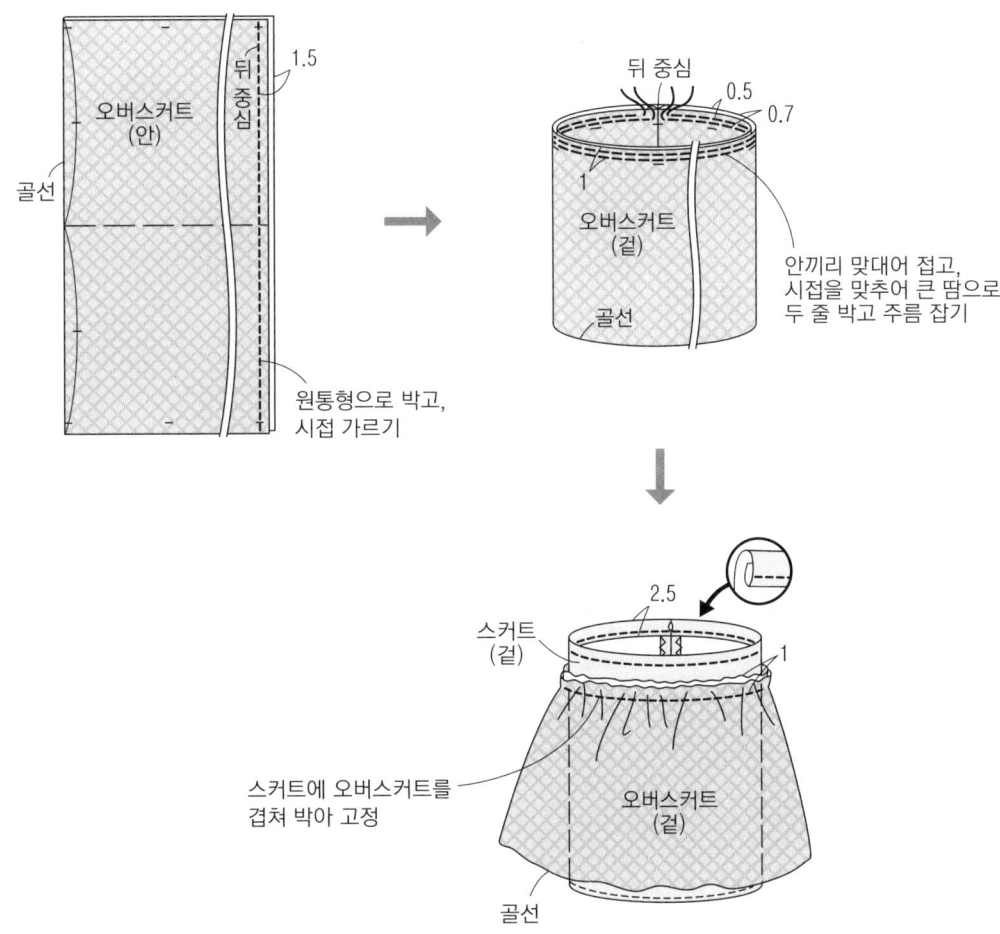

PHOTO p.41

헤어 리본

완성 치수	약 7×12cm
재료	프린트 새틴(**큰 도트무늬 레드**) 50×20cm, 둥근 고무줄 12cm, 솜 적당히

how to make

재단 배치도

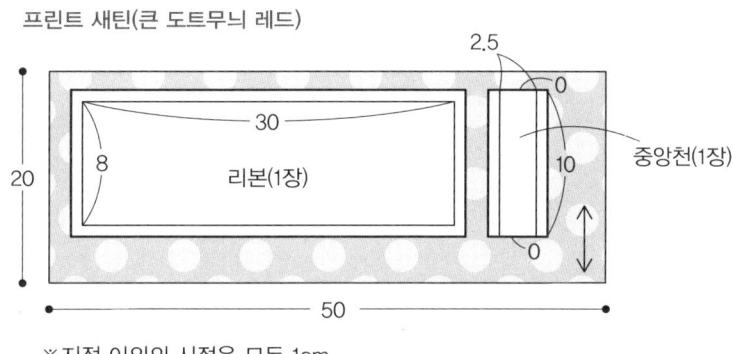

프린트 새틴(큰 도트무늬 레드)

리본(1장)

중앙천(1장)

※지정 이외의 시접은 모두 1cm.

봉제 순서

1 재단 배치도를 참조해서 원단을 재단한다.

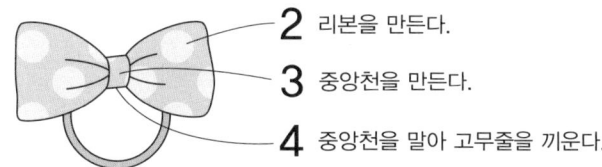

2 리본을 만든다.

3 중앙천을 만든다.

4 중앙천을 말아 고무줄을 끼운다.

2 리본을 만든다.

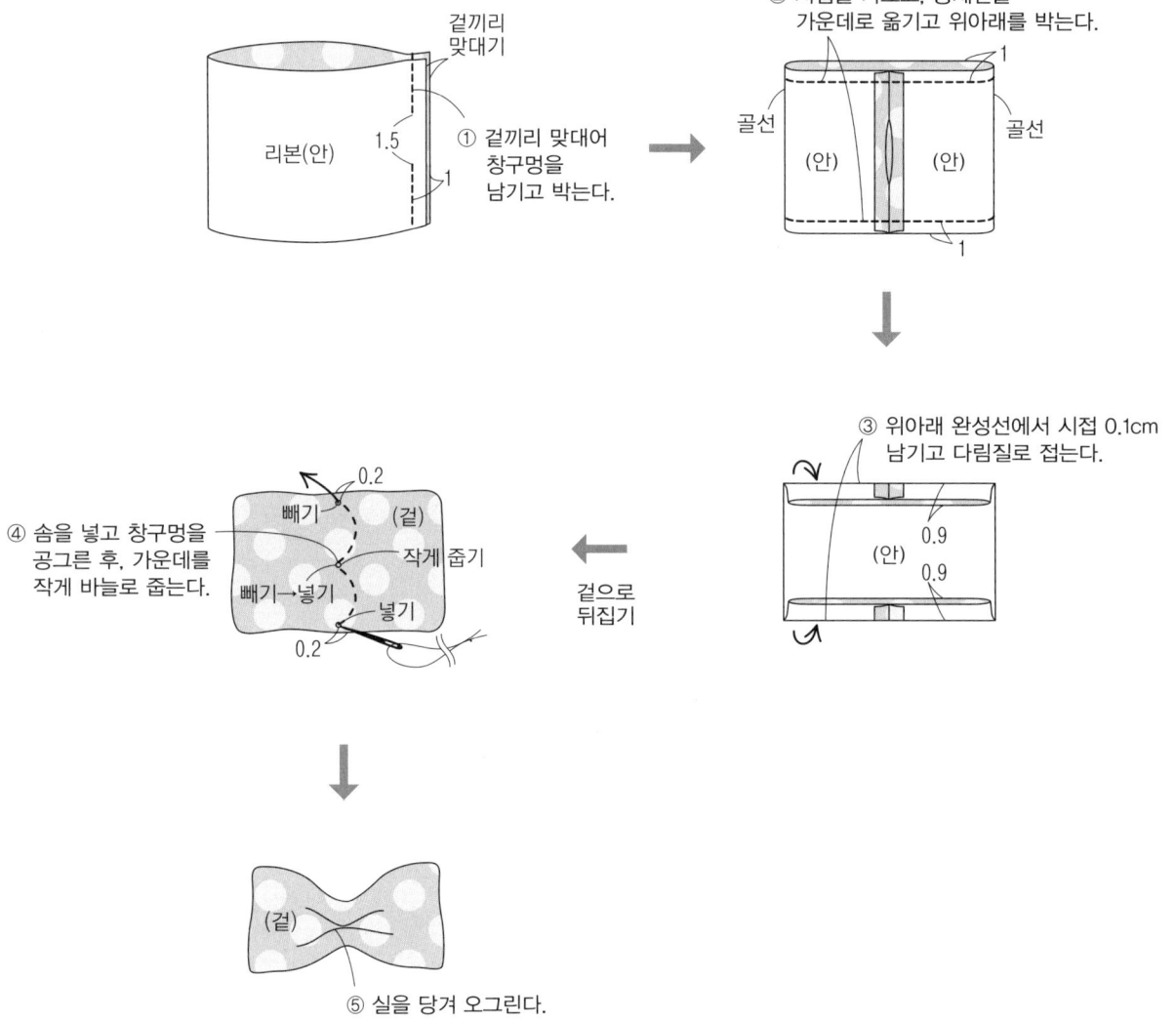

3 중앙천을 만든다.

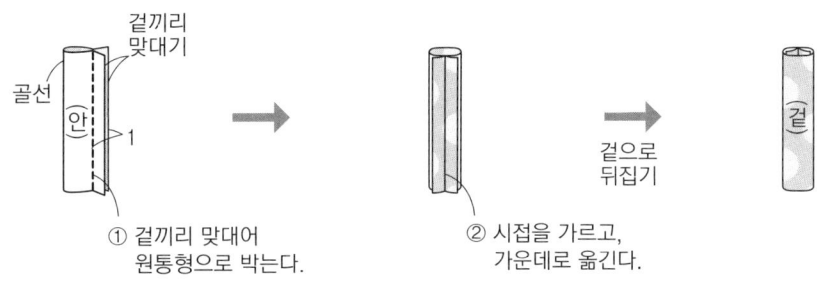

4 중앙천을 말아 고무줄을 끼운다.

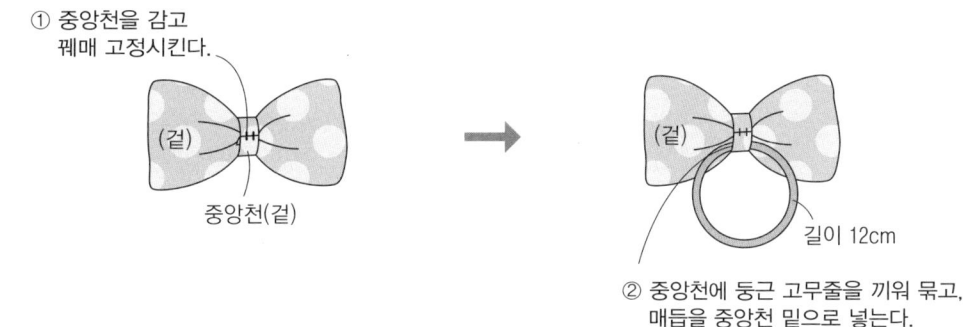

PHOTO p.42

헤어슈슈

| 완성 치수 | 지름 약 10cm |

| 재료 | 폴리에스테르 새틴(하늘색) 40×10cm
튤(눈무늬) 40×10cm, 폭 1.5cm 레이스(흰색) 40cm, 둥근 고무줄 12cm |

재단 배치도

폴리에스테르 새틴(하늘색)

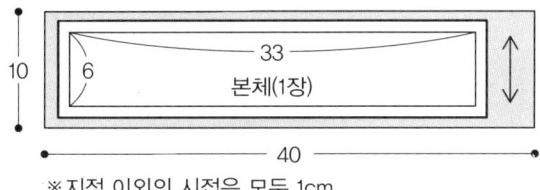

※지정 이외의 시접은 모두 1cm.

튈(눈무늬)

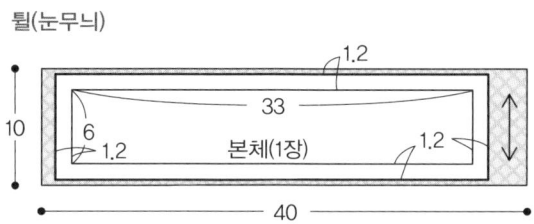

봉제 순서

1 재단 배치도를 참조해서 원단을 재단한다.

2 새틴에 튈을 겹쳐 박는다.

3 본체에 레이스를 끼워 박는다.

4 둥근 고무줄을 끼워 단을 맞추어 공그르기한다.

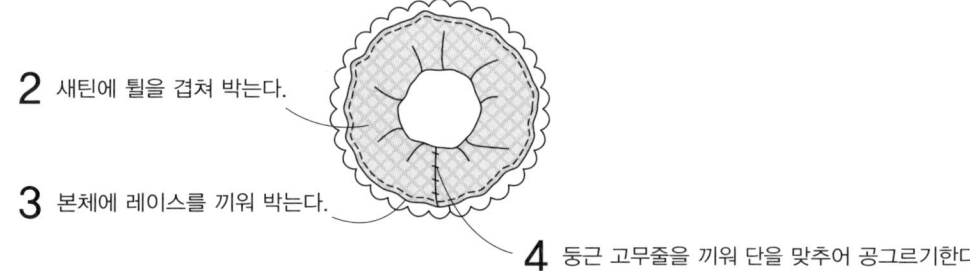

2 새틴에 튈을 겹쳐 박는다.

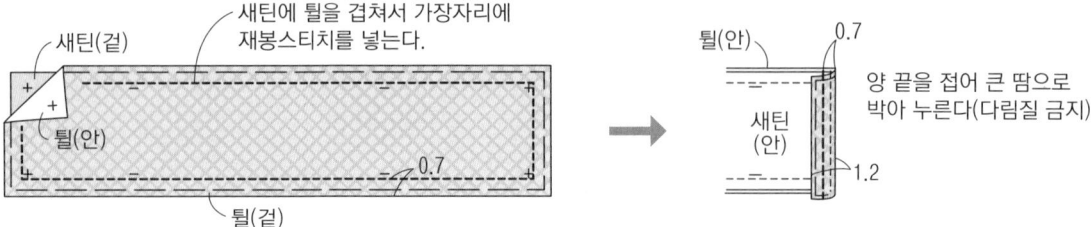

3 본체에 레이스를 끼워 박는다.

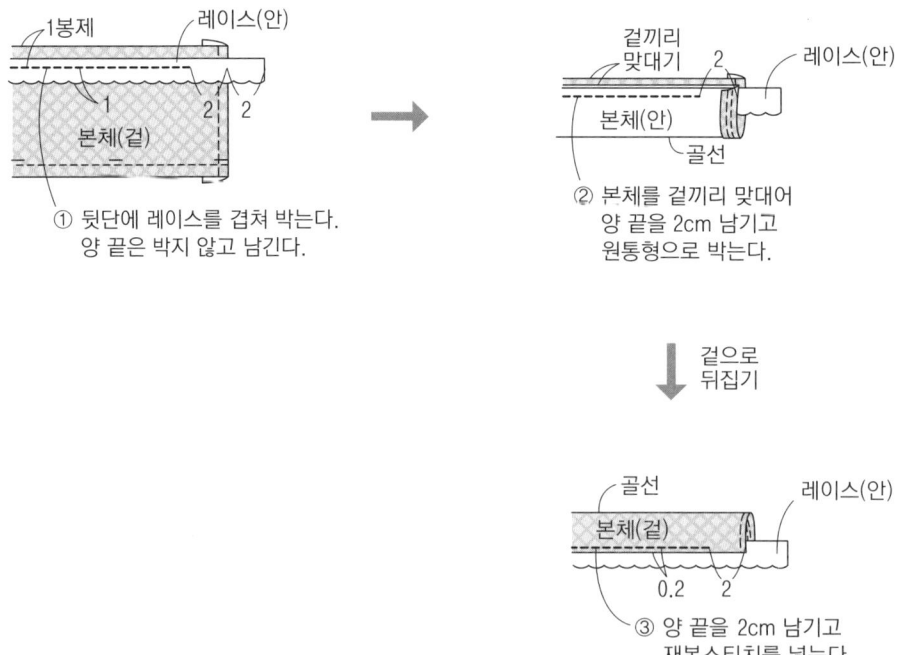

4 둥근 고무줄을 끼워 단을 맞추어 공그르기한다.

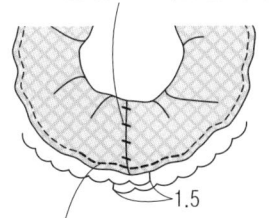

PHOTO p.41 / p.45 / p.45

도트 스커트
로리타 스타일 스커트
파니에

완성 치수(100/110/120/130)	스커트 기장 30/33/36/39cm
재료	**도트 스커트** 프린트 새틴(큰 도트무늬 레드) 110cm 폭×75/80/85/90cm **로리타 스타일 스커트** 버버리(스위트 무늬) 110cm 폭×150/155/160/165cm **파니에** 15D 튈(핑크) 188cm 폭×70/75/80/85cm, 브로드클로스(흰색) 85×10cm **공통** 폭 2cm 고무줄 49/51/54/56cm

재단 배치도

도트 스커트
프린트 새틴(큰 도트무늬 레드)

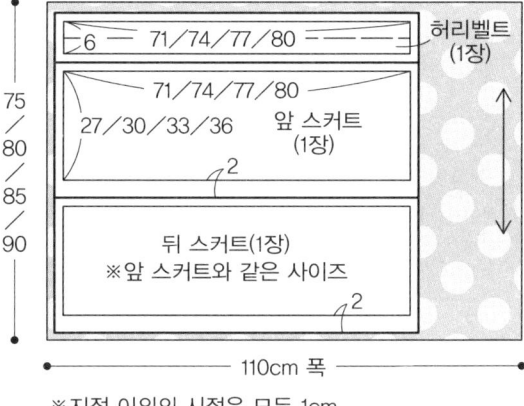

※지정 이외의 시접은 모두 1cm.

로리타 스타일 스커트
버버리(스위트 무늬)

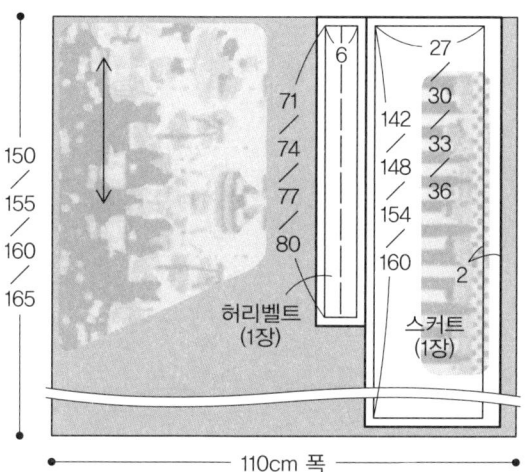

파니에
15D 튈(핑크)

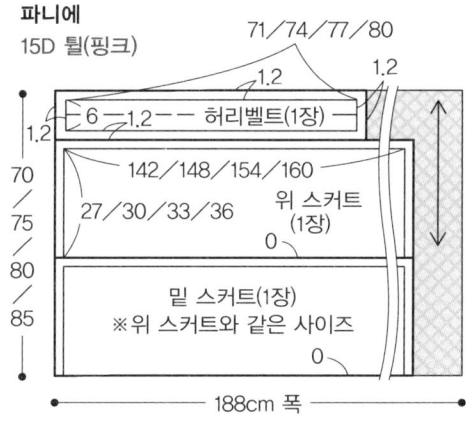

브로드클로스(흰색)

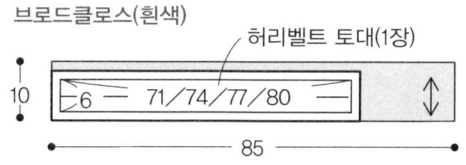

봉제 순서

1 재단 배치도를 참조해서 원단을 재단한다.

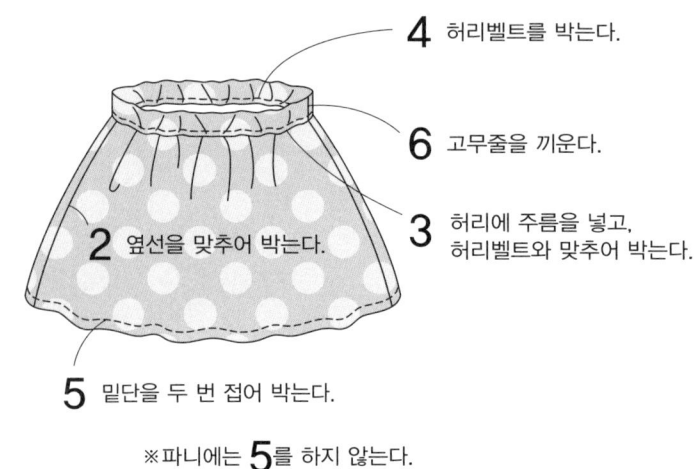

- **4** 허리벨트를 박는다.
- **6** 고무줄을 끼운다.
- **3** 허리에 주름을 넣고, 허리벨트와 맞추어 박는다.
- **2** 옆선을 맞추어 박는다.
- **5** 밑단을 두 번 접어 박는다.

※파니에는 **5**를 하지 않는다.

2 옆선을 맞추어 박는다.

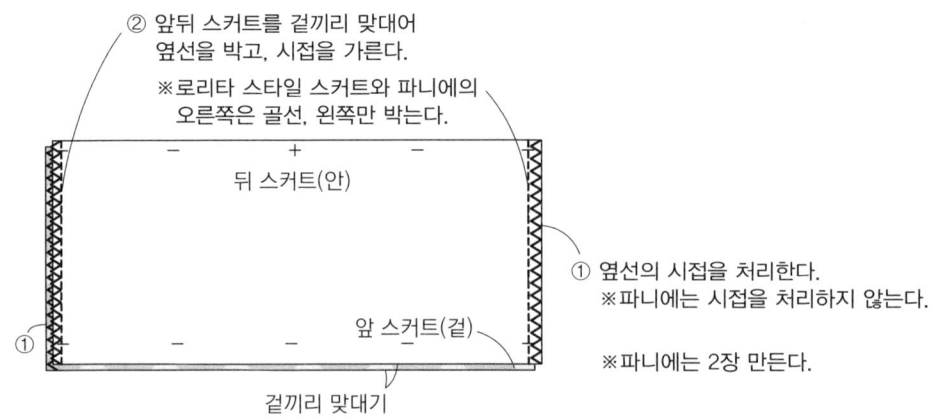

② 앞뒤 스커트를 겉끼리 맞대어 옆선을 박고, 시접을 가른다.
※로리타 스타일 스커트와 파니에의 오른쪽은 골선, 왼쪽만 박는다.

뒤 스커트(안)

① 옆선의 시접을 처리한다.
※파니에는 시접을 처리하지 않는다.

앞 스커트(겉)

※파니에는 2장 만든다.

겉끼리 맞대기

3 허리에 주름을 넣고, 허리벨트와 맞추어 박는다.

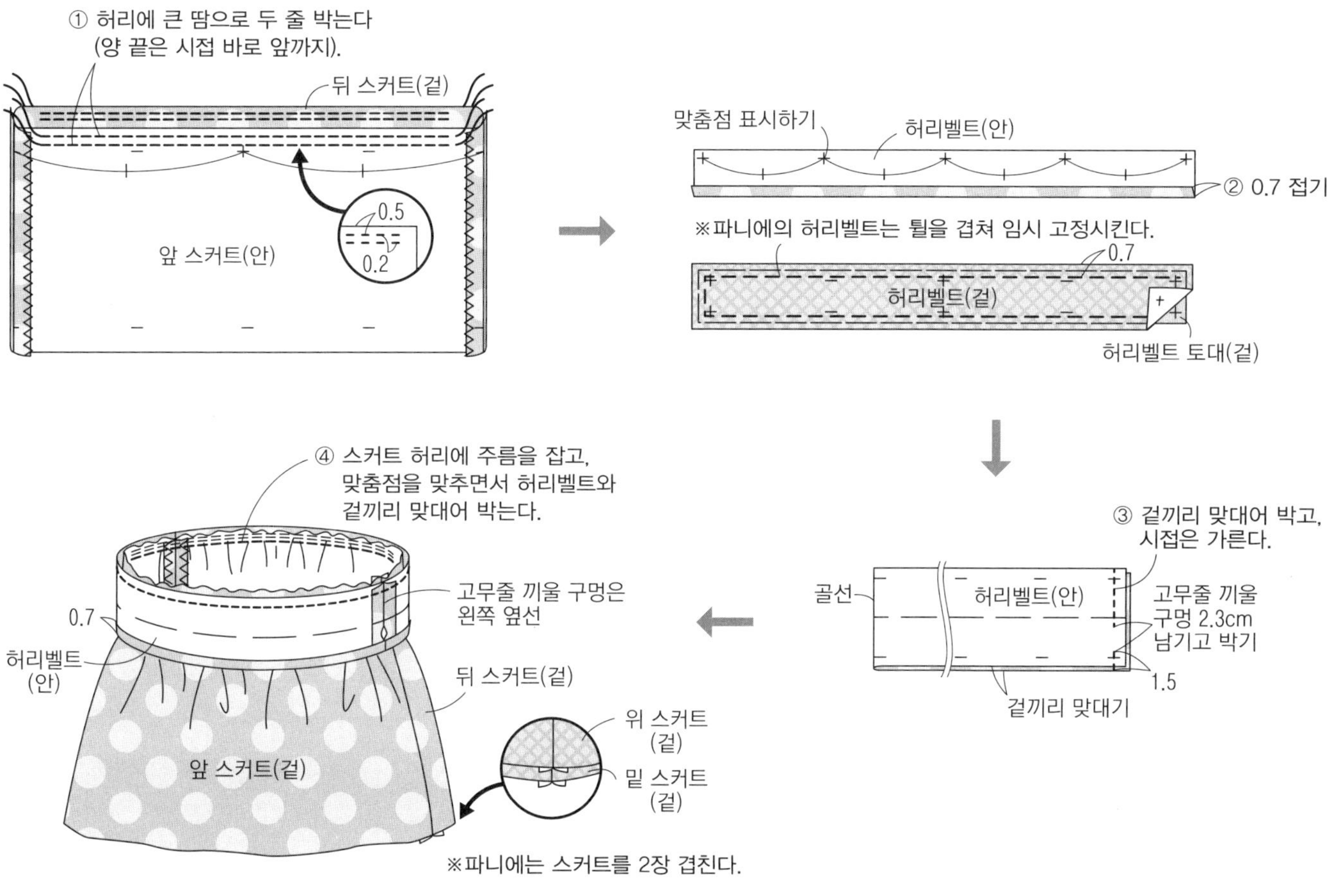

① 허리에 큰 땀으로 두 줄 박는다 (양 끝은 시접 바로 앞까지).
뒤 스커트(겉)
앞 스커트(안)
0.5
0.2

맞춤점 표시하기 허리벨트(안)
② 0.7 접기
※파니에의 허리벨트는 튈을 겹쳐 임시 고정시킨다.
0.7
허리벨트(겉)
허리벨트 토대(겉)

③ 겉끼리 맞대어 박고, 시접은 가른다.
골선 허리벨트(안)
고무줄 끼울 구멍 2.3cm 남기고 박기
1.5
겉끼리 맞대기

④ 스커트 허리에 주름을 잡고, 맞춤점을 맞추면서 허리벨트와 겉끼리 맞대어 박는다.
0.7
허리벨트(안)
뒤 스커트(겉)
앞 스커트(겉)
고무줄 끼울 구멍은 왼쪽 옆선
위 스커트(겉)
밑 스커트(겉)
※파니에는 스커트를 2장 겹친다.

4 허리벨트를 박는다.
5 밑단을 두 번 접어 박는다.

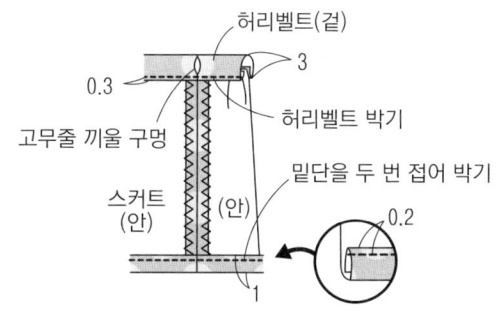

허리벨트(겉)
3
0.3
고무줄 끼울 구멍
허리벨트 박기
스커트(안)
(안)
밑단을 두 번 접어 박기
0.2
1

※파니에의 밑단은 자른 채로 둔다.

ONNANOKO TO OTOKONOKO NO HARE NO HI TO HAPPYOKAI NO FUKU (NV80428)
Copyright © NIHON VOGUE-SHA 2014
All rights reserved.
Frist published in Japan in 2014 by Nihon Vogue Co., Ltd.
Photographer: Tetsuya Yamamoto, Noriaki Moriya, Yukari Shirai, Kana Watanabe
Designers of the projects: Aki Sumitomo, Yoko Matsuno, Makiko Asai, Keiko Okada,
Mayumi Minowa, Kaori Yamagishi, Takako Omori, Kei

This Korean edition is published by arrangement with Nihon Vogue Co., Ltd, Tokyo
in care of Tuttle-Mori Agency, Inc., Tokyo through Botong Agency, Seoul.

이 책의 한국어판 저작권은 Boton Agency를 통한 저작권자와의 독점 계약으로 황금부엉이가 소유합니다.
신 저작권법에 의하여 한국 내에서 보호를 받는 저작물이므로 무단전재와 무단복제를 금합니다.

작품디자인 & 제작

Atelier Angelica 스미토모 아키(住友亜希)
http://atelierangelica.com/
Candy Floss 마츠노 요코(松野陽子)
http://candyfloss.shop-pro.jp/
enanna 아사이 마키코(朝井牧子)
http://enanna.shop-pro.jp/
Flico 오카다 케이코(岡田桂子)
http://Flico-clothing.jp/
FU-KO basics. 미노바 마유미(美濃羽まゆみ)
http://fu-ko-handmade.com/
Mammy jewel Box 야마기시 카오리(山岸神桂緒莉)
http://mammy-jewel-box.ocnk.net/
petit etalage 오오모리 타카코(大森貴子)
http://petitetalage.shop-pro.jp/
+aijirushi+ 케이(慶)
http://aijirushicafe.blog.fc2.com/

우리 아이를 위한

특별한 옷 만들기

2022년 10월 26일 개정판 1쇄 인쇄
2022년 11월 2일 개정판 1쇄 발행

지은이 | 일본보그사
옮긴이 | 이은옥
펴낸이 | 이종춘
펴낸곳 | ㈜첨단

주소 | 서울시 마포구 양화로 127 (서교동) 첨단빌딩 3층
전화 | 02-338-9151
팩스 | 02-338-9155
인터넷 홈페이지 | www.goldenowl.co.kr
출판등록 | 2000년 7월 15일 제 2000-000035호

본부장 | 홍종훈
편집 | 조연곤, 김윤지
교정교열 | 주경숙
본문 디자인 | 남은순
전략마케팅 | 구본철, 차정욱, 오영일, 나진호, 강호묵
제작 | 김유석
경영지원 | 윤정희, 이금선, 최미숙

ISBN 978-89-6030-604-2 13630

BM 황금부엉이는 ㈜첨단의 단행본 출판 브랜드입니다.

* 값은 뒤표지에 있습니다.
* 잘못된 책은 구입하신 서점에서 바꾸어 드립니다.

황금부엉이에서 출간하고 싶은 원고가 있으신가요? 생각해보신 책의 제목(가제), 내용에 대한 소개, 간단한 자기소개, 연락처를 book@goldenowl.co.kr 메일로 보내주세요. 집필하신 원고가 있다면 원고의 일부 또는 전체를 함께 보내 주시면 더욱 좋습니다. 책의 집필이 아닌 기획안을 제안해 주셔도 좋습니다. 보내주신 분이 저 자신이라는 마음으로 정성을 다해 검토하겠습니다.